『ぼくらの60～70年代宝箱』特別付録 鉄人28号・完全復刻版メンコ

鉄人28号
横山光輝先生承認済
MONSTER
ウォワー
ジェット機
3574916

ストライク
100091

鉄人28号
横山光輝先生承認済
中将
7113594

フワアル
100091

鉄人28号
横山光輝先生承認済
高射砲
5967480

鉄人28号
横山光輝先生承認済
戦車
1095207

フォワボール
190000

ストライク
501000

ボール
90001

まえがき

吉田拓郎の『今日までそして明日から』(71年)という歌がある。

今日まで生きてきた〝私〟が、ふと立ち止まり、過去を振り返る。そこには、人に励まされたり、人に裏切られたりしながら歩んできた自分の歴史があった。そしてまた〝私〟は前を向き、明日からも自分なりに生きていく――と、そんな内容の歌である。

ぼくらが生きてきた子ども時代を振り返ると、そこには数多くのマンガやテレビ、そしておもちゃとの出会いがあった。ぼくらはそこからたくさんの栄養をもらい、育った。

ようやく世の中へ向けて目が開きはじめたばかりだった、あのころのぼくらにとって、それらはどれも、果てしなく広がる世界への、夢にあふれた大きな窓だったのだ。

それを個々に論じるのではなく、自分の受けた影響に沿って、縦横に交差させながら語ることはできないか――。そう思って書いたのが本書である。

本書に掲載したおもちゃやマンガは、ほとんどが、ぼくが子どものころに実際に遊び、今日までずっと大切に持ち続けていたものだ。

それをひとつずつ手に取りながら見つめていると、忘れていた記憶が不意によみがえってきたり、また今だからこそ見えてくる新しい発見もあった。

そんな驚きや楽しさを、わずかな時間みなさんと共有し、それが明日から生きていく小さな糧《かて》になれば幸いです。さて、あなたはどんな子ども時代を過ごしてこられましたか?

目次

鉄腕アトム

いつでも
なかよし
名コンビ
うれしいな
ちきゅうで
むかえる
おしょうがつ

GLICO PETDANT
TOKYO '64

赤影
赤影

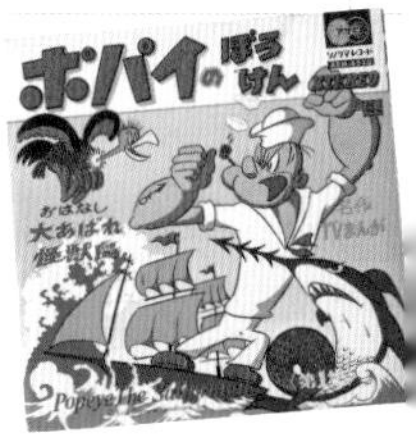
ポパイのぼうけん

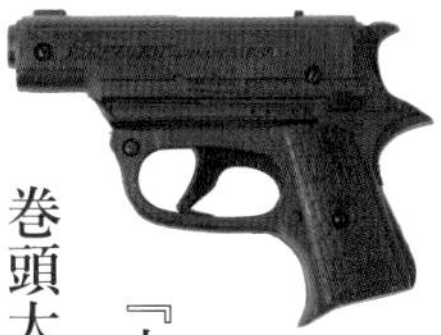

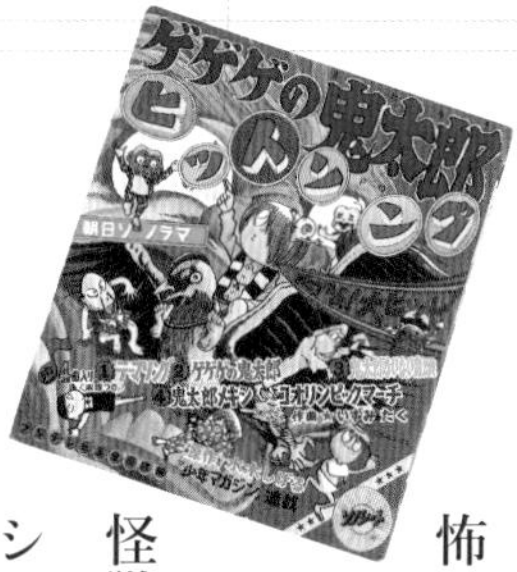
ゲゲゲの鬼太郎
朝日ソノラマ

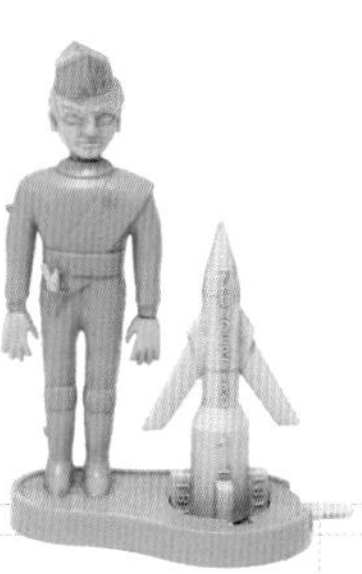

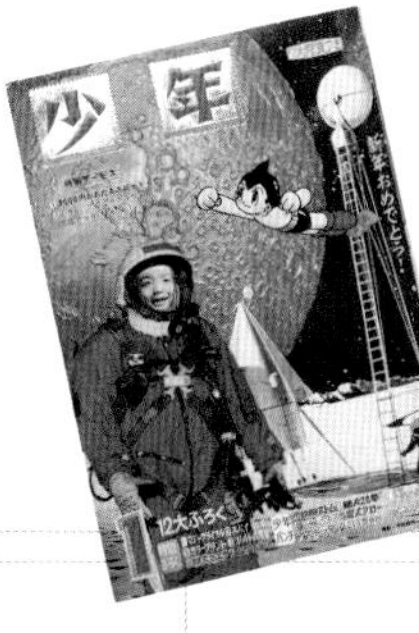
少年

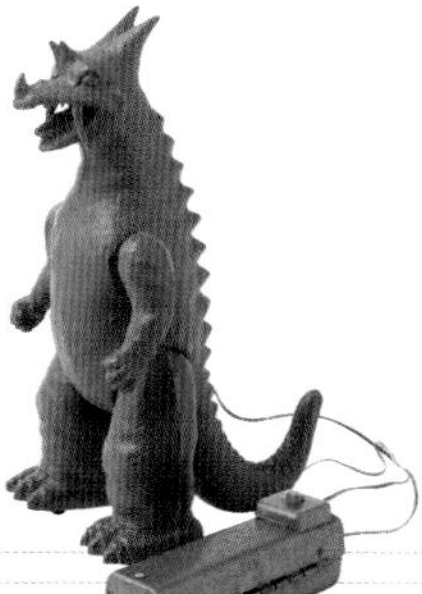

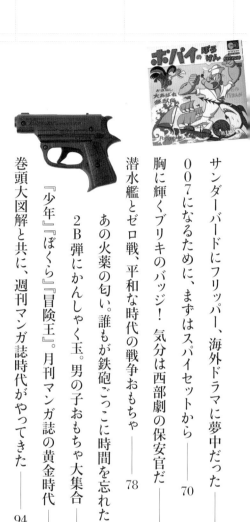

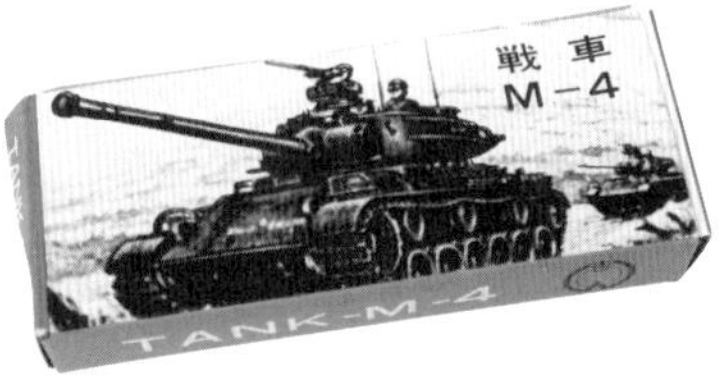
戦車
M－4
TANK-M-4

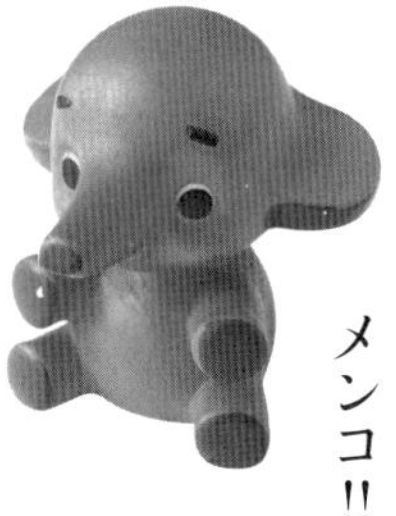

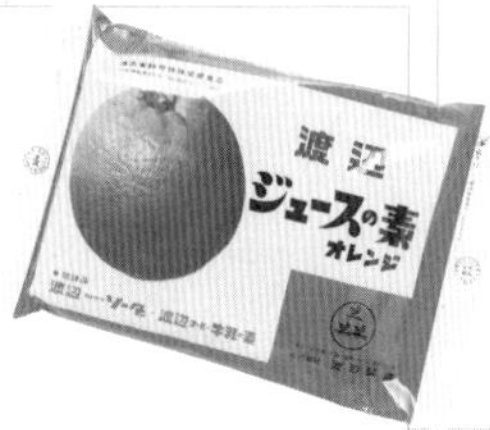
渡辺
ジュースの素
オレンジ

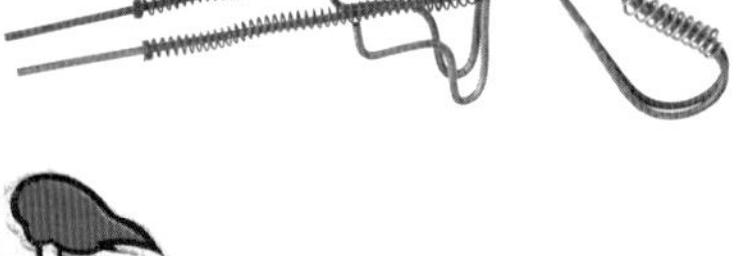

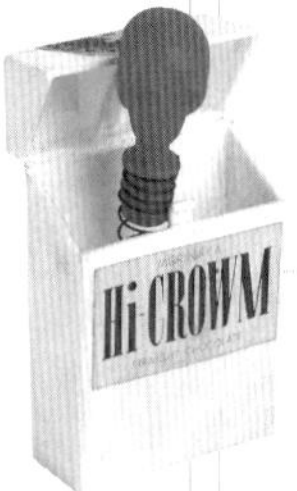
Hi-CROWN

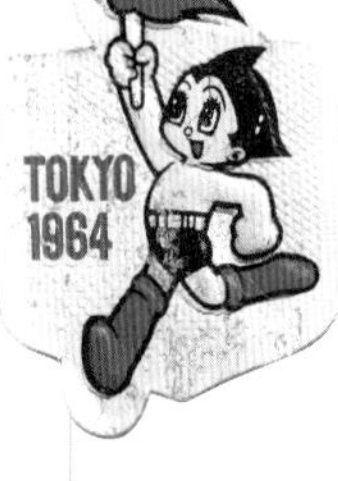
TOKYO
1964

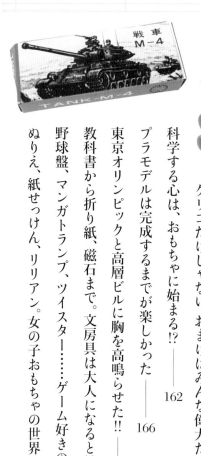

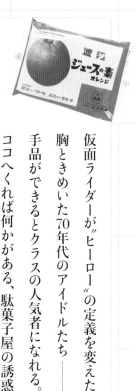

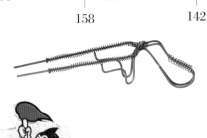

〈増補版にあたって〉旧版が出版されてから15年。今回は増補版ということで、旧版では語りきれなかった食べ物やアイドル、そして今でも大好きな映画や本の話など8項目32ページ分を追加した。推理トリック・ゲーム本のネタばらしに泣いたあの日……、愛読し始めたとたんに休刊となったまんが専門誌『COM』の記憶……。そんなほろ苦い想い出を、あのころのインスタントコーヒーの味わいとともにお送りいたします。どうぞお楽しみください。

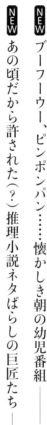

ビルの街にガオー！鉄人28号がやってきた

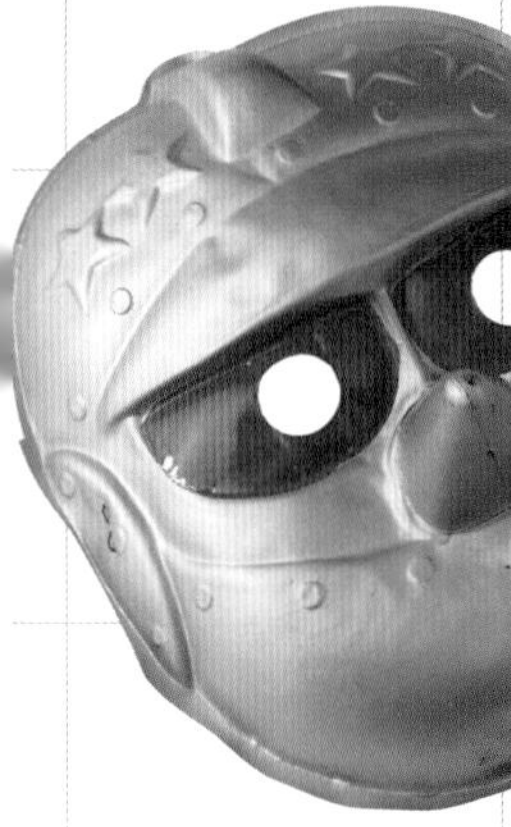

●縁日や夜店の定番だったお面。新品のセルロイドは体に悪そうな強烈な刺激臭がして、5分もかぶってると頭が痛くなってくる。

●マンガの下敷きは、学校へ持っていっても許される数少ないキャラクターグッズのひとつだ。

●鉄人トランプ。箱の絵は、角度を変えると絵柄が変わって見える。

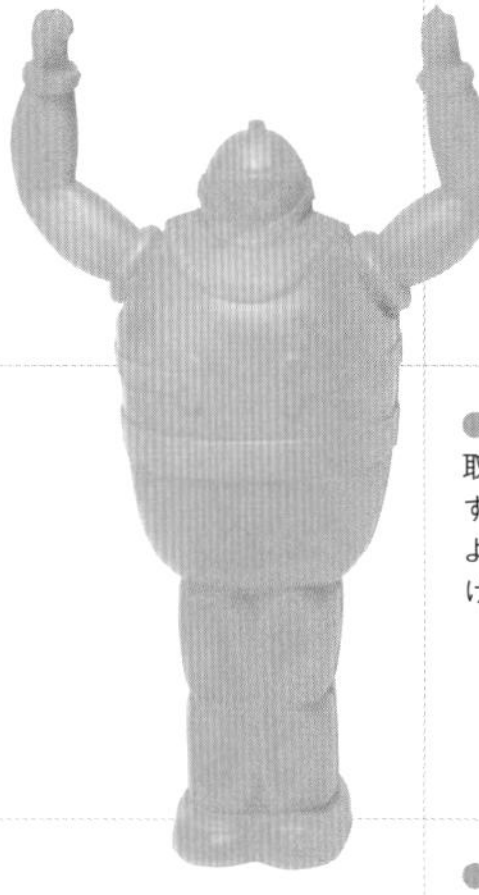

●駄菓子屋のポリ製貯金箱。取り出し口はないからお金を出すときは破かなくちゃならない。よくツマヨウジでほじくり出したけどね。

●アニメ放送に合わせて刊行されたカッパコミックスの『鉄人28号』。本誌に帯状に巻かれたシールのおまけが大人気だった。

●ブリキのバケツは、お砂遊びで大活躍。当時は空き地がありあまってたから、わざわざ公園の砂場でフンをする猫などいなかった。

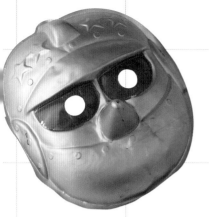

● グリコのオマケに付いていた元祖ワッペン型バッジ。確か切手と鉄人のカードが差し替えできるようになっていたのだ。

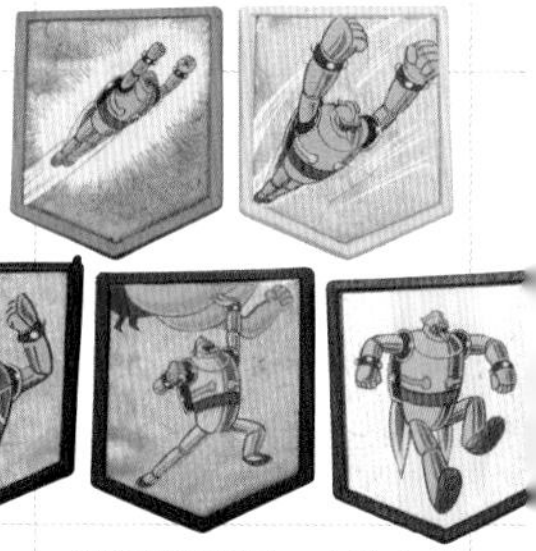

●駄菓子屋のワッペン型バッジ各種。鉄人の大胆な色がさすが駄菓子屋。

● 駄菓子屋売りのすりえあそび。絵柄の部分がフエルトで盛り上がっていて、上に紙を乗せて鉛筆で軽くこすると絵柄が浮き出てくる。

● こちらはグリコ鉄人ガムのおまけ。ガムのサヤそのものが鉄人プリントになっている。

● キャラクターの絵が付いた色鉛筆は値段が高い。12色の鉄人にするか、キャラクターなしの24色にするかはかなりの迷いどころだった。

● チョコに入っていた大型の鉄人プリント。台紙をはがして紙などの上に置き、上からこすると絵柄だけが転写できる。

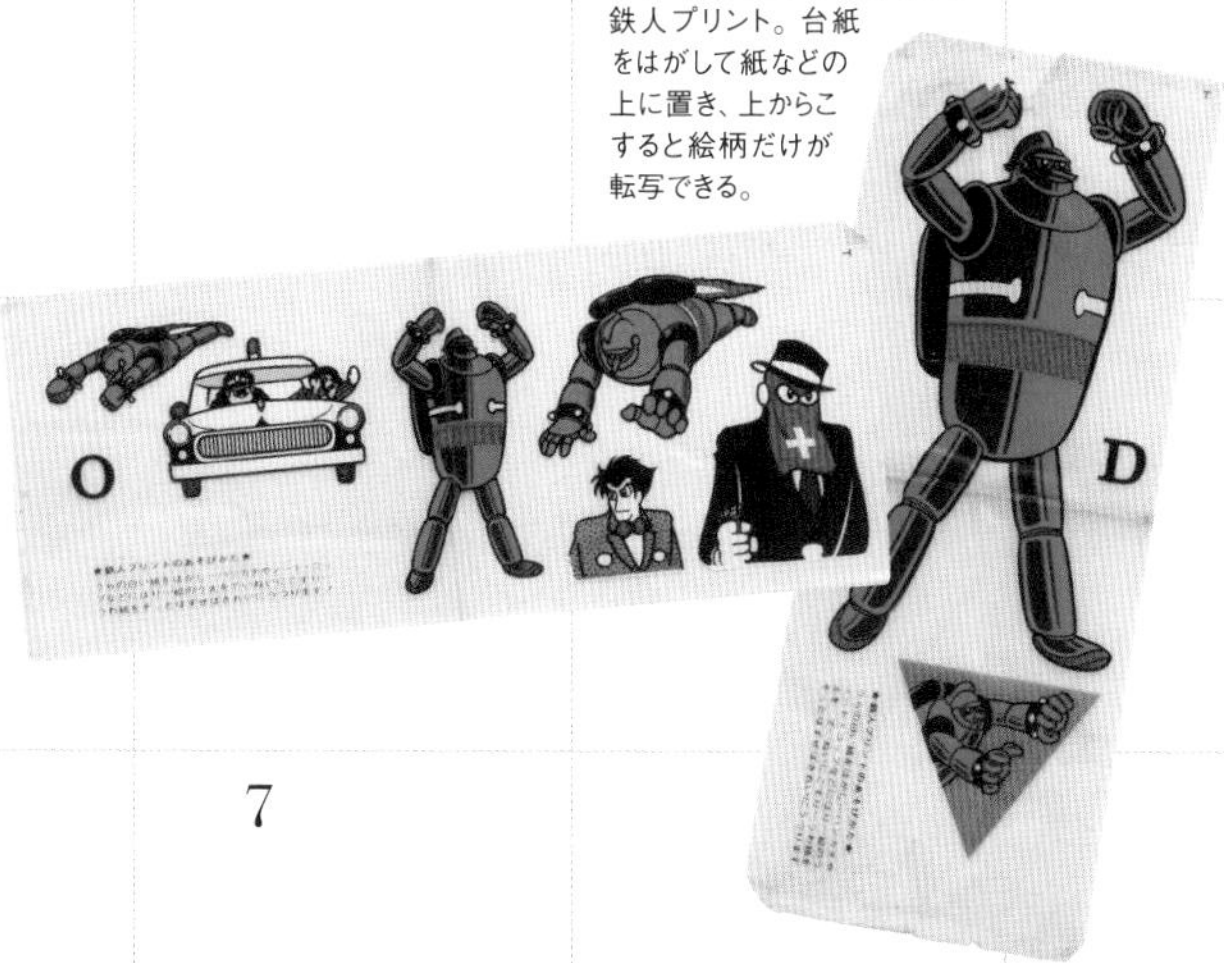

● グリコ鉄人粉末ジュースには、フエルト製のワッペンが2枚も付いてお得。

理想のメカだった鉄人

子どものころ、色白で貧弱な坊やだったぼくは、そんな自分を一瞬で強くしてくれるメカに強烈な憧れを抱いていた。

鉄砲、オートバイ、自動車、飛行機、ロボット……これらが活躍するマンガや映画は特に好きだった。

体が弱いなら鍛えようとか、自分で努力しようと考えないところがガキらしい安易さだが、それはともかく、リモコンで意のままに操れる巨大ロボット・鉄人28号は、まさにぼくの理想のメカだったのだ。

横山光輝のマンガ『鉄人28号』は、雑誌『少年』1956年7月号の別冊付録から連載が始まった。

当初は短期連載の予定で、鉄人は戦争兵器の象徴＝悪の権化として破壊されて終わる予定だったというが、鉄人を悪者と戦わせたところ人気が急上昇し、そのまま活躍を続けることになった。

そして、先に連載が始まっていた『鉄腕アトム』とともに、その後約10年間にわたって『少年』の二大看板作品として君臨し続けたのである。

鉄人の操縦器さえ手に入れれば強大な力が我が物となる。

貧弱な坊やでなくてもそんなことはすぐ分かる。

スリル・サスペンス、ニコポンスキー、シャネル・ファイブといった個性的な悪役たちが、あるときは共謀し、あるときは反目し合いながら、鉄人のリモコンを手に入れようと、少年探偵・金田正太郎と、毎月すさまじい争奪戦をくりひろげた。

中には、自らロボットを作り、鉄人に対抗しようとする悪人もいた。特に驚きだったのが、悪の天才科学者・不乱拳博士が開発しようとした〝ものを考えるロボット〟ブラックオックスだ。

『鉄腕アトム』の世界では、ロボットは人間と同じように意志や感情を持ち、ともに共存しようと努力をしている。しかし『鉄人』の世界では、意志を持ったロボットはいまだ存在していない。果たしてロボットがものを考えるようになったとき、何が起こるのか……。

だけど残念ながら開発計画は中断され、ブラックオックスは未完成のまま、博士は絶命してしまう。

そしてその次に、ついに本物の思考・判断能力を持ったロボットが現われた。それがロビーだった。

ロビーは、60年7月、『少年』の増刊『少年探偵ブック夏休み増刊号』の読み切りで初登場した。

そしてその後すぐに『少年』本誌8月号で再登場し、自分の意志でロボット王国を築こうと行動を開始したのだ。このロビーの話は長い間単行本化されず、81年に復刻版が出るまでは幻のエピソードとなっていた。

だからぼくらは、最初のテレビアニメ版『鉄人28号』(63〜65年フジ)で初めてロビーの存在を知ったのだった(このエピソードは24〜27話で放送)。

ロビーが正太郎の前に姿を現わした25話の放送後、ぼくは学校で鉄人ファンの友だちと、ロビーの恐さについて真剣に語り合った。

相手がたとえバッカスやブラックオックスでも、ただのロボットなら鉄人が負けるはずがない。

だけどロビーは違う。何を考えているのか、これからどれだけ進化するのか、誰にも想像もつかないのだ。いったいどうやって倒せばいいんだ!?

ぼくらは近所のお兄さんの家へ行って、古い『少年』の連載を断片的に読ませてもらったが、それでも答えは出なかった。

それは、後に見た映画『2001年宇宙の旅』(68年アメリカ)で、木星探査船ディスカバリー号の制御コンピュータHAL9000が、ボーマン船長ら人間に対して牙《きば》をむいたときのような、得体の知れない恐さだった。

その後、鉄人はかろうじてロビーを倒したが、それで、考えるロボットが暴走したときの対処法に決定的な答えが出たわけではない。

現在、鉄腕アトムの影響を受けて育ったぼくらと同世代の科学者たちが、ソニーのアイボや、ホンダのアシモに代表される自律型のロボットを次々と開発している。こうした流れは、恐らく今後もソフトウェアの進化とともに続いていくに違いない。

だけどもしそれが暴走したら……そのときのために、鉄人のような人間が制御可能なロボットも、ロボットのもうひとつの進化の方向として作っておくと安心なんじゃないかと、文系思考のぼくは思うのだ。

それはもしかしたらぼくらの世代ではなく、次のガンダム世代の仕事なのかもしれないが……。

鉄人はメンコでも人気者だった

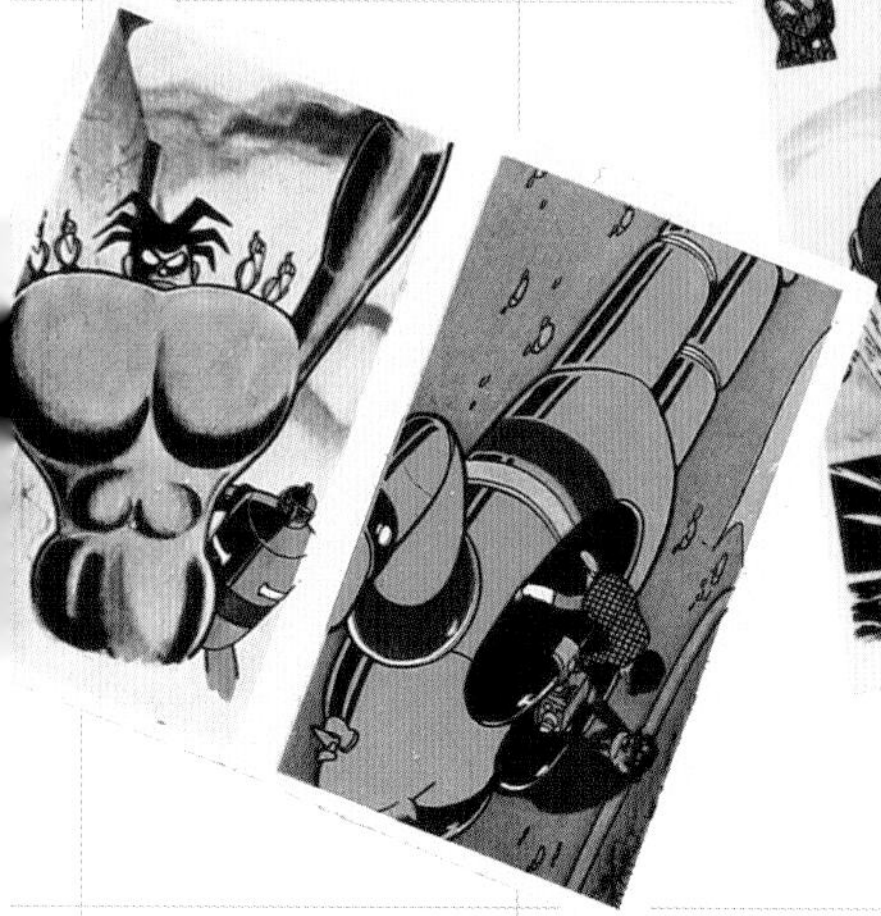

●最初のアニメ放送が始まった後の64〜65年ごろに買った鉄人28号メンコ各種。このころになると印刷が格段によくなり、マンガそのままの鉄人の絵がカラーで楽しめた。実物のメンコの質感は、本誌のとじこみ付録でぜひ味わっていただきたい。

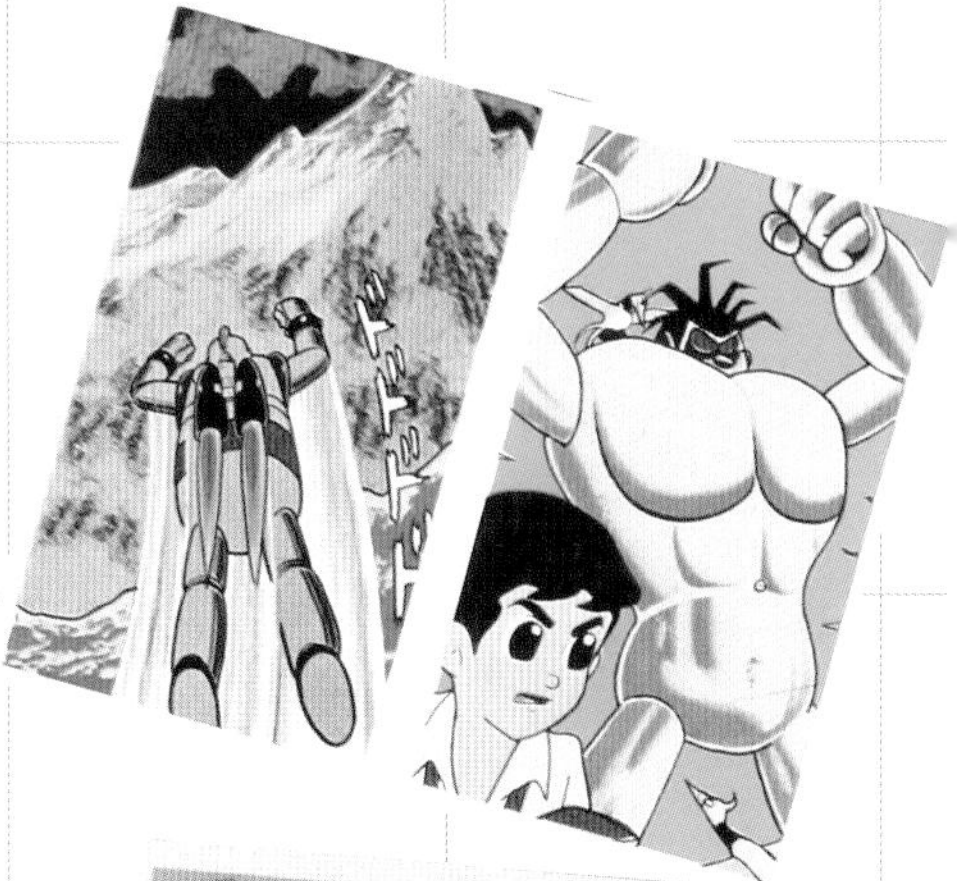

鉄人に関する二つの疑問

月刊マンガ誌が主流だったころ、ぼくらは雑誌が発売される日をいつも首を長くして待っていた。

そして発売日、買いたての最新号を手に取って、はやる気持ちをおさえながらチビチビと読み進める。だけどそれでも2〜3日で、マンガ、特集記事、小説はもちろん、読者コーナーや、ページの隅っこに書かれた雑学コラムまですべて読みきってしまう。

さらに組み立て付録で遊んでも4〜5日。あとはまた来月号の発売を待つしかない。

そんなとき、ぼくはひたすら大好きなマンガの絵を描いて過ごした。

中でももっともよく描いたのが鉄人28号だ。

アトムは曲線が多く、表情を似せて描くのが難しいが、鉄人はシンプルだから、多少デッサンが乱れてもそれらしく見えるからだった。

中世ヨーロッパのヨロイ武者から着想したという鉄人のデザインは、今でこそ無骨だとかレトロモダンだと言われるけれど、それはアトム的な人間型ロボットと比較するからで、機械として見ると、ぼくらは当時、これを実にスマートだと思っていた。

例えば、1958年に運行開始した特急こだま号（モハ20系）や、鉄人の最初のテレビアニメ化と同じ63年に発売された、いすゞの乗用車ベレットなどを見ると、まさにそこに鉄人に通じる〝モダンさ〟を感じることができる。つまり鉄人は当時としては最先端の工業デザインだったのである。

この鉄人のスタイルに魅了されている人は多く、鉄人おもちゃは現在、同時代のキャラクター玩具の中でも、ひときわ高値で取り引きされている。

さて、話を落書きに戻そう。

ぼくらはまずトビラ絵や付録の表紙から気に入った絵を見つけ、その上からワラ半紙を当てて絵を透かし、そっくりそのまま線をなぞって複写する。

これを何枚か繰り返すと、もうその絵は見ないで描けるようになる。気に入った絵ができたら色鉛筆で彩色だ。こうして何度も鉄人の絵を描いていると、やがて鉄人について、いくつかの疑問点が浮上してきた。

第一の疑問は、鉄人は鋼鉄製のはずなのに、絵ごとに微妙に形が違うのはなぜなのかということだ。

特に腕の付け根やヒジ、ヒザなどの関節部分は、ゴムのように変形自在になっているとしか思えないほど、ポーズごとに形が変わっている。

テレビアニメの画面をいくら目をこらして見ていてもいまいちよく分からない。

そこで当時大切にしていたイマイの電動歩行プラモデルの鉄人や、友だちが持っていた野村トーイのブリキ製鉄人を見ると、こっちはなぜか腕の付け根部分がマンガのようにスマートではなく、肩のところが不格好に出っ張っているのだ。

結局、肩やヒジの部分をどう描けばいいのかが分からなくなったぼくはスランプにおちいり、かんしゃくを起こしかけたこともある。

第二の疑問は、鉄人の色についてだった。

鉄人というと、一般的には濃紺のイメージが強いが、当時のカラーページでは、たまに茶色がかった灰色で塗られているときがあったのだ。

また当時の雑誌でよく使われた2色刷りのページでは、紫だか黒だか分からない妙な色になっていることもあって、ますます謎は深まった。

さらに『少年』の表紙に何度か登場した撮影用の鉄人フィギュア（手作り品？）にも灰色と紺があり、プラモデルにも灰色と紺の成型色があった。

そして何よりややこしかったのがメンコだ。製版のときに勝手に色を変えてしまうため、同じ絵なのにまるで違う色の鉄人メンコが何種類もあったのだ。

そのころのぼくらが、印刷の過程でいくらでも色を変えられるなんてことを知るわけもなく、ぼくはまたまたメンコとマンガの絵を見くらべては首をかしげる毎日なのだった。

ところで時代はぐっと下って2004年に公開された実写版の映画『鉄人28号』（松竹／監督：富樫森）では、鉄人が最初に登場したときはまだ塗装されておらず灰色で、ブラックオックスに倒された後でパワーアップ改造されたときに、濃紺にペイントされるという設定になっていた。

この色に関するこだわりは、きっとスタッフの中に、子どものころにぼくと同じ疑問を抱いた人がいたということでしょうね。

●裏側に住所と名前を書いたシールを貼って迷子札になるアルミ製のペンダント。だけど、今じゃ安全上かえって問題アリかも。

●大和銀行の積立預金を契約してもらえたソフビ製貯金箱。わざわざ隣町の銀行に口座を開設したのは、もちろんこの貯金箱が欲しかったからだ。

●アトムの帽子。テレビアニメ化前の59～60年に日本テレビで放送された実写版アトムは、主役の少年がこんな帽子をかぶって演じていた。

♪ラララ科学の子、鉄腕アトムは10万馬力だ

●アトム（右）とウランのお面。80年に日本テレビで新作アニメが放送されたときのものだ。

●文具店で売られた虫プロミニまんがは、各巻4色と2色のオールカラー全52ページで1冊30円。全3巻が刊行された。66年。

●電池式の壁掛け時計。当時、行きつけの小児科の壁に掛けてあったのをもらってしまった。オイラはガキの頃からコレクターだったのだ。

●カッパコミックス版『鉄腕アトム』は毎月1冊のペースで刊行された。この第1巻は数え切れないほど読み返したためボロボロだ。

●ウランちゃんの筆箱。同世代の女性編集者Uさんが小学生の頃に愛用していたものを譲り受けた。大切に使っていた様子がうかがえる。

●駄菓子屋で売っていたアトムバッジ各種。プラ製の台座に紙のシールが貼ってあるだけのチープなものだ。

●コルクの玉を飛ばすブリキピストル。銃とアトムはイメージが合わないけど、当時はどんなおもちゃにもアトムの絵が付いていた。

●駄菓子屋売りの日光写真機。ガラスの圧板の奥で笑うアトムは、ツノが曲線で描かれた初期のデザインだ。

●ヤクルトアトムズのプラ製コップ2種。当時ヤクルトは宅配のみで、お店では売っていなかったのだ。

ぼくらがアトムから学んだこと

ぼくらが物心ついたとき、〝彼〟はすでにそこにいた。そしてぼくらが大人になるまで、〝彼〟はずっとぼくらと一緒だった。

雑誌『少年』で、手塚治虫のマンガ『鉄腕アトム』の連載が始まったのは1952年4月号からだ。

以来、68年3月号で『少年』が休刊されるまで、16年間にわたってその連載は続いた。

『鉄腕アトム』の前身であり、アトムが最初に登場したマンガ『アトム大使』(51〜52年)も含めると、実に17年間にもなる。

この長い連載の中で最も人気を得たエピソードが、「地上最大のロボットの巻」(原題「史上最大のロボットの巻」64年6月号〜65年1月号)だった。

中東の王サルタンが作らせた百万馬力のロボット・プルートゥが、世界に名だたる強豪ロボットたちに戦いを挑み、次々と相手を倒していく。

果たして世界でいちばん強いロボットは誰か、アトムはプルートゥに勝てるのか!?

この戦いにぼくらは熱狂した。63年の元旦からは、テレビアニメが始まっていて、すでに大ヒットしていたが、この「地上最大のロボット」の人気も手伝って、アニメの方の人気もさらに上昇した。

資料によれば、シリーズ中最高の視聴率40・3%を記録したのは、まさに雑誌で「地上最大のロボットの巻」が完結した翌月の65年1月25日に放送された第56話「地球防衛隊の巻」だったという。

手塚治虫は、後に出たコミックスの前書きマンガの中で、この作品を振り返り「ぼくもいちばん仕事がたのしかったころの作品」だったと書いている。

けれども実はこの時期、彼の中では同時にもうひとつの、まったく逆の思いがふくらみつつあったことも、別のエッセイの中で語っている。

それは、世間がアトムのことを単純な正義のヒーローとしか見ていないことに対するいら立ちだった。

アニメの放送は3年目に入り、すでに原作マンガを完全に消化しきっていた。そのため脚本家によって書き下ろされたオリジナルのエピソードが続くようになり、敵のロボットを何の迷いもなく破壊して喜ぶアトムのお話が、たびたび放送されていたのだ。

だけど手塚先生、安心していただきたい。

ぼくらは毎週アニメを見ると同時に、雑誌では新作のアトムを、そしてカッパコミックスでは再録された過去のアトムを繰り返し読んでいたのだ。

そんな中から、ぼくらはしっかりと受け止めていたつもりだ。手塚先生が『鉄腕アトム』という作品を通して、ぼくらに伝えたかったことを。

その証拠に、いまもぼくの心に強烈な印象となって残るアトムのお話は、どれも人間に対する温かいまなざしに満ち、差別を憎み、人類の驕《おご》りを痛烈に風刺したものばかりなのである。

例えばそれはこんなエピソードだった――。

自分の主人が死んだことを理解できず、月の裏側でたったひとり、何年もその死体の世話を続けている旧式のロボット・イワンの物語（「イワンのばかの巻」）。

母親をロボットに殺されたことを怨み、ロボットだけを狙う強盗団の首領となった男。彼の記憶に残るのは母のひざの上のやさしい温もりだった……（「ブラック・ルックスの巻」）。

武蔵野の森が開発によって壊されるのを悲しんだひとりの教授が、赤いネコと名乗り、動物たちを操って町を破壊する。森を愛するがゆえの破滅的な行動の行く末は果たして――（「赤いネコの巻」）。

そして先の「地上最大のロボットの巻」だって、単なるロボットバトルだったわけじゃない。

物語が進むにつれて、ぼくらは戦うためだけに作られたはずのロボット・プルートゥにも、その心の奥底に温かい感情が流れていたことを知る。

アトムの代わりに最強ロボット・ボラーに戦いを挑んだり、戦いをやめるように説得してきたりするウランに見せるやさしさ。百万馬力に改造され暴走して動かなくなったアトムを自宅へと送り届ける誠実さ……。

そんな善と悪のアンビバレントな心を抱えたプルートゥの悲しみにこそぼくらは共感し、この話を大好きになったのである。

アトムが語るラストシーンの言葉が心にしみる。

「今にきっと　ロボットどうし仲よくして　けんかなんかしないような時代に　なると思いますよ　きっと……」

アトムメンコは今でも魅力的だ

●昨日のアニメを思い出しながらコツコツと集めたアトムメンコは、もはや勝負には使わない。ただひたすらコレクションするのみ！

大人にならない永遠の少年

前のページでもぼくの好きなアトムのエピソードをいくつか紹介したが、中でも子どものころにぼくがもっとも好きだったお話が「海蛇島の巻」(原題「アトム赤道をゆくの巻」53年)である。

このお話は、ロボットと人間の間に存在する〝越えられない壁〟が、テーマとなっている作品だった。

アトムは海流に乗って流れてきた「助けてください」と書かれた手紙入りのビンを見つけ、その発信者を追って南の海へと旅立つ。それは同時にアトムの自分探しの旅でもあった。

ロボットが国外へ出ることを禁じたロボット法を犯し、両親にもウソをついてまで日本を飛び出したアトム――。

そこにはアトムの、〝自分〟とはいったい何なのか、という強い問いかけが込められていたのだ。

そもそもアトムは、天馬博士が交通事故で失った最愛の息子トビオの身代わりとして作ったロボットだ。

ところが博士はアトムがいつまでたっても成長しないことに腹を立て、アトムをサーカスに売り飛ばしてしまう。

決して大人にならない永遠の少年――。

そんな重い十字架を背負ったアトムは、いみじくもネバーランドに暮らすピーター・パンの孤独を言い当てていた。

子どもは大人になるにつれて、大切な何かを少しずつ手ばなしていく。

でもその手ばなしたものは、決してなくなってしまうわけじゃない。大人になるための栄養として、体の中や心の内に蓄えられていくものなのである。

ジェイムス・M・バリーの童話『ピーター・パン』のウェンディも、それに気づいたからこそ、ピーター・パンの誘いを断って、ネバーランドから現実の世界へと帰ってきたのだ。

一方アトムは、人間の子どもたちと一緒に小学校に通っている。ケン一やタマ夫など仲の良いクラスメートもたくさんいる。

でもアトムだけは、彼らと一緒に成長して大人になることはできないのだ。

そうした異端者の孤独を、手塚治虫は『アトム』以外にも、多くの作品の中で繰り返し描いている。

そしてそんな主題を正当な形で受け継いだのが、藤子・F・不二雄だった。

一読しただけでは、ギャグやアイデアの洪水に呑み込まれて気づかないかも知れないが、『オバケのQ太郎』も『ドラえもん』も、じっくりと読めば、彼らの孤独がきっと見えてくるはずだ。

ぼくは小学生のころに見たある夢を、今でもはっきりと憶えている。

それは、ぼくがオバQになった夢だった。

ぼくは憧れのキャラクターになれたことに最初は大喜びだった。友だちがぼくの周りに集まり、ぼくは人気者だった。

ところが、やがて自分だけが他人と違うことに気づき始める。ぼくは人間じゃない、オバケなんだ、ぼくはひとりぼっちなんだ!! そう悟ったとき、ぼくは言いようのない悲しみと孤独と絶望感に襲われた。

ぼくは泣きじゃくり、涙で顔をぐしゃぐしゃにしながら目が覚めた。

出来すぎた話だと思われるかもしれないが、これは本当の話だ。

手塚治虫や藤子・F・不二雄と同じように、子どものころに泣き虫でいじめられっ子だったぼくは、作者たちが作品の奥深くに込めた思いを、無意識のうちに感じ取っていたのかも知れない。

話を『アトム』の「海蛇島の巻」に戻そう。

実はこのお話は、はっきりと描かれているわけではないが、アトムが人間の少女に恋をした（と思える）ただひとつのエピソードなのだ。

南の島で出会った少女ルミコに、アトムは自分がロボットであることを最後まで隠し続ける。

そんなアトムの気持ちを察したルミコの祖父は、アトムが立ち去った後、ルミコに「アトムは死んだ」とうそをついた。

後日、アトムは、自分の通う小学校を訪ねてきたルミコと祖父の姿を見つける。だがルミコに会うわけにはいかない。

アトムは2階の窓辺から、遠ざかっていくふたりの後ろ姿を、いつまでも黙って見送るのだった。

天才・手塚治虫の華麗なる世界

●ジャングル大帝の色鉛筆。好きなキャラクターの色鉛筆を買ってもらうと学校で出すのが自慢なんだよね。

●当時、三洋電機の店頭に飾られていた高さ30cmほどの広告パネル。19インチのカラーテレビが198,000円とある。

●サンスターのビニールパス。メモ帳と時間割に小銭入れが付いたビニパスのスタンダードだ。

●サンヨーのカラーテレビを買った時にもらった『ジャングル大帝』（65〜66年フジテレビ）のレオの貯金箱。

●『ワンダー・スリー』（65〜66年フジ）のソノシート。小学館の学習雑誌のノベルティ商品で、裏面は『ジャングル大帝』。

●小銭入れ。マグマ大使が下半身だけをロケットに変身させて飛ぶ絵柄を使うとは、なかなかシブいチョイスだ。

●駄菓子屋で売られていたミニお面。腕にはめると、ほら、とってもオシャレ〜……か？『マグマ大使』は66〜67年、フジテレビ系で放送。

●駄菓子屋の引きくじカード。当時1枚5円。『マグマ大使』は『ウルトラマン』より1週間早く放送開始。国産テレビ初の巨大化変身ヒーローとなった。

●悟空の空気ビニール人形。手にしてるのは“きんそう棒”。当時、明治のお菓子でこのきんそう棒のおもちゃが当たる懸賞があった。

●サンスターのビニパス。『悟空の大冒険』(67年フジテレビ)は、ガキの目が点になるようなシュールな表現が満載の異色アニメだった。

●『別冊少年サンデー バンパイヤ特集号』付録の変身マジックカード。折り畳んで開くとトッペイがオオカミに変身する!!

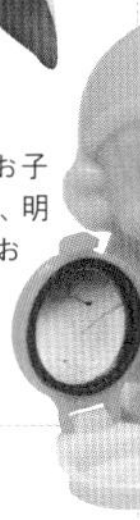

●角度を変えるとアトムとビッグXの絵柄が交互に現われるサンスターのビニールパス。

●カフェインレスのお子ちゃま専用コーヒー、明治ニューコーヒーのおまけ。ガチャガチャのカプセルを模したキッチュ感がイイ!

●『ビッグX』(64〜65年TBS)のブリキピストル。ホルスターの絵はビッグXに変身する前の朝雲アキラ少年だ。

●カルタ。箱の絵でビッグXの背後にいるのは、ナチスがロケット兵器V2号(実在)の後に開発したロボット兵器V3号だ。

●ブリキのバケツ。ビッグXは旧ナチスドイツが開発した秘密兵器という設定で、原作マンガはかなり反戦色の濃い作品だった。

手塚マンガに込められた〃毒〃

手塚治虫は生前、折に触れて「マンガは風刺だ」と語っていた。風刺というのは、物事に対してそれをあからさまに批判するのではなく、別の物にたとえるなどして、側面やあるいは裏側から皮肉ることだ。

ともすればヒューマニズムの権化のように言われがちな手塚マンガだが、よくよく見れば、どの作品にも、そうした風刺の〃毒〃が巧みに織り込まれていることに気づくはずだ。

63年ごろに『鉄腕アトム』で手塚マンガと初めて出会ったぼくは、その後わずか数年の間に、膨大な量の手塚マンガを読んだ。

何しろ、当時はほとんどの少年マンガ誌で手塚マンガが連載されていたのだから当然といえば当然だ。だけどまだ幼かったぼくは、それらの手塚作品に込められた〃毒〃を意識することはなかった。

それが初めて明確な形で示されたのは、66年から『週刊少年サンデー』で連載が始まった『バンパイヤ』からである。

満月を見るとオオカミに変身する体質を持ったバンパイヤ一族の少年トッペイと、彼を自分の悪事に利用しようと企む少年・間久部緑郎＝通称ロック。

この悪童ロックは、それまでオブラートに包まれていた手塚マンガの毒を一気に顕在化して見せた。

彼は、自分が書生として面倒を見てもらっている会社社長大西の娘ミカを誘拐し、アッサリと殺害。続いて大西本人や、作中人物として登場する手塚治虫、さらには田舎から上京してきた親友の西郷までをも次々と殺してしまう。

手塚はその後、70年代に入って『きりひと賛歌』（70〜71年）や『ＭＷ（ムウ）』（76〜78年）といった青年マンガの世界で、ロック以上に強烈な毒を持った悪役を次々と登場させているが、60年代の、まだほのぼのとしていたころの少年誌におけるロックの登場は、ぼくにはものすごい衝撃だった。

このロックという存在は、その〃間久部〃という名前も含めて、シェイクスピアの悲劇『マクベス』から引用されている。マクベスが三人の魔女から三つの予言を与えられたように、ロックもまた三人の女占い師たちからこう予言される。

「あんたは決してつかまらない。自由だ」「ほかのやつらをふみこえて世界一えらくなる」

そして「人間にも動物にもやられない」と。

その予言通り、ロックは次々と悪魔の計画を実行し、成功を収めていく。ぼくは彼の中に、人間の心に潜む悪魔そのものを見た気がした。そして、まるで本物の悪魔に魅入られたかのように、ロックの行動から完全に目が離せなくなってしまった。

マクベスは、魔女から「お前は、女から生まれた者には絶対に倒されない」と予言されていたが、裂かれた母の胎内から引きずり出されたという男・マグダフに殺された。

では果たしてロックは……!?

物語の中盤で、トッペイがロックにこんな意味深なセリフを吐いている。

（人間にも動物にもやられないとしても）「きみはきっと変身とちゅうのバンパイヤにやられるんだ」と。

ところがサンデーの連載は、そのロックの野望の行く末を描ききる前に「第一部完」という形で唐突に終了してしまった。人気はあったと思うのだが、やはり少年誌では重過ぎるテーマだったのだろうか。

そう残念に思っていたところ、68年10月にテレビ映画『バンパイヤ』（フジ）が始まるのに合わせて、月刊誌『少年ブック』で第二部の連載が始まった。

この第二部は、第一部の続きという設定ではあるが、トッペイなど第一部の主人公は脇役に回り、実質、ロックが主人公の物語となっている。

だが、またしてもその結末を見ることは出来なかった。翌69年4月号で『少年ブック』が休刊、『バンパイヤ』はここでも未完に終わってしまったのだ。*

その後、講談社で「手塚治虫漫画全集」が刊行されたとき、新たに250ページを描き下ろして完結させるという企画もあったが、実現はしなかった。

だからぼくは、いまだに手塚ファンと出会うと、こう尋ねてみるのだ。間久部緑郎の行方を知らないか、と……。

*ちなみに、76年発表の『メタモルフォーゼ』第5話に、ロックが『バンパイヤ』の続編的役柄で唐突に登場している。ぼくのようにロックの消息が気になる方は、ぜひ一読をお薦めする（講談社版「手塚治虫漫画全集」第88巻に収録）。

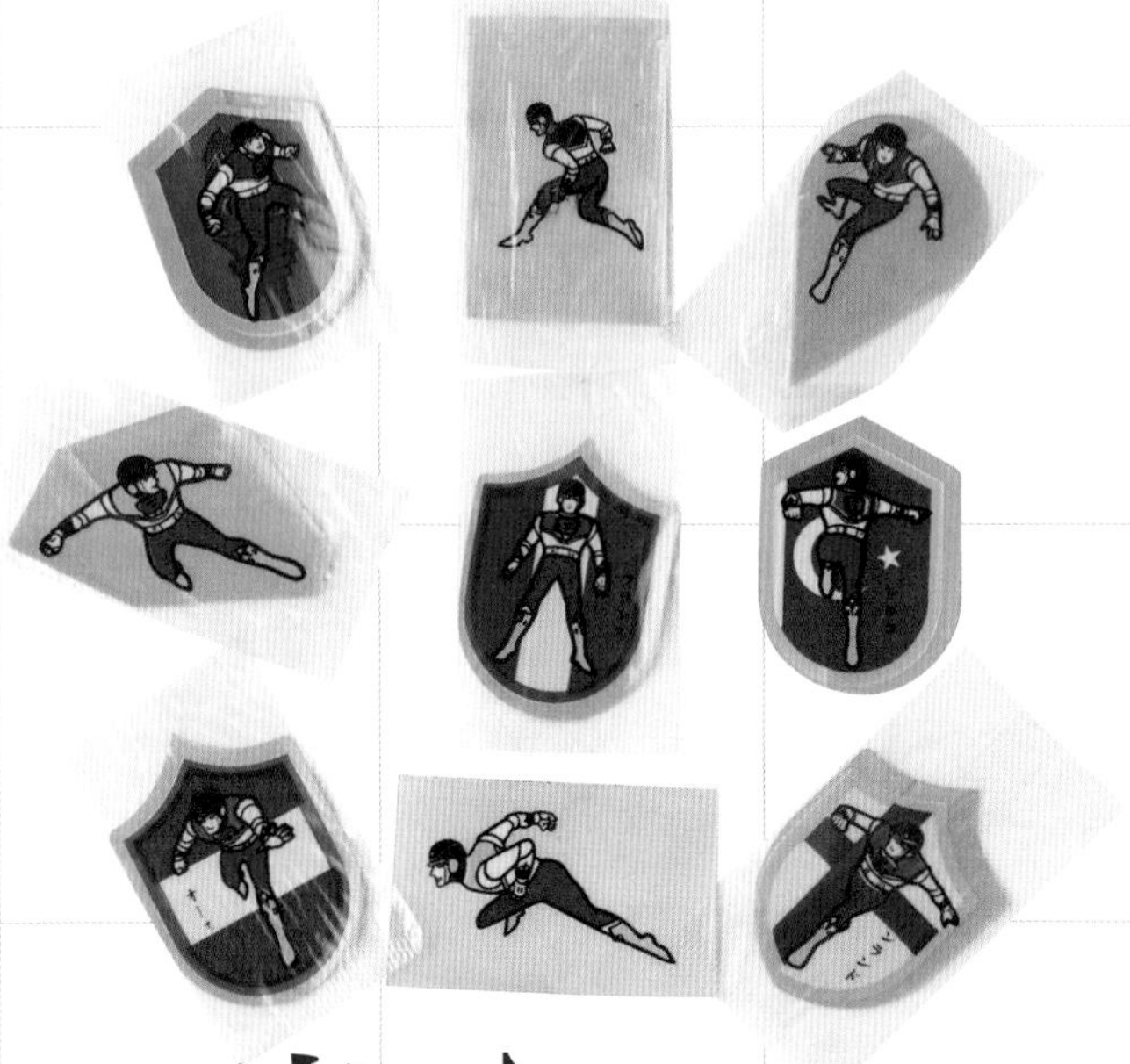

●駄菓子屋版ペンダント。エイトマンは事故死した東八郎刑事が生まれ変わった警視庁捜査一課8番目のサイボーグ刑事だ。

●丸美屋のふりかけのおまけ、エイトマンシール。のりたま、牛肉すきやきふりかけなどに入っていた。

●『週刊少年マガジン』(63〜64年)に連載したマンガの総集編コミック。原作・平井和正、作画・桑田次郎。

♪光る海
光る大空 光る大地、
エイトマン登場!!

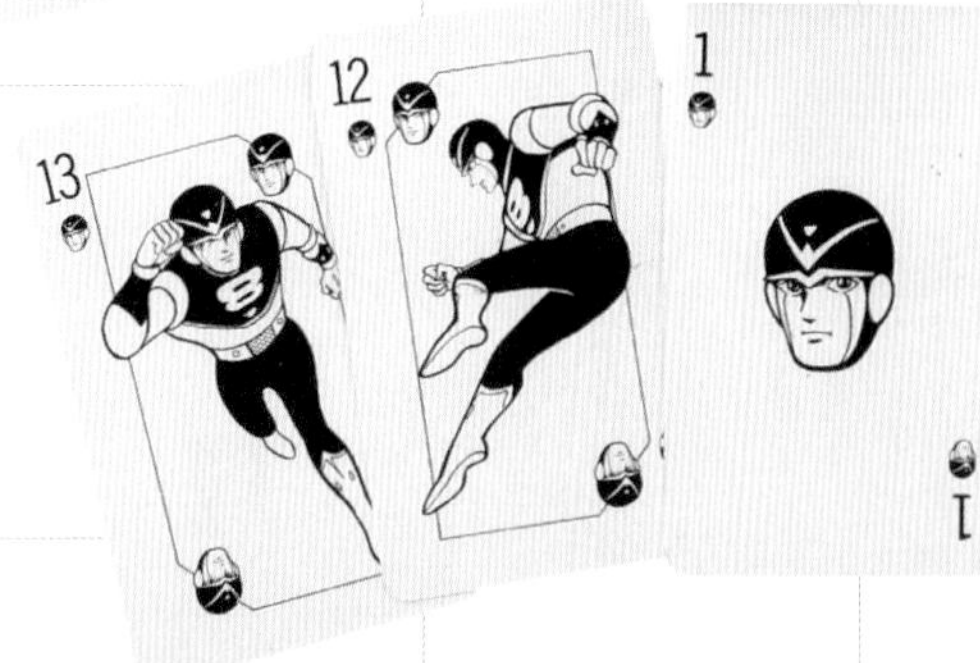

●トランプ。『エイトマン』(63〜64年TBS)の脚本には平井和正、豊田有恒、福本和也など当時新進気鋭のSF作家が名を連ねる。

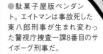

●『エイトマン』のソノシートは、オリジナルのマンガと同じ桑田次郎が作画を担当。

●駄菓子屋の紙ピストル。ソランの相棒、宇宙リスのチャッピーは放送終了後も森永のマスコットキャラクターとして長く活躍した。

●森永製菓のお菓子(パレードチョコ?)の景品だった『宇宙少年ソラン』のバッジ。

●『宇宙少年ソラン』(65〜67年TBS)のソノシート。当時、ぼくがかんしゃくを起こしちゃったらしくて、中のソノシートがグシャグシャに折れ曲がっていた(涙)。

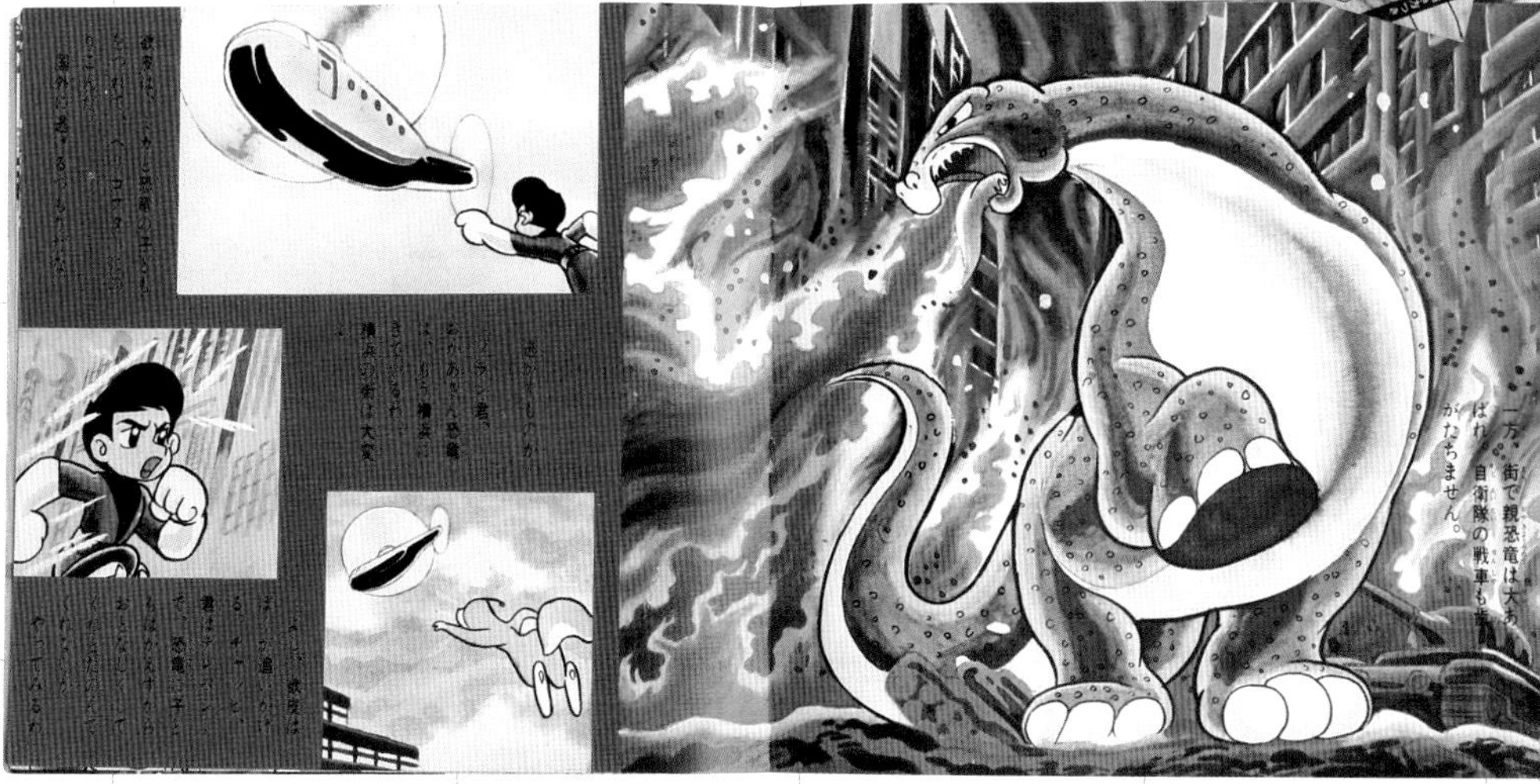

サイボーグヒーローの元祖、エイトマン

1963年当時、30分のアニメを毎週テレビで放送するなど、予算的にも労力的にもおよそ不可能と考えられていた。その問題を手塚治虫(と、製作の虫プロダクション)が、さまざまな方法で解決して実現したのが、国産初の連続テレビアニメ『鉄腕アトム』だった。

例えば予算面では、キャラクターの商品化権を売って、それを制作費に充てることで不足分を補う。

製作面では、アニメでありながら動きのあるシーンを極力減らし、また、動画をキャラクターごと、動きごとに保存(バンク)しておき、それを再利用することで省力化を果たす(バンクシステムと称した)など。

今ではどれも当たり前のことになっているこれらの手法は、すべて『鉄腕アトム』から始まった。

だがこれはコロンブスの卵のようなものだから、手法さえ分かれば誰でもできる。

ということで63年10月には『鉄人28号』が始まり、さらに11月からは、第3のSFアニメとして『エイトマン』(63~64年TBS)がスタートした。

『エイトマン』は、同年春から『週刊少年マガジン』で連載が始まったマンガ『8マン』をアニメ化したもので、原作は、61年に小説『殺人地帯』(SFマガジン第1回コンテスト奨励賞)でデビューしたばかりの新進SF作家・平井和正。作画は『月光仮面』、『まぼろし探偵』などヒーローもののマンガを多数描いた実績のある桑田次郎が担当した。

当時の資料によれば、このマンガはもともとアニメ化を意識して企画された作品だったようで、随所に、先行する『鉄腕アトム』との差別化を計ろうとした意図が見て取れる。

まず大きな特徴としてあげられるのが、作品全体を通して表現されるエイトマンのスピード感だ。

時速3000㎞で走る。優れた動体視力によって、自分に向けて撃たれた弾丸をたやすくつかみ取る。人工皮膚と人工関節により、どんな身長、体格、顔立ちの人間にもたちどころに変身できる。

こうした設定が、アニメならではの表現と相まって、

『アトム』や『鉄人』とは違った、スピーディーでスマートなドラマ展開を生み出していた。

ちなみに余談だが、エイトマンが走るときのビュルルーッという音は、掃除機の音を録音して逆回転再生したものだったという。

また、主人公エイトマンはロボットではあるが、彼の電子頭脳には、犯罪者を追跡中に命を落とした刑事・東八郎の記憶がすべてコピーされているという設定も新しかった。

サイボーグという概念がまだ当時の子どもには難しかったため、あえてロボットと称してはいたが、実際には、彼は人間とロボットのハイブリッドである〝サイボーグ〟に他ならなかったのである。

平井和正自身も、後に雑誌のインタビューの中で「ぼくの中では（エイトマンを）完全にサイボーグマンとしてとらえていた」と語っている。

つまりサイボーグという概念を初めてアニメに持ち込んだのが、この『エイトマン』だったのだ。

エイトマンの弱点として、1日に4本、強化剤入りのタバコを吸わなければならないという設定がある。強化剤が切れかかると、エイトマンは活動が鈍り、苦しみ出す。

この強化剤が必要な理由は、マンガにもアニメにも描かれていないが、恐らくサイボーグとして、生体部分が機械部分に対して拒絶反応を起こすのではないか。そして強化剤は、それを抑える免疫抑制剤的なものとして考えられたアイテムだったのではないだろうか。

また、エイトマンは折に触れて、ロボットであるという正体を隠して生活することの苦悩を、視聴者であるぼくらにだけ密かに吐露する。ぼくらとしては、ただ強いだけのヒーローじゃないエイトマンに、子どもなりに強く共感したことを覚えている。*

スポンサーは、のりたまの丸美屋食品。同社のふりかけに封入されたエイトマンシールは、アトムシール、鉄人ワッペンとともに大人気となった。

ぼくも親にねだってはふりかけを買ってもらい、我が家の食卓にはかならず丸美屋のふりかけがあった。生涯のうちで、あれほどふりかけを大量に食べた時代というのは、後にも先にもない。


*18ページのアトムメンコに、アトムが胸を開いて食べた物を取り出すシーンがあるが、エイトマンも食事の後は、胸の8マークの部分を開いて、食べた物を密かに取り出す。子供心にも悲哀が伝わるシーンだった。

●主題歌編とドラマ編、2枚のフォノシートが入ってお得な感じ。ドラマ編はもちろんアニメと同じ声優陣が声をアテている。

●ソノレコード社製の『スーパージェッター』(65～66年TBS)フォノシート。ドラマ編のタイトル「燃える23度線」は、朝鮮半島の軍事境界線・38度線をイメージしたのだと思うけど、中味は全然別のお話だ。

●宇宙エースのマジックプリント。駄菓子屋で市販されていたもの。

●『宇宙エース』(65～66年フジ)のペンダント。裏側がコインケースになっていて10円玉が3～4枚入る。

●『がんばれ！マリンキッド』(66年TBS)のゴム引きズック。この作品は69年に『海底少年マリン』(フジ)としてリメイクされた。

スーパージェッターはSFアニメの傑作だった

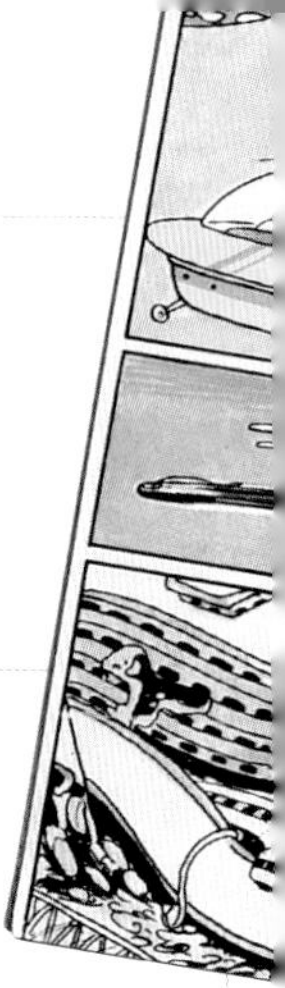

●遊星仮面の愛機ライダーのガムケース。ローラーを回すとガムが1枚ずつ出る。上に乗ってた遊星仮面の人形は残念ながら紛失……。

●パピイの後番組だった『遊星仮面』(66〜67年)の化粧紙。「人呼んで遊星仮面！」と言って見得を切るシーンがかっこいいぞ。

●パピイは、母を捜してクリフトン星からやってきた少年。首からさげたペンダントを手に「ピィ〜パピイ！」と叫ぶと変身するぞ!!

●グリコのセット販売品についていた『遊星少年パピイ』(65〜66年フジ)の組み立てパズル。足の部分が笛になっている。

●映画『サイボーグ009 怪獣戦争』(67年)の引きくじカード。テレビアニメはこの1年後、68年にNETで放送された。

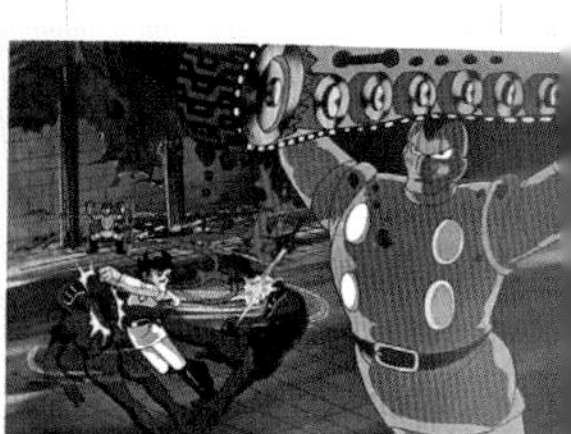

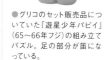

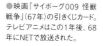

今をときめく若手SF作家が結集!

SF作家平井和正の原案による『エイトマン』は、SFアニメの世界に〝サイボーグ〟という新たな概念を導入し、成功をおさめた。

その後番組として企画されたのが『スーパージェッター』(65~66年TBS)である。

このころになると、毎週放送されるテレビアニメの数は、国産・海外を合わせて8本にもなっていた。

そのため新企画は『エイトマン』よりもさらなる差別化・個性化の必要に迫られていた。

TBSは、マンガ原作ではないオリジナル作品を、という意気込みから、『エイトマン』の脚本も手がけた作家の加納一朗に原案を依頼する。

そして彼が提案したのが、未来から来た少年を主人公とする、時間テーマのSF『スーパーサンダー』(後に『スーパージェッター』に改題)だった。

キャラクターデザインは、雑誌『ぼくら』に『少年忍者風のフジ丸』のマンガを連載していた久松文雄に決定。手塚治虫に似た達者な筆づかいの久松は、すでに売れっ子のマンガ家だったが、43年生まれの彼は、実はこのときまだ21歳の青年だった。

その後、脚本には、加納一朗の呼びかけに応じて、筒井康隆、山村正夫、半村良、眉村卓(後に豊田有恒、辻真先も加わる)といった、若手SF作家たちが次々と参加した。

そんな意欲的なメンバーによって作られた『スーパージェッター』は、結果的に『エイトマン』にも増して、個性的で新鮮なSFアニメ作品となった。

ただし、この作品以前にも時間テーマのSF映画やマンガがなかったわけではない。

例えば映画では、H・G・ウエルズが1895年に発表した空想小説を、ジョージ・パル監督が映画化した『八十万年後の世界へタイム・マシン』(59年アメリカ)という名作があった。

マンガでは、手塚治虫の『ふしぎな少年』(61~62年『少年クラブ』)が、NHKで実写ドラマ化(61~62年)され、「時間よとまれ!」という主人公サブタンのセリフとともに人気を得ていた。

そんな中で『スーパージェッター』が新しかったのは、30世紀の未来人である主人公ジェッターが使う、未来メカの数々だった。

重力を制御して空中に浮かび上がれる〝反重力ベルト〟。マッハ15で空を飛び、無線操作によってどこからでも呼び寄せられる自動車型のタイムマシン〝流星号〟。麻痺銃〝パラライザー〟。そして、時間を30秒間だけ止めることのできる、腕時計型の時間制御装置〝タイムストッパー〟!

これら見たことも聞いたこともないアイテムの数々に、ぼくらは最初、目が点となり、次にガツンと強烈なパンチを食らったような衝撃を受けた。

中でもひときわ魅力的だったのがタイムストッパーである。止められる時間はわずか30秒だけ。だけどその30秒間に、ぼくらの夢は果てしなく広がった。

そこには例えば、過去の自分と未来の自分が同時に存在するとどうなるか、などというタイムパラドックスの問題などにはまったく触れられておらず、ドラえもん以降の世代から見れば、SF的には相当大雑把なものだったことは確かだ。

だがそれでも、ぼくらにとって『スーパージェッター』は、『エイトマン』と並んで、SFのいろはを教えてくれた貴重なバイブルだったのだ。

ぼくらは駄菓子屋で買った腕時計を腕にはめ、スーパージェッターごっこに熱中した。

そして、これらの作品で学んだ基礎知識を元にして、ぼくらはやがて、さらなるSF映画やSF小説の大海原へと旅立っていくことになる。

ところでこの『スーパージェッター』、カラー作品かモノクロ作品か、覚えておられるだろうか。

人によって「カラーだった」「モノクロだった」「途中からカラーになった」など、記憶がまちまちなのではないだろうか。

実はこの作品は、最初、全52話すべてがモノクロで製作されて放送されたが、後に海外市場向けに、26話分だけが新たにカラーで(セル画から)作り直されたのである。

再放送ではこのカラー版も放送されているため、人によって記憶の違いが起きているのである。

テレビアニメを〝テレビまんが〟、SFを〝空想科学〟と言っていた時代の、今は昔のお話だ。

●駄菓子屋版すごろく。ぼくの家にもQちゃんがいたら……いつもそう思っていた。最初のテレビアニメ化当時(65〜67年TBS)のもの。

●66年、小学館の学習雑誌の付録だったオバQサイフ。ベロが取れちゃってるけど、口からお金を出し入れする仕組みだ。

●露店で売られていた粘土の型。3本の毛を粘土で再現するのはかなり無理がありそうだ。

●駄菓子屋売りのメンコ。単純なオバQをここまで下手に描いてしまう逆テクニックに、むしろ感動(笑)。

♪毛が3本、ぼくはオバケのQ太郎

●ミニうちわ。夏休み、盆踊りの時にクラスの女子がこんなうちわを持って浴衣姿でやってきてドキッとしたり……。

●ビニールボートと浮き輪。当時、泳げなかったぼくは、これにずいぶんお世話になった。

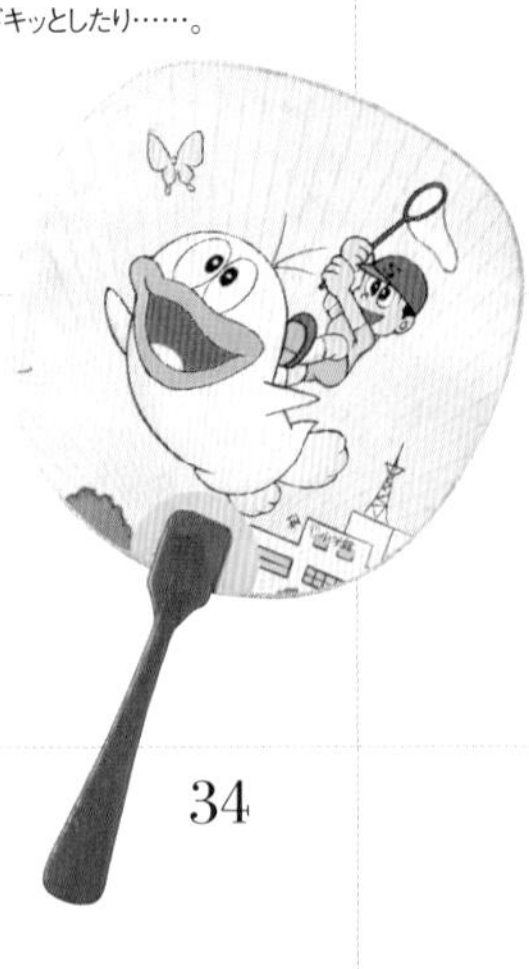

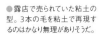

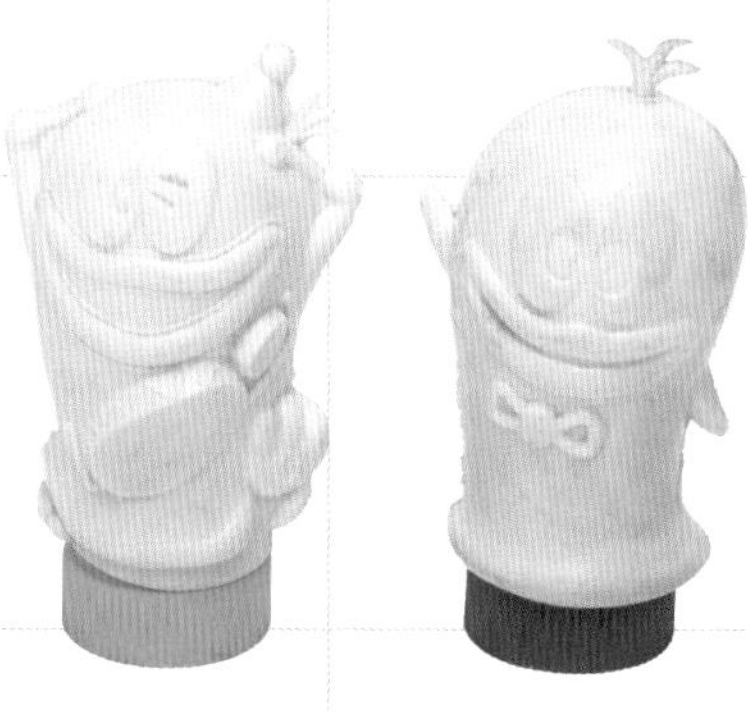

●キャップがフィギュアになっている消しゴム。確か全部で5種類ほどあったと思う。当時としては優秀な造形だ。

●口から火を吐くオバQ花火。頭の毛は描き忘れかな？

●このぬりえは10歳下の弟と10年にわたって使用。今はドラえもんのおもちゃが同じ役目を担ってるんでしょうね。

●ビクターのフォノシート。収録ドラマは正太のパパが会社の書類を紛失して起こる騒動を描く。まさに現代の情報保護問題を先取り？

●パイロットのオバQ手帳。中味はしゅくだいメモに鉛筆が付いて当時100円。

オバQの結末はいつもほろ苦かった

〝ドラえもん世代〟という言い方がある。幼いころから『ドラえもん』を夢中になって読み、その影響を受けて育った世代のことである。

だとしたら、ぼくら昭和30年代生まれは〝オバQ世代〟ということになるだろう。

オバQ、すなわち『オバケのQ太郎』は、1964年から『週刊少年サンデー』で連載が始まった。

そのときの作者のクレジットは「藤子不二雄とスタジオ・ゼロ」。スタジオ・ゼロというのは、63年に藤子不二雄（F、A）、鈴木伸一、石森章太郎、つのだじろうらマンガ家仲間が集まって共同で設立した、アニメ製作会社である（後に赤塚不二夫も参加）。

『オバケのQ太郎』は、この会社の運営資金を稼ぐために、藤子不二雄のふたりが中心となり、社員一同の合作という形でスタートしたマンガだった。

そのため、連載初期の作品では、一見して誰が描いたか分かるほど個性的な画風が入り乱れており、ゴチャゴチャした奇妙な作品になっているが、それはそれで、マンガ史的にも貴重な作品となっている。

この合作形式での連載は13回で終了したが、その後、『オバQ』は人気を得て連載再開。翌年からは、小学館の学習雑誌8誌でも連載が始まった。

そのころになると、藤子・F・不二雄がアイデアから作画までをほぼひとりで手がけるようになってい て、物語の内容も、次第に藤子・F・不二雄ワールドに入り込んでいく。

『オバQ』の主人公・Q太郎と正太は、遊びに対して常に貪欲で、新しい遊びを思いついてはただちにそれを実行に移す。

例えば「Qちゃん鉄道」では、自宅から学校の下までトンネルを掘り、地下鉄を作る。「ロケットをとばそう」では、紙と木で作ったロケットに乗って、日本人として初めて宇宙に飛び出そうとする。

ぼくはこうした何かを作る話が大好きだった。

また、子どもたちだけの楽園というのも、『オバQ』の中でたびたび描かれたテーマだ。

「決戦オバQとりで」は、不用になった木箱を大量にもらったQ太郎と正太が、空き地にそれを積み上げて砦《とりで》を築き、その砦をめぐって悪友のゴジラたちと攻防戦を展開するというものだ。

この空き箱の砦は、後に「雪のおしろを守れ！」で、雪が降り積もって雪の城となり、再びゴジラ軍との雪合戦場になっている。

そんな子どもたちの楽園を描いた極めつけのエピソードが「ぼくらのゴーストタウン」だ。

野球のボールを探して学校の縁の下へ入ったQ太郎が、開いていた穴に落ちこみ、地下に地上とそっくり同じ町並みが広がっているのを見つける。

実はその町は、太平洋戦争末期に、アメリカ軍の日本本土上陸に備えて、地上とそっくりに作られた秘密の地下都市だったのだ。地上へ戻ったQ太郎は、正太たちを連れて再びそこを訪れ、そこを自分たちだけの町にすることを決める。

日常のすぐ隣にぽっかりと開いた異空間へのドア、その先にある子供たちだけの楽園……。

それはまさしく、後の『ドラえもん』や、一連のSF短編作品につながる、藤子・F・不二雄の代表的なテーマそのものと言える。藤子Fファンなら、もうこれだけでワクワクしてしまう設定だ。

ただし『オバQ』の場合、その結末は、なぜか皮肉で厳しいものになることが多い。つまりQちゃんや正太の目論見が成就することはほとんどないのだ。

下り坂を疾走した地下鉄は無事に学校の地下に到着したが、そこから地上へ出るには、300mもの縄ばしごを登らなければならなかった。

紙製の3段ロケットは、見事に2段目までを切り離し、高空に到達した。だが正太が酸素ボンベのバルブをひねった瞬間に、紙の外壁が圧力に負けて破裂してしまう。

そして、彼らが地下に見つけたゴーストタウンもまた、天井に穴が空いて川の水が流れ込み、あっけなく水没してしまったのである。

子どもたちが真剣に考えた壮大な計画も、夢のような理想の楽園も、最後はすべてはかなく消える。

ギャグのオチと言ってしまえばそれまでだが、そこには何ともいえない空しさがあった。

ぼくらは『オバQ』から、人生の厳しさや無常を学び、そして大人になったのである。

イヤミ、チビ太、デカパン……おそ松くんは脇役も最高だ

●『おそ松くん』の最初の単行本（63年青林堂）。当時は連載雑誌とは別の出版社が単行本を出すのも普通だった。

●当時みんなが読んだ新書版の『おそ松くん全集』（曙出版）は68年より刊行開始。全31巻十別巻2冊が刊行された。

●シェーのポーズで決めたイヤミの空気ビニール人形。愛嬌はあるが、これでどうやって遊べと……。

●おそ松くんメンコ各種。ただし下段左のメンコは“おそ松くん”と書いてあるが『まかせて長太』（63〜64年）だな。

●イマイのハイシールはプラモのデカールをそのままシールにしたもの。水につけると糊が溶けて紙などに転写できる。

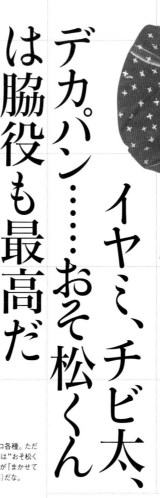

●アニメ化以前に発売されたソノシート。主題歌(?)とオリジナルドラマを収録。さらに貴重な情報の記載が！ イヤミの年齢36歳3ヶ月、でっぱの長さ約8・5センチ……うーむ。

●『おた助くん』(64年ごろ、曙出版)。主人公おた助は、社長のお抱え運転手の息子で社長のバカ息子と同級生。それでもいつも元気なおた助がカッコイイぜ!!

●赤塚不二夫の初連載作品。不遇時代に穴埋めで書いた読みきりが連載になったという話は赤塚本人がマンガにしている。『まんが王』60年8月号付録。

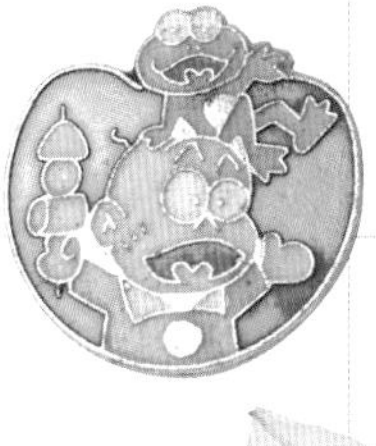

●当たりが出るとその場でもらえた、コビトおそ松くんバッジガムの景品。

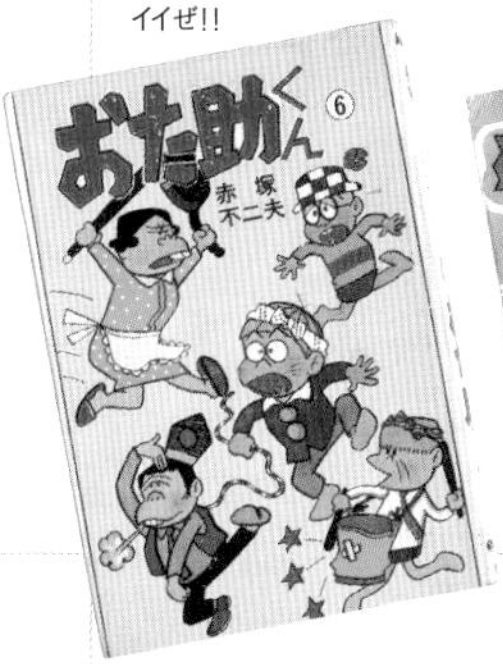

●曙出版の赤塚不二夫全集には初期の少女マンガも収録。『九平とねえちゃん』は66年に描かれた、日活映画のような下町の恋愛物語だ。

●東京トップ社版『メチャクチャNO.1』(64年ごろ)。主人公・ボケ男の徹底したボケキャラぶりは後のバカボンの原型だ。

●おそ松くん凧。街のノラネコ達はチビ太の親友であり忠実な部下でもある。チビ太の命令ならなんでも聞くのだ。

●カラッペバッジは、カネボウハリスカラッペガムの景品。『風のカラッペ』はちょっとニヒルな旅ガラスなのだ。70年。

ギャグマンガを変えた『おそ松くん』

1962年『週刊少年サンデー』で連載が始まった赤塚不二夫のマンガ『おそ松くん』は、それまでのお笑いマンガとは明らかに一線を画すものだった。めまぐるしく展開するお話のスピード感。登場人物がさまざまな役柄を演じることで縦横無尽に広がる世界観。そして何より、ひとりひとりが突出した個性を持つ各キャラクターの魅力が際立っていた。

新たなギャグマンガの歴史が、まさにこのマンガから始まったのだ。

舞台となっているのは、ありふれた東京の下町。だがそこに暮らすのは、まったく同じ顔をした六つ子の兄弟たちだった。

と、これだけでも新奇な設定だが、回を追うごとに、町には個性的な住民たちが増殖していった。チビ太、イヤミ、デカパン、ハタ坊……。

彼らは最初は恐る恐る登場し、控え目な役を演じていたが、やがて自らの存在に自信を持ち始め、作品の中を、我が物顔で暴れまわるようになっていく。

彼らは、ともすれば現実感のない風変わりなコメディアンであるように見えるが、実はそこには、当時の日本人の姿が見事に反映されている。

ホエホエと鷹揚《おうよう》に笑い、いつも気前のいいデカパンは、高度経済成長の波に乗って成功した成金実業家のイメージだ。

マユツバものの〝おフランス帰り〟をステータスとするキザな貧乏紳士イヤミ。彼がおフランス帰りを自慢できるのは、64年4月に海外旅行が自由化されるまで、一般庶民にとって海外旅行が夢でしかなかったからだ。

明るく元気でもっとも現代っ子的な性格のチビ太は、実は原っぱの土管で家族もなくひとり暮らしをしている。そんな彼の姿から思い起こされるのは、空襲で家族や家を失った戦災孤児のイメージだろう。

少年向けのマンガに込められた、こうした鋭い人間風刺の目。赤塚不二夫の描くこの新しいギャグマンガの世界には、そんな毒が随所に込められていた。

そして『おそ松くん』の数多いエピソードの中で、ぼくが特に強く印象に残っているのが、食べ物をネタとしたギャグの数々だ。といっても、食べ物を粗末にするテレビバラエティのような低劣なネタではない。食べ物がなかった時代を生きた作者の強い思いが込められた、食べ物をめぐる壮絶な戦いが、『おそ松くん』の中ではたびたび描かれているのである。

例えば「トト子ちゃんとハイキング」では、おそ松たちが、ガールフレンドのトト子ちゃんと出かけた山で、山法師姿のイヤミと出会う。

イヤミは、シートを広げて食事を始めたおそ松たちを、横でうらやましそうにジッと見つめる。

おそ松たちは、イヤミの目の前にわざと食べ残しを投げ捨てると、イヤミはパッと飛びついてそれを拾った。何度やってもそれを繰り返す。

だが、面白がって次々と投げ与えているうちに、ふと気づくと自分たちの食べ物が底をついていた。

やがて、お腹が空いてへたばっているおそ松たちの前に、イヤミが先ほど拾った食べ残しを持って現われる。リンゴの芯30円、パンのかけら50円。

そして、エゴむき出しの醜い言い争いの結果、その残飯をひとりで買い占めたのは、何とトト子だった。

赤塚が、まだ売れる前の自分を描いた自伝マンガ『トキワ荘物語』(70年『COM』)には、彼がひとり東京で金もなく、実家から送ってきたわずかなモチで具なしの雑煮を作り、それを食べて正月を過ごそうとするエピソードが描かれている。

ところがその雑煮さえも、突然訪問してきた友人にごちそうしたところ、事情を知らない友人に、うまいうまいと言って全部食べられてしまう……。

その当時、赤塚はどんなに忙しくても1日1本ギャグを考えることをノルマにしていたという。そのころの苦しい生活の中で生まれたギャグが、7年間にわたる『おそ松くん』の長期連載を支えたのだろう。

ところで『おそ松くん』で食べ物の話というとよく話題になるのが、チビ太がいつも持っているおでんの具は何か、ということだ。

ぼくが以前見たテレビでは、赤塚不二夫自身が上からハンペン、ガンモ、チクワブだと語っていたのを覚えているのだが、別のインタビューではコンニャク、ガンモ、ナルト巻きと答えていたらしい。

要するに、どうでもいいってことなのか(笑)。

●古谷製菓のボロット粉末ジュースの容器。ボロットは、発明家である丸出だめ夫の父が、中古車のスクラップから造ったロボットだ。

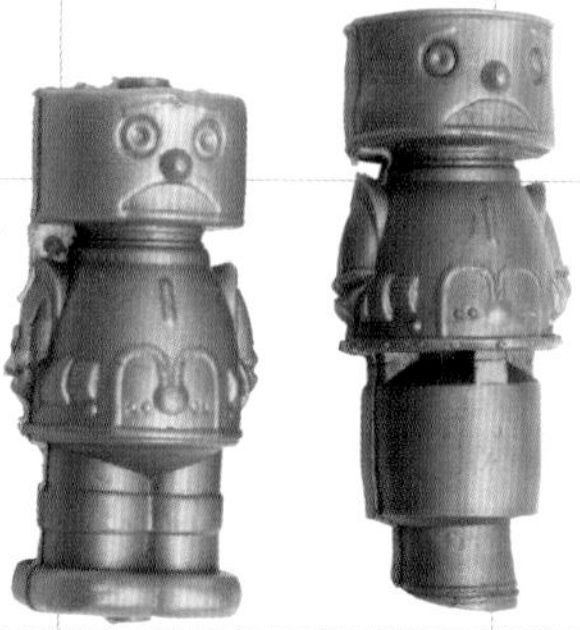

●左がその場で当たるお菓子の景品で、右は確か、お菓子容器のフタだったもの。

●古谷製菓の丸出だめ夫チョコで、その場で当たったボロットのコインケース。

丸出だめ夫、ブースカ、ウメ星デンカ。みんな覚えてる？

●雑誌『ぼくら』66年5月号別冊付録。『丸出だめ夫』は『週刊少年マガジン』でも連載されていた。

●駄菓子屋売りメンコ2種。坊ちゃん刈りに丸メガネで0点の常連・丸出だめ夫は「のび太の原型では？」と噂されたこともある。

●ハンドペットなんて謎な名前で気を引くが、実はただのメモ帳（笑）。

●『丸出だめ夫』のソノシート。収録ドラマの声の出演は、主役の丸出だめ夫＝穂積ぺぺ、以下、テレビ（66～67年NTV）と全く同じ配役。

●駄菓子屋の引きくじだった怪物くんシール。最初のテレビアニメ化は68年TBS。原作は藤子不二雄Ⓐ。

●『魔法使いサリー』(66〜68年NET)の化粧紙。魔法使い少女もののハシリ的作品で、当時、毎年のように再放送されていた。

●雑誌『ぼくら』67年5月号別冊付録。愉快な怪獣だから"快獣"ブースカなのだ。

●駄菓子屋のメンコ。ウメ星デンカは68年に小学館の学習雑誌でデビュー。翌年『週刊少年サンデー』でも連載が始まった。

●シスコ快獣ブースカチョコを買って、当たるとその場でもらえた、高さ51mmのソフビ製ミニ人形。

●『ウメ星デンカ』(69年TBS)カルタ。笑いの中に故郷を失ったデンカたちの孤独が描かれた藤子・F・不二雄の傑作だ。

●ウインナ(和泉製菓)のキャラクター『なるへそくん』カルタ。『週刊少年キング』に山根あおおにの作画で連載。65〜66年。

●人形劇『ひょっこりひょうたん島』(64〜69年NHK)の化粧紙。海の上を漂うひょうたん島と、そこに暮らす仲間達の冒険!

最後のほのぼのマンガ、『丸出だめ夫』

〝ギャグマンガ〟という言葉が使われ始めたのはいつごろからだろうか。はっきりした記録は見つからなかったが、ぼくの記憶では、おおよそ1970年代の初めごろからだったように思う。

それまでは、〝お笑いマンガ〟、〝ゲラゲラマンガ〟とか〝ゆかいマンガ〟、あるいは〝ワハハマンガ〟などと言われていて、文字通り、日常のちょっとした失敗や勘違いをネタにした、ほのぼのとした笑いを描く作品が多かった。

少年漫画雑誌の主流が月刊誌だったころは、それがちょうど時代のテンポに合っていたのだ。

だが60年代に入って週刊誌の時代がやってくると、そうしたのんびりムードのマンガは一気に古びて見えるようになり、次々と姿を消していく。

森田拳次の『丸出だめ夫』（64〜67年『週刊少年マガジン』）は、そんなほのぼの系ゆかいマンガ時代の最後期を飾る傑作だ。

主人公の丸出だめ夫は、何をやってもダメでテストはいつも0点。運動神経もゼロ。だけど明るく前向きな少年である。

このだめ夫の、丸メガネに坊ちゃん刈りの顔立ちやダメさ加減から、だめ夫は『ドラえもん』ののび太の元祖だと言われることもある。

森田拳次のマンガは、落語を聴くようなテンポのいい会話と、その独特の間合いからくるユーモアが身上で、そこにたまに人間のやさしさをペーソスたっぷりに描く叙情性が加わるのが大きな魅力だった。

ちなみにこのユーモアとペーソスという言葉もいまや死語ですが……。

またトビラページが、必ずオチの付いた1コママンガになっているのも、モリケンマンガ特有のスタイルで、毎回の楽しみとなっていた。

だが『丸出だめ夫』がブレイクしたのは、連載16回目でボロットが登場してからだ。

ボロットというのは、だめ夫の父で素人発明家のはげ照が、ひとり息子のだめ夫のために、弟代わりとしてボロのトタン板を集めて作ったロボットだ。

父はだめ夫がコンプレックスを抱かないようにと、あえてダメなロボットとして設計したが、だめ夫が寿司のわさびを食べさせたところ、機械が暴走して突如優秀なロボットに変貌してしまう。

その後は、母を早くに亡くした丸出家で、母親代わりとなり、料理、洗濯、家計など主婦業の一切を引き受けるようになる。

のんびりしたお笑いマンガの世界に、この世話焼きで兄(?)思いのボロットが加わることで、和風のお笑いがモダンでバタ臭いものになり、作品の魅力を何倍にも高めた。

『丸出だめ夫』は、66年に日本テレビで実写テレビドラマ化され、全52話が放送された。

父のはげ照を演じた十朱久雄はマンガの絵にうりふたつで、もうこの人以外には考えられないベストキャスティングだった。

機械声でガーガーしゃべるボロットの声は辻村真人。マンガのボロットは言葉をしゃべらず紙に文字を書いて話すが、テレビのボロットは言葉をしゃべる設定になっていたのだ。

またテレビでは、ボロットは自動車のスクラップから作られたという設定で、頭のてっぺんが車のホイールキャップだったり、アンテナの耳が付いていたりと、細部の造形にオリジナルなこだわりがあり、マンガ以上に魅力的なボロットになっていた。前のページで紹介している古谷製菓の景品のボロット人形は、すべてこのテレビ版のデザインを元にしている。

森田拳次は、『丸出だめ夫』の連載終了後、ネオ時代劇ギャグとも言うべき怪作『珍豪ムチャ兵衛』(67〜68年『週刊少年マガジン』)や、ドラえもんの原型のようなロボットが主人公の『ロボタン』(66〜68年『少年画報』)などを描き、大いに人気を博していたが、68年、31歳のときにいきなり渡米する。

ぼくがそれを知ったのは、ずっと後のこと。彼がアメリカで『ナショナルランプーン』誌などに発表していた1コママンガが高く評価され、話題になってからのことだった。

それにしても、彼が渡米した理由は果たしてなんだったのだろう。日本のマンガ界でかつてのお笑いが通用しなくなってしまったことに限界を感じたからなのか、一度ぜひ理由を聞いてみたいものである。

●『少年忍者風のフジ丸』（64〜65年NET）のパラパラマンガ。番組の最後にやる実写の忍法解説「忍法千一夜」は、ぼくら少年忍者必見の情報コーナーだった。

サスケ、影丸、風のフジ丸。忍者はかっこよかった!!

●駄菓子屋で売っていた赤影のマスクと手裏剣のセット。テレビドラマ『仮面の忍者赤影』（67〜68年フジ）には怪獣も登場！

●『忍風カムイ外伝』（69年フジ）のカルタ。掟を破って抜け忍となったカムイに、追っ手の魔手が次々と迫る!!

●雑誌『少年ブック』付録のサスケトランプ。真田忍者大猿の息子として成長するサスケの姿！

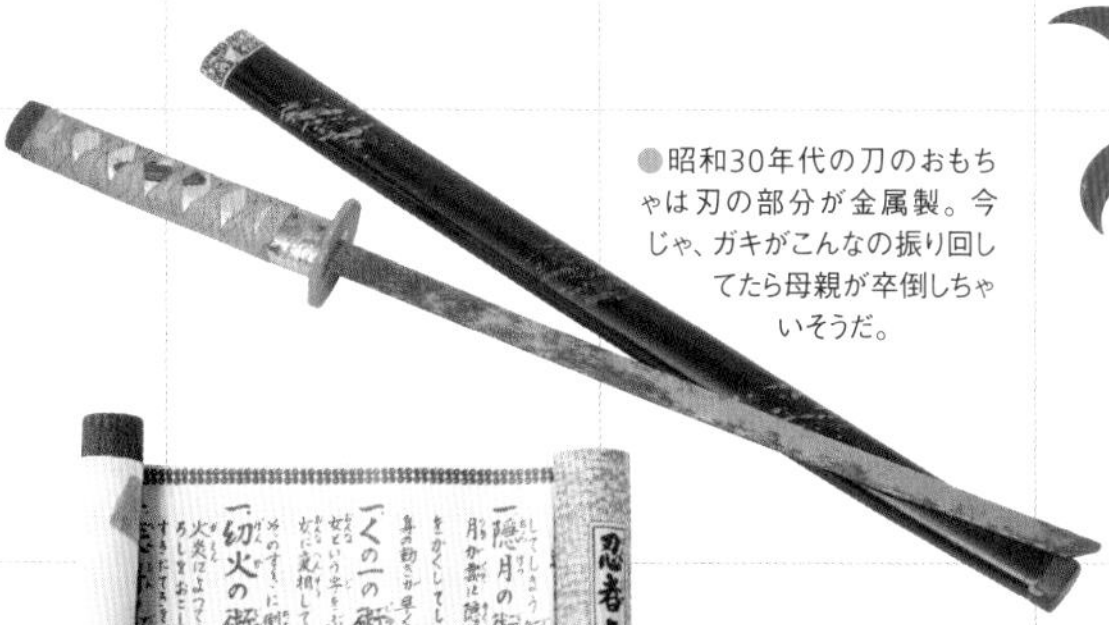

●昭和30年代の刀のおもちゃは刃の部分が金属製。今じゃ、ガキがこんなの振り回してたら母親が卒倒しちゃいそうだ。

●ビニール手裏剣各種。中央の手裏剣に巻かれたタコ糸は当時オイラが巻いたもの。厳しい修行に使った様子がうかがえる(笑)。

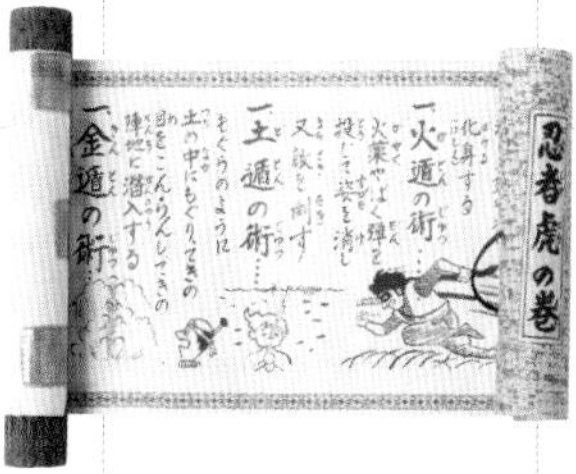

●67年ごろに駄菓子屋で買った『忍者虎の巻』全3巻。中味は各種忍法の紹介だ。

●松方弘樹主演の東映映画『伊賀の影丸』(63年)の主題歌を収録した、現代芸術社のフォノシート。

●『隠密剣士』(62〜65年TBS)のフォノシート(勁文社)。盤面にカラー写真が印刷されたピクチャーレコードが2枚入って主題歌2曲+名セリフ入り!!

●森永ディズニーキャラメルの景品だった隠密剣士のトビダシ写真。江戸の隠密秋草新太郎を演じるのは元・月光仮面、大瀬康一だ!!

●『サスケ』(68〜69年TBS)のソノシート付き絵本。中ページの絵が飛び出す仕掛けも何となく忍法っぽい?

手に汗握った、忍法バトル

敗戦後、GHQ（連合軍総司令部）によってずっと禁止されていた映画や放送におけるチャンバラや仇討ちなどの表現が、1949年に解禁されると、映画、小説、マンガの世界で時代劇ブームが起きた。

少年雑誌の世界では、戦前の講談物のイメージを引きずったクラシカルな絵物語から、ニューヒーロー赤胴鈴之助まで、様々な作品が登場した。

そんな中で、〝忍者マンガ〟というジャンルで、新たな時代劇マンガの可能性を開拓したのが、白土三平の『忍者武芸帳　影丸伝』（59〜62年）だった。

本来、影の存在であり、それまでの時代劇では脇役だった忍者を主人公に据え、まるでドキュメンタリーのような生々しい表現で描かれたこの作品は、従来の時代劇マンガの常識を完全にくつがえした。

貸本向け単行本として1〜15巻が三洋社から刊行された後、16巻上下2冊が東邦漫画出版から刊行されて完結。当時としては異例の大長編でもあった。

そして、次にぼくらの前に登場したさらに新しい忍者マンガが、横山光輝の『伊賀の影丸』（61〜66年『週刊少年サンデー』）である。

このマンガの主人公も、奇しくも『忍者武芸帳』の主人公と同じ影丸という名前の少年忍者だが、その内容はまったくの別物だった。

『伊賀の影丸』に登場する忍者は、忍法という特殊技術をマスターしたプロの戦闘家集団として描かれており、それが敵対する忍者群と技と技のぶつかり合いを演じるというのがこの作品の肝だったのだ。

彼らはまるでスポーツか格闘技の試合のように、ひたすら命がけのバトルを展開する。

外見は忍者マンガでありながら、そこに描かれている物語は、後の格闘技マンガの原型ともいえるものだったのだ。

そのゲームバトルのひとつの頂点が、第4部「七つの影法師」の巻（63〜64年）だ。

七つの影法師と名乗る7人の謎の忍者が、伊賀忍者の統領・服部半蔵に、忍法バトルの挑戦状を叩きつけてくる。

半蔵は、敵の正体を計りかねながらも、その戦いを受けることを決意。影丸を始めとする7人の忍者を伊賀忍者代表選手として選出した。

ところが、戦いが始まってわずか数ページで、七つの影法師のひとり夜霧丸は、伊賀忍者・幻也斎の策略にはまってあっけなく死んでしまう。

なんという展開の速さ！と驚く間もなく、今度はその幻也斎が、敵の反撃に遭って絶命する。

連載中は、毎回トビラの裏に両軍の忍者14名の名前がズラリと並び、倒された人間には次々と×印が付けられていった。次はどちらの忍者が勝つのか。

彼らの戦いから目が離せなくなったぼくらは、サンデーを買うと、まっさきに『影丸』を読んだ。

『伊賀の影丸』は、横山光輝の初めての週刊連載作品だったが、彼は早くも週刊誌における連載マンガの魅力の本質をつかみとっていたのである。

次々と繰り出される、スマートで現代的(?)な忍法の数々も魅力だった。

小川の中に入り、片手を天にかざすと、川の水が轟音《ごうおん》と共に舞い上がり、水蒸気を発生させてあたり一面を霧で覆ってしまう、紫右近の忍法『天しぶき』。

風に放った無数の布切れが自分の分身となって敵を襲う、天鬼の忍法『布分身』。

そして影丸が自分の体の周りにつむじ風を起こし、その風にしびれ薬や毒薬を塗った木の葉を舞わせる、忍法『木の葉』など。

そう、それらは忍法の名を借りてはいるが、まさに超能力そのものだった。つまり『伊賀の影丸』は、後に横山光輝が描く超能力者を主人公としたマンガ『地球ナンバーV7』(68〜69年『週刊少年サンデー』)や『バビル二世』(71〜73年『週刊少年チャンピオン』)を予見するような超能力マンガでもあったのだ。

ところで、このころ白土三平はどうしていたかというと、同じ61年から月刊誌『少年』で、新たな忍者マンガ『サスケ』の連載を始めていた。

こちらはまた白土らしく、少年忍者サスケの人間的な成長を描きつつも、所々に忍法の科学的な解説を挿入し、よりリアルな忍者像を描き出していた。

『伊賀の影丸』と『サスケ』に感化されたぼくらは、努力すれば忍者になれると信じ、放課後の八幡神社の境内で、暗くなるまで忍法修行に明け暮れるのだった。

●ケンのコップ。物語の基本設定は「ジャングルブック」＋「ターザン」。でも毎回のお話はオリジナリティあふれる意欲的なものだった。

●東映動画のテレビシリーズ第1作『狼少年ケン』のスポンサーは森永製菓。森永のマンガココアには、1缶に1枚ケンのシールが入っていた。

●朝日ソノラマから発行されたソノシート。主題歌とミニドラマが入ったソノシートにオールカラーの絵本が付いて280円はお買い得。

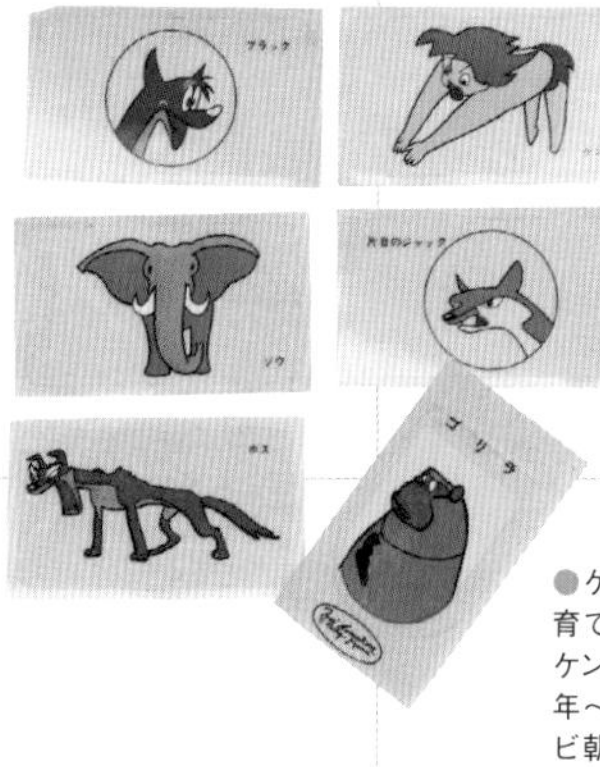

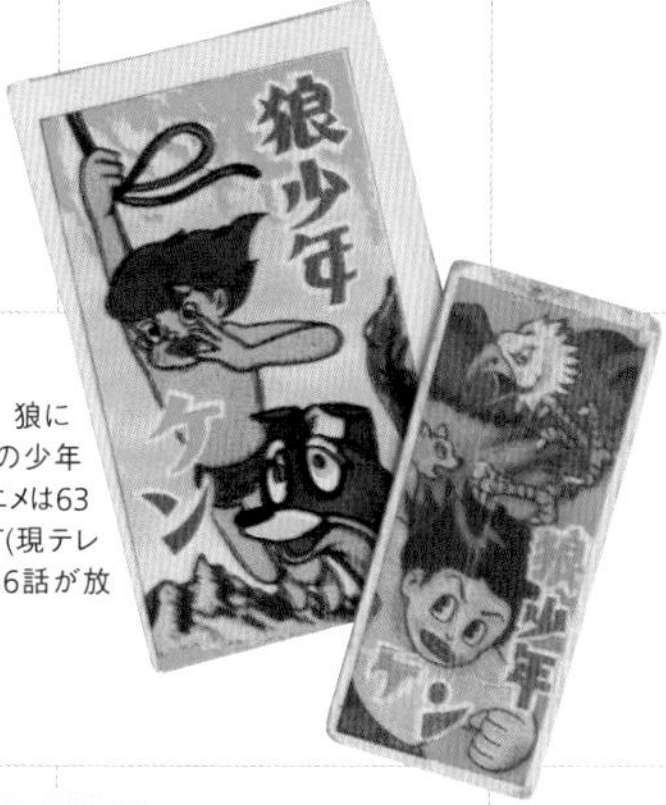

●ケンのメンコ。狼に育てられた野生の少年ケン！ テレビアニメは63年〜65年、NET(現テレビ朝日)系で全86話が放送された。

●『冒険ガボテン島』(67年TBS)のすごろく。主人公の竜太以下5人の少年少女が火山島に漂着、力を合わせて冒険生活が始まる!!

狼少年ケンで、ぼくたちは冒険心にめざめた

●怪獣王子かるた。火山島で恐竜に育てられた日本人少年タケルは、その後両親と再会。迫り来る遊星鳥人や昆虫人間と戦う!

●すごろく。『怪獣王子』は67～68年フジテレビ系で放映。タケルの親友の恐竜ネッシーは、敵の怪獣の必殺技をコピーできる最強の特技を持つ。

●カバヤキャラメルのカードは50点集めるとカバヤ文庫(159ページ参照)がもらえた。ターザンよりカバの方が点数が高いのはメーカー名がカバヤだから。

●サンスター文具の、スパイメモの流れをくむ探検セット。探険シールやピストル、ナイフ、探険の地図などが手帳サイズに収められている。

●昭和20年代のターザンとキング・コングのメンコ。メンコやビー玉は近所のお兄さんからぼくらへと代々受け継がれた。

ガボテン島は子どもだけの楽園だった

その物語に登場する小さな火山島は、ぼくらの憧れの島だった。

だが、その話の主人公・竜太とその妹のトマトら5人の少年少女たちは、自分から望んでその島へ来たわけではない。

彼らは深夜の遊園地へ忍び込み、乗り込んだアトラクションの潜水艦が、アクシデントから漂流してしまい、やがて漂着したのがこの無人島だったのだ。

竜太は、飲み水を探して迷い込んだ洞くつで、なぜか人間の言葉をしゃべるオウムに出くわす。

そのオウムの語った言葉が「ガボテンジマ……」。

こうして5人の少年少女たちの、謎だらけの島・ガボテン島でのサバイバル生活が始まった！

テレビアニメ『冒険ガボテン島』（67年TBS）は、基本設定において、ジュール・ヴェルヌの小説『十五少年漂流記（二年間のバカンス）』（1888年）を下敷きとしながらも、そこから先はまったく独自の作品世界を展開し、ぼくらに冒険の楽しさを教えてくれた作品だった。

ヴェルヌの小説と同様に、子どもたちが、限られた知識とありあわせの物を利用して生きぬかなければならないという絶体絶命の状況や、対立するエゴ、仲間割れの危機なども描かれてはいるが、その先に待っていたのは、子どもたちだけの楽園だった。

食料を確保した竜太たちがまず最初にやったのは、木の上にいかにも住みやすそうな小屋を建てること。

次に湖を見つけると、そこから小屋の前まで水路を掘って水を引き、ろ過装置を作って飲料水を確保することだった。

九官鳥のケロちゃんやゴリラのゴリちゃんなど、次第に仲間も増えていく。

こうして、初めは殺伐としたジャングルと岩場だけの無人島だったガボテン島は、やがて大人たちの束縛から解放された、子どもだけの楽園、ピーター・パンのネバーランドにも似た解放区になっていったのだ。

さらに随所で紹介されるサバイバルの豆知識は、ぼくらの夢をいっそう大きくふくらませてくれた。

食べられる木の実を見分けるのに、島が食べたものは大丈夫と判断するシーンがあるが、後にグアム島で発見された元日本兵・横井庄一さんも、ジャングルで同じ方法を実践していたと知って、思わずうなったものだ。

横井庄一さんは、太平洋戦争が終わったとき伍長としてグアム島に配属されていたが、終戦を知らず、その後28年間をジャングルに隠れて暮らしていた。

しかし72年1月、現地の住民に発見され、翌月、28年ぶりに日本へ帰国して大騒ぎとなった。

その当時中学2年だったぼくは、この大ニュースにものすごい衝撃を受けた。

自分がこの世に生まれて生きてきた2倍の歳月を、横井さんはジャングルの中で、たったひとり〝戦争を続けながら〟生きていたのだ。

ぼくが幼稚園に通っていたときも、小学校に入学したときも、家に寝転んでテレビの『ガボテン島』を見ていたときも、横井さんは、本物のジャングルで、たったひとりで、ガボテン島以上の過酷な生活を続けていたのだ。淡々と！


フィクションではない生身のサバイバル生活には、さすがに目眩《めまい》がした……。

横井さんが暮らしていた穴ぐらは〝横井ケイブ〟として観光地になっているとかで、テレビ番組でその穴ぐらが紹介されているのを見たが、単なる〝穴〟であり、決して居心地の良さそうな場所ではなかった。

さて、再びガボテン島であるが、竜太たちは生活が安定してくると、島にトロッコの線路を張り巡らせ、ケーブルカーを作り、風車ポンプで石油を引いて、24時間燃え続ける灯台などを次々と建設する。

テレビ放送と連動して、久松文雄がマンガ版の『冒険ガボテン島』を連載していた『週刊少年サンデー』には、ガボテン島の見取り図や、竜太たちの手によって作られた様々なアトラクション(？)の数々が、カラーグラビアや大図解で紹介され、毎回ぼくらの冒険心と憧れをあおった。

だが、ガボテン島の暮らしも永遠ではなかった。

島は数々の謎をはらんだまま噴火によって沈み、箱舟を作って島を脱出した竜太たちは、客船に救出される。そして、竜太たちと一緒にこの島を離れたぼくらも、いつしか大人になっていた——。

巨人の星、あしたのジョー。梶原一騎は大活躍だった

●駄菓子屋売りのメンコ。『あしたのジョー』のテレビアニメは70〜71年フジテレビ系で放送。

●『あしたのジョー』は『週刊少年マガジン』で68年から73年まで連載。この69年39号では一挙50ページ掲載だ。

●『あしたのジョー』の下敷き。身も心もすさんだ底辺の世界から這い上がるジョーの姿に誰もが心を熱くした!!

●雑誌『ぼくら』68年9月号でも『タイガー・マスク』オール2色カラー一挙50ページ掲載!!この圧倒的な筆力は驚異的としか言いようがない。

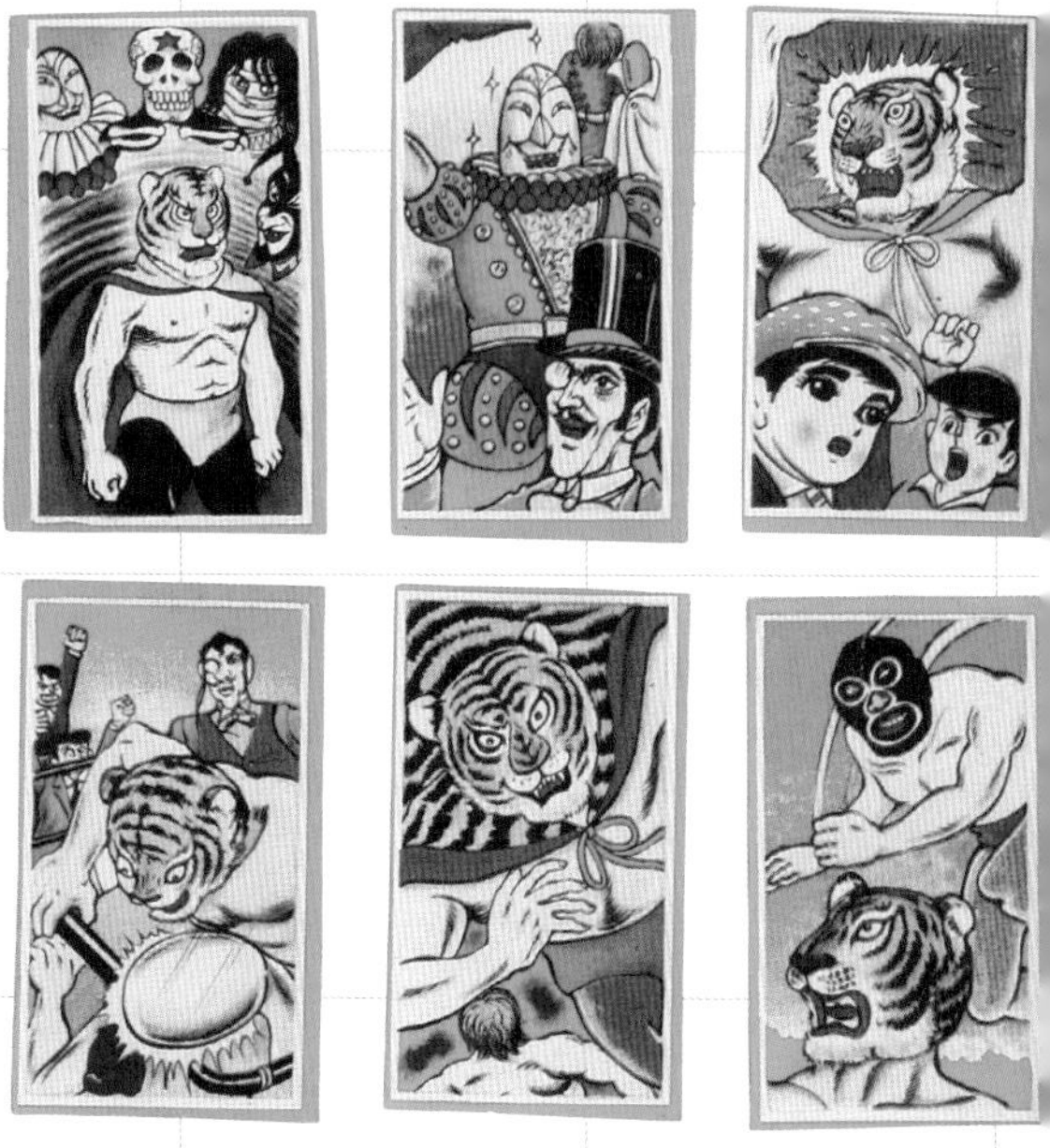

●駄菓子屋売りのメンコ。『タイガー・マスク』のテレビアニメは69～71年読売テレビ系で放送。

●駄菓子屋で買ったミニ紙芝居。タイトルは巨人の星ならぬ「巨人の道」で、主人公は星野くんだ(笑)。

●星飛遊馬を墨1色で描いた『週刊少年マガジン』70年5月31日号の大胆な表紙。当時の少年マガジンは、圧倒的な作品の人気をバックに様々な表現の実験を試みていた。

●描いて消して何度でも使えるマホーノート。無版権商品ながら、過剰な砂煙の表現など、けっこうよく雰囲気をつかんでるぞ。

一世を風靡した〝消える魔球〟

1966年春、それまでのマンガの流れを一気に変えてしまう、1本の連載が『週刊少年マガジン』で始まった。梶原一騎原作、川崎のぼる作画『巨人の星』である。

ただひたすら読売巨人軍を目指す野球少年・星飛遊馬と、その飛遊馬を容赦なく鍛える鬼の父・一徹。

やがて飛遊馬の前には、花形満、左門豊作といったライバルたちが立ちはだかる。飛遊馬は彼らとの、そしておのれとの戦いを、苦しみ、もがき、ボロボロになりながらも、ひとつひとつ乗り越えていく。

ある意味、大時代的なナニワブシではあるが、それを強引なまでの描写力で描き切り、ぼくらの心をのっけから激しくわしづかみにするマンガだった。

そしてこのマンガを読んだ後に、それまでぼくらが夢中になっていたスポーツマンガや青春マンガを読み返してみたら、それらが急に陳腐なものに見えてびっくりした記憶がある。これがまさしく、後に〝スポーツ根性〟マンガ＝略して〝スポ根〟と言われる新しいマンガの始まりの瞬間だったのだ。

梶原一騎は、53年、17歳のときに『少年画報』の懸賞小説募集に応募して入選。その入選作である短編小説『勝利のかげに』で作家デビューした。

ボクサー志願の少年が、貧しさに耐え、家族や先輩たちの励ましを受けながら、がんばって初勝利をつかむという物語である。

その後、梶原は精力的に出版社へ持ち込みをし、少年雑誌に児童読み物を発表するが、時代は読み物からマンガへと移りつつある時期だった。そのため梶原は、当時、マンガ家にくらべて読み物作家である自分がいかに冷遇されたかを後に述懐している。

そのため、マンガに対して強い敵愾《てきがい》心を燃やしていた梶原が、やがてマンガ原作という仕事でマンガ界を席巻することになるのだから人生は分からない。

さて、『巨人の星』の魅力は、そうした熱すぎる登場人物たちの生きざまだけではない。もうひとつの大きな魅力が、星飛遊馬が放つ魔球の数々だった。

最初の魔球〝大リーグボール1号〟は、バッターが構えているバットにわざとボールを当てて凡打にしてしまうという魔球である。

この大リーグボール1号は、星一徹コーチのもとで特訓を受けた中日のアームストロング＝オズマによって破られる（なぜ飛遊馬の父・星一徹が中日のコーチをやっているのか？ それを知りたい方はマンガを読もう）。

1号を破られた飛遊馬が、再び苦しみの中から生み出したのが〝大リーグボール2号＝消える魔球〟だった。なぜボールが消えるのか!? ぼくらの間ではこの話題でもちきりになった。

もちろん、オズマや、花形満や、巨人から中日へ移籍した伴宙太も、その原理についてさまざまな仮説を立て、打倒法をあみ出してはこの魔球に挑んだ。

ちなみに伴宙太は、巨人で飛遊馬の捕手を務め、大リーグボール1号の開発にも協力した無二の親友だ。それがなぜこのとき中日に移籍しているのか？ それはマンガを読もう。

『巨人の星』は68年にテレビアニメ化され、こちらも大ヒット。テレビ界をも巻き込んで、一大スポ根ブームを生み出す原動力となった。

同時に梶原一騎も、巨匠原作者としての地位を確立し、次々とスーパーヒットを生み出す。

『週刊少年マガジン』（68〜73年 梶原の筆名は高森朝雄）には、その後、『あしたのジョー』（71〜77年）、『愛と誠』（73〜76年）などを立て続けに発表。一時期は、梶原原作のマンガが3本も同時連載されていた時期もあり、少年マガジンは〝梶原一騎マガジン〟とまで言われた。

ところで『巨人の星』といえば大リーグ＝ボール養成ギプスである。幼い飛遊馬の体を鋼鉄のバネでギリギリと締め上げる、父・一徹、渾身の手作りアイテムは、スパルタ教育の象徴として有名になった。

その一徹が、続編の『新巨人の星』（76〜79年『週刊読売』）でも、飛遊馬に新ギプスをプレゼントしていたのをご存じだろうか。

その新ギプスは下半身に装着するもので、ちょっと気を抜くと、ガシャーンとバネが縮んで、その場で赤ちゃんポーズになってしまう。寮長の前でもガシャーン。女子高生の前でもガシャーン。これは確かに鍛えられます。精神力が。恐るべし星一徹!!

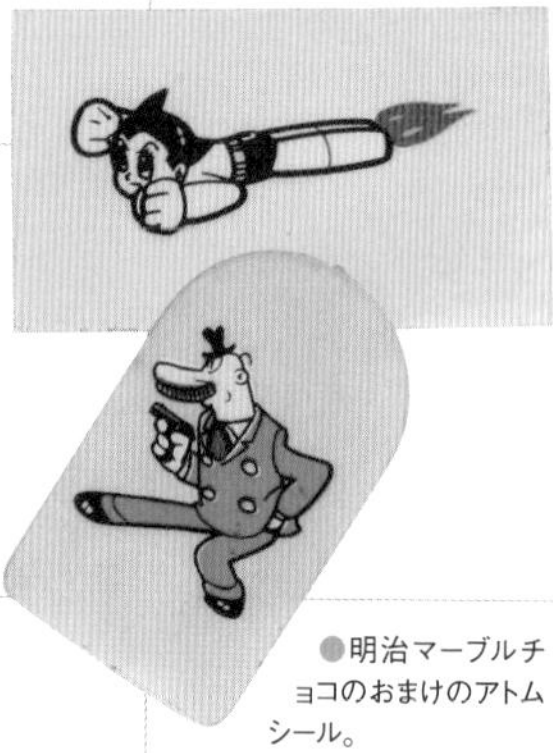

●明治マーブルチョコのおまけのアトムシール。

●明治チョコの包み紙100円分を送るともらえた、鉄腕アトムのマジックプリント。

鉄人ワッペン、アトムシール……みんな集めたよね

●包み紙がそのままシールになってる鉄腕アトムガム。ちょっとやりすぎ？

●グリコのおまけの鉄人28号ワッペン。

●光文社のカッパコミックスには、このように帯状のアトムシールが毎号付いていた。

●駄菓子屋の引きくじだった怪獣王子の写真ワッペン。

●マンガ『ミスタージャイアンツ』を連載していた雑誌『少年』の付録のシールと、懸賞品のワッペン。

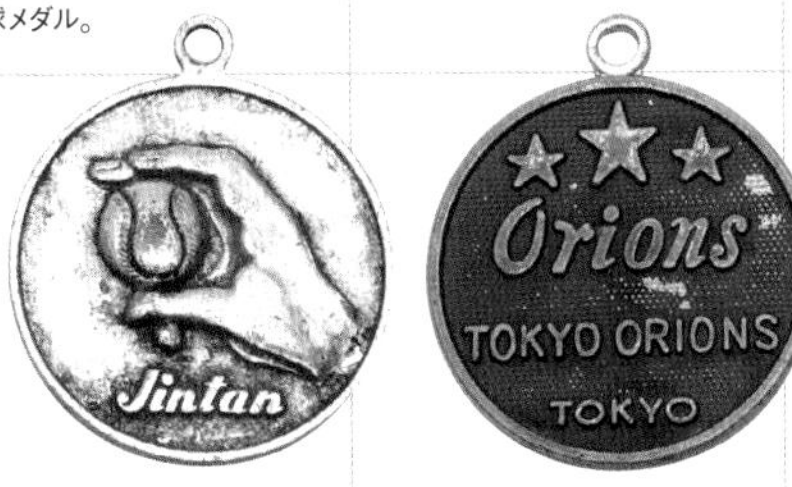

●仁丹野球ガムの景品。当たりが出るとその場でもらえた野球メダル。

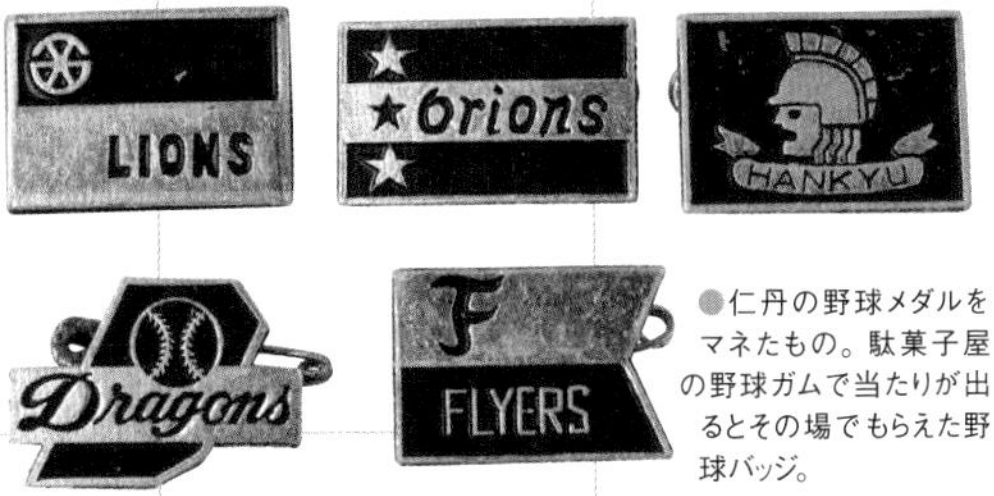

●仁丹の野球メダルをマネたもの。駄菓子屋の野球ガムで当たりが出るとその場でもらえた野球バッジ。

●10月1日の都民の日(大東京祭)を記念して毎年発売されるカッパのバッジ。60年代末頃まで、子どもが10月1日にこれを付けてると都営交通や都営の施設がすべてタダ(!)で利用できた。

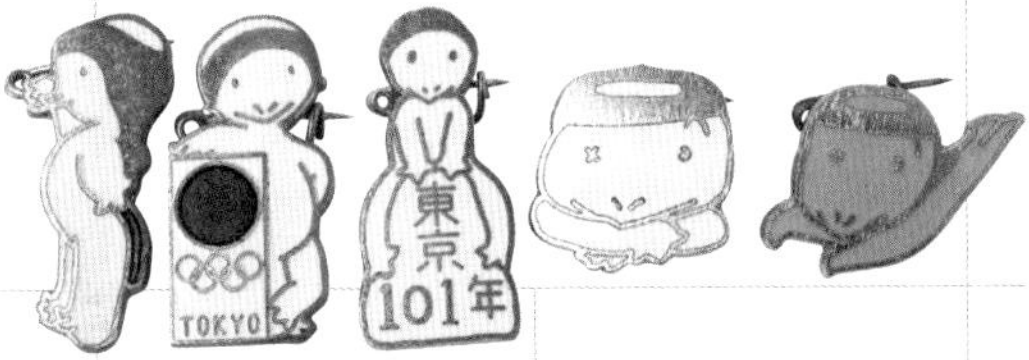

●角度を変えると絵柄が変わる、森永ディズニーキャラメルの景品のディズニーバッジ。

●ラブ&ピース(のニセモノ)バッジ(別名ニコニコバッジ)は70〜71年ごろに大流行。

●駄菓子屋売りの光速エスパーシール。絵柄は『少年』に連載されていた、あさのりじ作画のマンガ版のもの。

●雑誌『小学一年生』の記念品メダル。64年。絵柄は当時同誌に連載中だった手塚治虫のマンガ『ぼんご』だ。

ぼくらはマーブルチョコを買いまくった

60年代を席巻したシールブーム。それはアトムシールから始まった。

テレビアニメ『鉄腕アトム』のスポンサーだった明治製菓が、マーブルチョコレートにアトムシールを入れ始めたのは、放送開始から数ヶ月経った63年春からのことだった。

番組が始まったときには、まだおまけの企画すら上がっていなかったというのが、のんびりとした時代を感じさせるけど、発売後の反響は早かった。

ぼくらは何かに憑《つ》かれたようにマーブルチョコを買いまくった。

今もほとんど変わらないデザインの、あのマーブルチョコの筒のフタをポンと開けると、期待は頂点に達する。指先でチョコをかきわけ、容器の内側にへばりついたシールを引っぱり出すときの、あのもどかしさとドキドキは今でもはっきりと思い出せる。

その年の夏に、ハガキで応募すると大判のアトムシールがもらえるキャンペーンが行われると、3ヶ月間で500万通もの応募があったという。

そして秋には、後発のテレビアニメ『鉄人28号』(提供＝江崎グリコ)、『エイトマン』(提供＝丸美屋食品)、『狼少年ケン』(提供＝森永製菓)の放送が相次いで始まり、各スポンサーが、それぞれの商品にシールのおまけを付け始めた。

森永はマンガココア1袋に狼少年ケンシールを1枚、丸美屋はふりかけ1袋にエイトマンシールを1枚……。

唯一シールじゃなくてワッペンをつけたのがグリコだ。お菓子のおまけに関しては老舗《しにせ》であるというプライドがあったからか、不織布を使用した鉄人ワッペンは、他社のシールより高級感があり、はるかに見栄えが良かった。

しかし明治製菓は、64年4月から新たにマジックプリントのプレゼントを開始する。

マジックプリントというのは、セロハンの裏側に絵柄が薄膜状に貼り付けられた新型のシールだ。

台紙をはがし、セロハンの上から爪などで軽くこすってセロハンをそっとはがすと、絵柄の部分だけが下に転写される。このマジックプリントは、後ではがそうと思ってもなかなかきれいにはがせないため、親にはシール以上に不評だったが、ぼくらはこれにも熱狂し、ひたすら明治チョコを買っては応募した。

ぼくらにとって、これらシールの最大の魅力は、どこにでも貼れることだった。今の感覚からすると「何を今さら」と思われるだろうが、あのころはそれが画期的なことだったのだ。

それまではシールといえば、切手のように舐《な》めて糊を濡らして貼るものだった。それが裏紙をはがすだけでどこにでも貼れるのだ。

マンガの絵が入っていないジミな机や下敷きも、シールさえ貼れば、たちどころにキャラクターグッズになってしまう。

着古したよれよれのシャツだって、胸にワッペンを貼れば最先端の子どもファッションになる。

だから、あとで親に怒られることは分かっていても、ぼくらは平面を見るとシールを貼りたいという欲求を抑えることができなかった。

マンガ『鉄腕アトム』の「地上最大のロボットの巻」には、アトムの妹ウランがワッペンをコレクションしているという描写がある。

破壊ロボット・プルートゥと戦うために、天馬博士に100万馬力に改造してもらったアトムが、回路が暴走してプルートゥの目の前で海中に沈んでしまう。

それを聞いたウランはプルートゥを責める。

「アトムにいちゃんをさがしてきて！」

プルートゥは海底に埋まっていたアトムを見つけだし、アトムの家の屋根に置いて帰ろうとする。

そこに現われたウランが、お礼にと言って、プルートゥの胸に何枚ものワッペンを貼ってあげるのだ。

「あたしお友だちになってあげる。アトムにいちゃんと決闘なんかやめてね」

だがアトムと戦うことを宿命付けられたプルートゥは、その言葉を拒み、その場を立ち去るのだった。

ちなみに手塚治虫は単行本化のたびに作品を描き変えることで有名だったが、68年に刊行された小学館版手塚治虫全集の『鉄腕アトム』では、ウランのコレクションがワッペンでは古いと思ったのか、〝1992年の万国博のコイン〟となっている。

ソノシートに付いていたマンガはお得感があった

●『キャプテンウルトラ』(67年TBS)のソノシート。日本では珍しい異色のスペースオペラ調作品だ。

●小学館の学習雑誌の読者プレゼントだった『スーパージェッター』(65〜66年TBS)のフォノシート。

●吉田竜夫の戦記マンガを原作にした『忍者部隊月光』(64〜66年フジ)は、テレビでは現代劇として実写ドラマで放送された。

●『宇宙パトロール・ホッパ』(65年NET)は27話から『宇宙っ子ジュン』に改題。製作は東映動画。提供は百貨店の大丸だ。

●朝日ソノラマの『鉄腕アトム』ソノシート。主題歌と挿入歌のほか、ウランちゃんやお茶の水博士が、テレビと同じ声で個性たっぷりに自己紹介する音声入りだ。

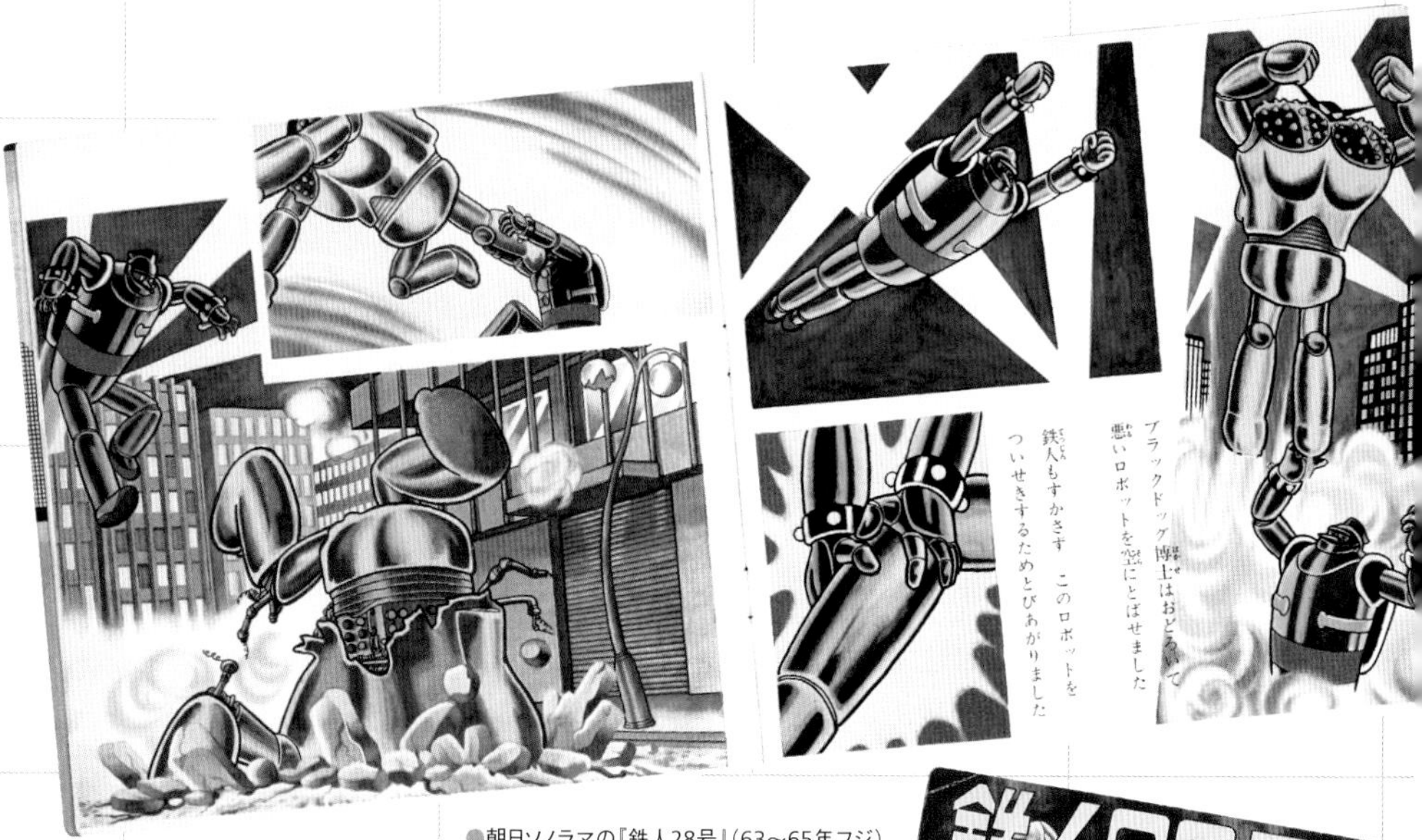

●朝日ソノラマの『鉄人28号』(63〜65年フジ)は、ぼくの周りでも持っている友だちが数多くいた大人気のソノシートだ。

●紙製のレコードプレーヤーと共に、マンガ雑誌『少年』65年9月号の付録として付いた『鉄人』と『パピイ』のフォノシート。

●70年発売の『ポパイ』は、フォノシートではなくレコードで定価も450円と高い。この時期からガキも音質重視になったのか？

●昭和40年代の夕方6時台は、なぜか海外アニメがしつこく再放送されていた。ポパイもその代表格。収録ドラマの脚本は辻真先が執筆。

テレビアニメの感動よ、もう一度!

よく、アナログレコードは、レコードに針を落とす瞬間が最高の気分だと言う。

ぼくらの世代は、その生まれて初めての体験をソノシートでした人がほとんどなのではないだろうか。

ソノシートというのは、厚さ約0・02㎜の、薄っぺらな塩化ビニール製レコードのことだ。

ソノシートの流行は60~70年代にかけてのことで、それはテレビアニメの流行と完全にリンクしていた。

ビデオなどまだ影も形もなかった時代、子どもたちが前の晩に見たアニメの感動を心の中でもう一度リピートするには、マンガ雑誌だけじゃ物足りない。

そんなときにソノシートは、昨夜の感動をリアルに呼び起こしてくれる唯一のメディアだったのだ。

実はこの〝ソノシート〟というのは朝日ソノラマの登録商標で、一般名称としてはフォノシート、またはシートレコードと呼ぶのが正しい。

けれども当時からそんな呼び方をする子どもはひとりもおらず、全てをひっくるめてソノシートと呼んでいたので、ここでもあえてソノシートで統一させていただく。

当時の市販のソノシートは、ほとんどがシングルレコードサイズで、主題歌・挿入歌に加えて十数分のミニドラマが収められているのが一般的だった。

それに20ページほどの簡単な絵物語の小冊子がついて定価は280円くらい。

中には朝日ソノラマの『ウルトラマン』のように、テレビと同じ配役でオリジナルストーリーのミニドラマを録りおろした豪華なものもあった。

また朝日ソノラマの『ストップ!にいちゃん』や『おそ松くん』(テレビアニメ化以前に発売されたもの)などは、テレビ化されていないのに、独自に主題歌まで創作した〝ソノシートまんが〟だ。

ひどいのはソノレコード社の『テレビ主題歌サブマリン707』だ。表紙に堂々と〝テレビ主題歌〟とうたっているが、小沢さとるのマンガ『サブマリン707』(63~65年『週刊少年サンデー』)はテレビ化されていない。しかも内容はマンガともまるで無関係のいいかげんなお話で、要するに粗悪なパチモン商品だったのだ。

日本ビクターの『少年忍者部隊月光』は、これまた少し毛色の変わったソノシートだ。

『少年忍者部隊月光』は、吉田竜夫が『週刊少年キング』に63年の創刊号から65年まで連載した、太平洋戦争の時代を舞台とした戦記マンガである。

そしてテレビの『忍者部隊月光』(〃少年〃はつかない。64〜66年フジ)は、その設定を現代に置き換えてドラマ化したものだった。

で、このソノシートはというと、主題歌はデューク・エイセスが歌うテレビの主題歌がそのまま収録されており、一方小冊子の絵物語は、マンガの設定と同じ太平洋戦争当時の物語、という、子どもにとっては実にまぎらわしいものだったのである。

まあ、これはこれで楽しめたし、当時の感覚では全く問題ナシだったのだが……。

ところで、このころはレコードプレーヤーといえば、カメラとともにまだ高級品だった時代である。

60年代の終わりごろになると、ソノシート用の安価なポータブルプレーヤーも出てくるが、それまでは、子どもがそうそう簡単に触らせてもらえるものではなかったのだ。

我が家には、父が音楽関係の仕事をしていたために幼いころから数台のプレーヤーがあったが、やはり父の許しがないと使えなかった。

そんな64年、小学校1年生の夏に、雑誌『少年』9月号の付録に紙製の手回し式プレーヤーが付いた。

ボール紙のアームの先端に、銀紙とクギを取り付けて、それがピックアップの役割を果たすという。

ぼくは半信半疑のままそのクギを付属のソノシートの溝に乗せ、ソノシートに刺した割りピンを指先でゆっくりと回した。すると……本当に音が出た!!

音はギョワギョワとゆがみ、とても鑑賞するなどというレベルではなかったが、それでも、それはまぎれもなく、あの『鉄腕アトム』の主題歌だった。

ぼくは飽きずに何度も何度もソノシートを回し、歌を聴いた。

実はぼくはこのとき、肺炎で長期入院していた。

指先から流れ出るその曲は、入院生活の苦痛をしばし忘れさせてくれ、テレビで聞くよりも、はるかに深く心にしみ渡ったのだった。

●ふりかけか何かのおまけだったポパイシール。ポパイがアメリカで最初にアニメ化されたのは1933年のことだ。

●サンダーバード2号のジョウロ。2号の特徴をうまく捉えたナイスなデザインだ！

●『ポパイ』の日本初放送は58年、放送局はKRテレビ。提供は不二家だった。

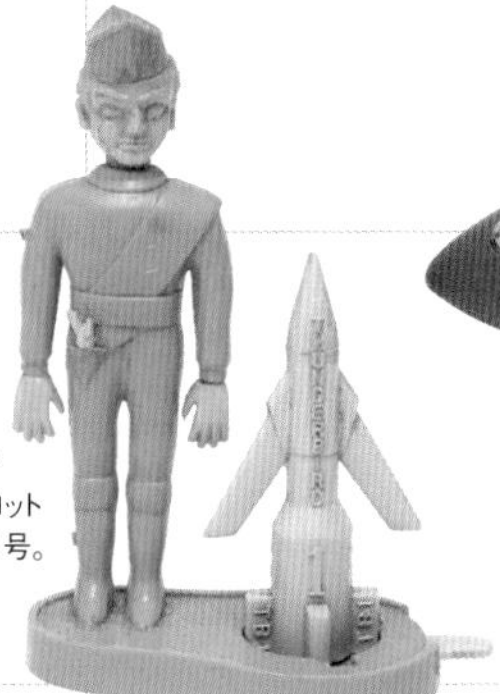

●イマイのプラモデル・マスコットシリーズ、長男スコットとその乗機サンダーバード1号。67年当時50円。

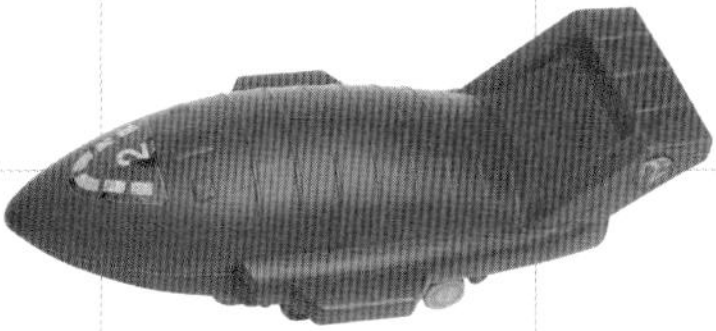

●コロ走行するポリエチレン製の2号。幼児向けおもちゃのためか、水平翼を大胆にカットしちゃっている。カッコ悪っ。

●駄菓子屋売りのミニお面。トッポ・ジージョはイタリアのマリア・ベレゴ原作の人形劇。鼻にかかった独特の声は山崎唯(男性だ)。

●『トッポ・ジージョ』(67年TBS)のミニ人形。当時これだけていねいに彩色されたフィギュアは珍しく、かなり高かった記憶がある。

●カルタ。箱絵のイラストレーターは、当時、イマイのサンダーバードプラモデルの箱絵も描いていた小松崎茂だ。

●『小学四年生』67年5月号付録のトッポ・ジージョのパス入れ。同じ頃、幼年誌では石森章太郎がマンガを連載していた。

●60年代のテレビは海外番組のオンパレード。『コンバット！』(中央、62年TBS)のサンダース軍曹に憧れてオイラは鉄砲マニアになった。

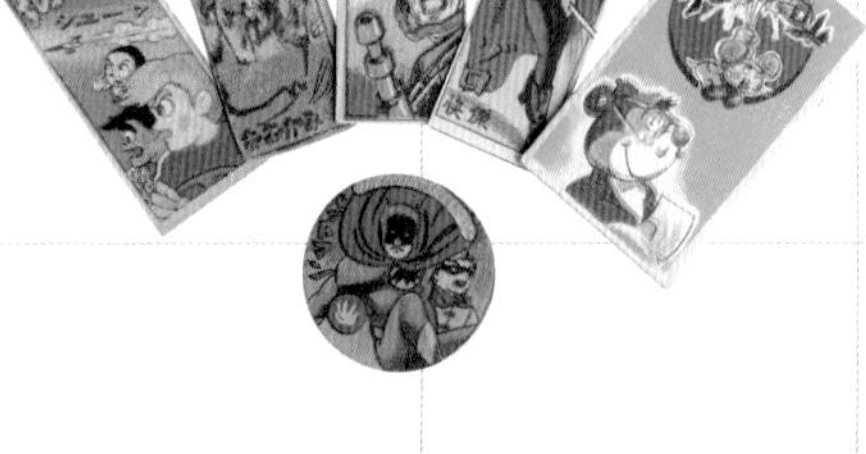

●『JQ』（65〜66年TBS）のミニ手帳。少年ジョニーが愛犬バンディットと共に悪と戦う!!

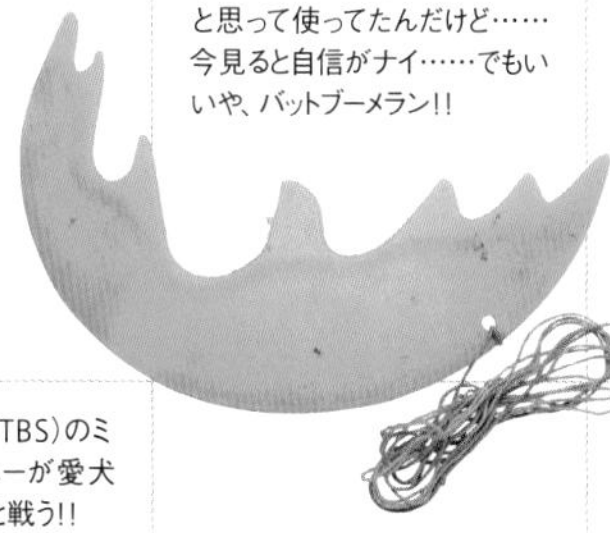

●ぼくはこれをバットブーメランだと思って使ってたんだけど……今見ると自信がナイ……でもいいや、バットブーメラン!!

●『バットマン』（66年フジ）のカルタ。ペンギンを始め、シャッポー、吟遊詩人、本の虫など個性的な悪役が面白い。

サンダーバードにフリッパー海外ドラマに夢中だった

●フリッパーもどきの水鉄砲。フリッパーの親友バド（トミー・ノーデン）の声を演じたのは中村メイコだ。

●イルカのフリッパーと家族の交流を描いたアメリカのテレビドラマ『わんぱくフリッパー』（64〜66年フジ）のすごろく。

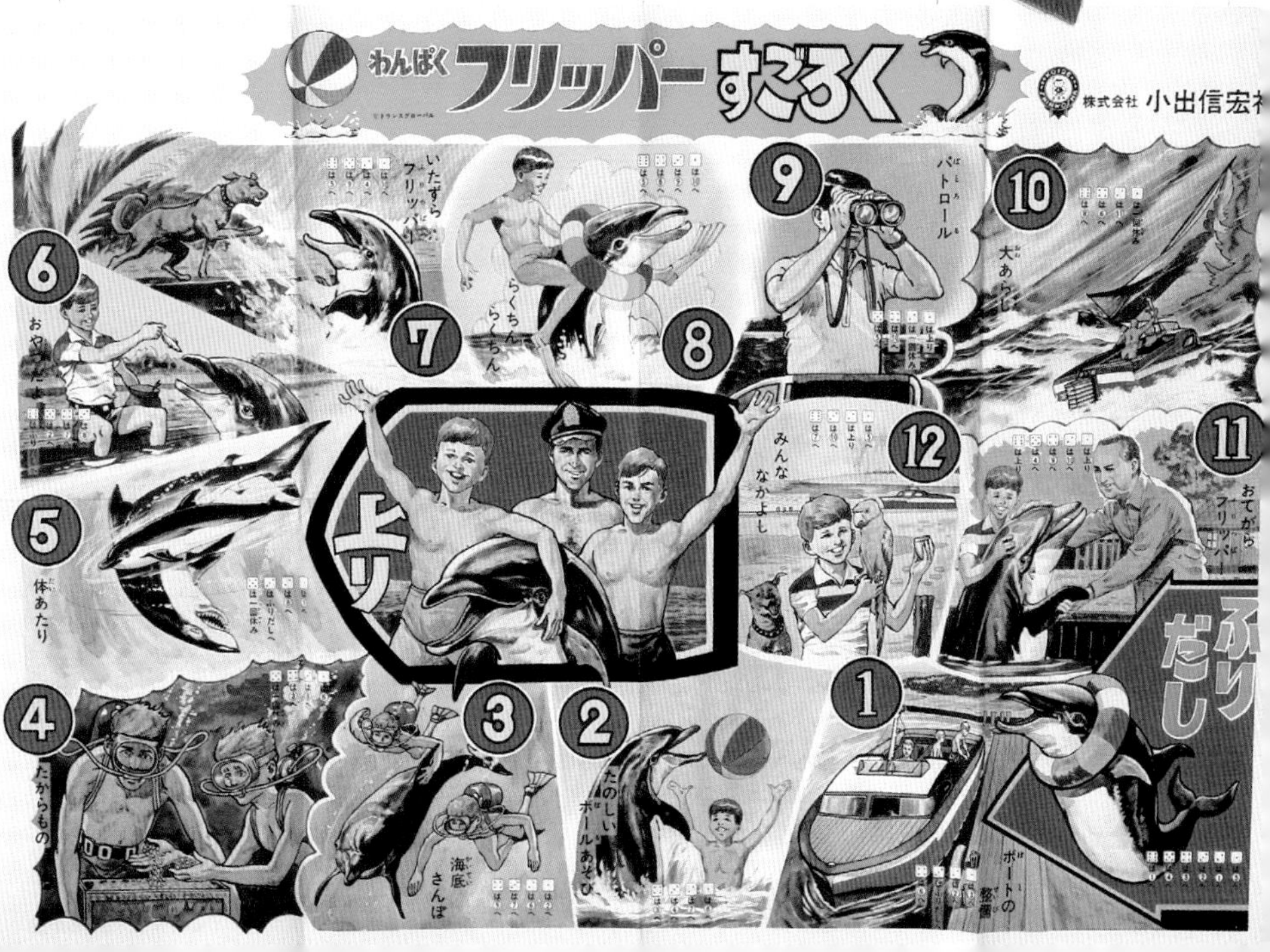

海を越えてやってきた夢の世界

我が家で初めてテレビを買ったのは1962年のこと、ぼくが4歳のときだ。

この年の2月に、テレビ受信契約数は1000万台を突破。日本は、イギリスを抜いてアメリカに次ぐ世界第2位のテレビ大国となった。

その待望のテレビのスイッチを入れた瞬間から、海外製のドラマが、あふれるように流れ出した。

それらは、まだ誕生したばかりの日本のテレビドラマとはくらべものにならないくらい完成度が高く、明るく華やかで、何より夢があった。

西部劇については別項（74ページ）で詳しく書いたけど、ほかにも『アンタッチャブル』（61～62年NET）などの刑事サスペンス、『ルート66』（63～64年TBS）のような青春股旅もの（？）、『パパは何でも知っている』（58年NTV）といったホームドラマなど、あらゆるジャンルのドラマがそろっていた。

動物が主役のドラマも多い。一番人気は『名犬ラッシー』（57～64年KRテレビ）だったけど、ぼくは、シェパード犬がたったひとり（一匹）で旅をするカナダ製の異色ドラマ『名犬ロンドン』（63年日本テレビ）が好きだった。

野生のイルカと少年の交流を描いたドラマ『わんぱくフリッパー』（フジ）の最初のテレビ放送が始まったのは、64年6月のことである。

その放送が始まる直前のある日、授業が終わってぼくらが下校しようとすると、校門の前で背広姿のおじさんが、カラーで印刷された絵はがきを配っていた。それは『わんぱくフリッパー』という新番組の宣伝の絵はがきだった。

当時はテレビもそんな草の根の宣伝活動をしていたというのが興味深いけど、その絵はがきを見ただけでは正直どんな内容なのかまるで分からなかった。

そして始まったお話は、フロリダ州のコラル・キー国立公園を舞台に、小学生のバドが、親友である野生のイルカ・フリッパーとともに、海の悪者であるサメや、人間の悪者・密猟者などと戦うというアドベンチャーなホームドラマだった。

バドの家は裏手が桟橋になっていて、そこからいつでもマイボートに飛び乗れる。手押し式のサイレンをギーギーと鳴らすと、フリッパーがすぐにやってきて水面から顔を出す。公園の管理官をしているお父さんが仕事に使うのは、浅瀬でも湿地帯でもどんどん走れる、大きなプロペラの付いた小型ホバークラフトだ。

これはもう子どもにとっては、すべてが夢と憧れの世界という感じのドラマだった。

手の届かない夢の世界を、家に居ながらにして見ることができる……そんなテレビの最大の魅力を教えてくれたのが、これらの海外ドラマだったのだ。

また、この同じ年の4月には、もうひとつ絶対に忘れられないテレビ番組が始まっている。NHKで放送された『サンダーバード』である。

製作はイギリスのジェリー&シルビア・アンダーソン夫妻。『スーパーカー』(59年)、『宇宙船XL—5』(61年)、『海底大戦争』(62年)に続く、スーパーマリオネーション方式による人形劇映画の第4弾だった。

スーパーマリオネーションとは、糸で操る操り人形を使用し、人形の口の動きは声優の声に合わせて電気的に自動制御。さらにそこへミニチュア特撮を組み合わせるという、ハイテク人形劇である。

だけどぼくらがこの番組に夢中になったのは、この人形たちの魅力のせいではなかった。何といってもここに登場するメカの数々が、むちゃくちゃにかっこよかったからなのだ。

今井科学から、宇宙科学シリーズのひとつとして〝サンダーバード2号〟のプラモデルが発売されたのは、放送終了後の66年12月のことだった。

これが発売されるや爆発的な人気となった。ぼくらは、次々と発売されるサンダーバードプラモの新作を、友だちと競い合うようにして買い集めた。

お年玉もこづかいも貯金も、すべてをサンダーバードプラモにつぎ込み、ほぼ全種類を買いそろえた。だが、4500円のラジオコントロール2号と、2200円の電動秘密基地だけはついに買うことができなかった。

それを思い出すと今も胸のあたりがシクッと痛む。

本当に欲しいものは手に入らない。なぜなら手が届かないからこそ欲しいのだ。というのは誰の言葉だったろうか。けだし名言だ。

007になるために、まずはスパイセットから

●トミーの007ボンドケース。銀玉鉄砲、ペン型懐中電灯、パスポートが収納でき、カギも付いている。

●ケースに収納したまま銀玉鉄砲が発射でき、懐中電灯が点灯できる。このスパイ的ギミックにはシビレたぜ。

●サンスター文具のスパイライセンスの、これは確か2代目。目玉のようなシールは弟が勝手に貼っちゃったものだ。中味は、ライセンス、追跡シール、鏡、モールス信号＆速記符号のカード、水に溶ける紙など全9アイテムが満載されていた。

●こちらは駄菓子屋版のスパイ手帳。アイテム数は少ないけど、スパイの免許証(笑)と水に溶ける紙はしっかりと押さえてある。

●駄菓子屋のブリキ製手錠。たとえ遊びでも、こいつをはめられると敵に囚われた時の屈辱を実感できる。

●ナポレオン・ソロ愛用の組み立て式カービン銃をマネた銀玉鉄砲。箱絵は映画のポスターからちゃっかり無断でトレースしたものだ。

●こちらは承認シール付きの公認商品だけど、銃そのものは007が使ってたのとは全然違う。うーむ。

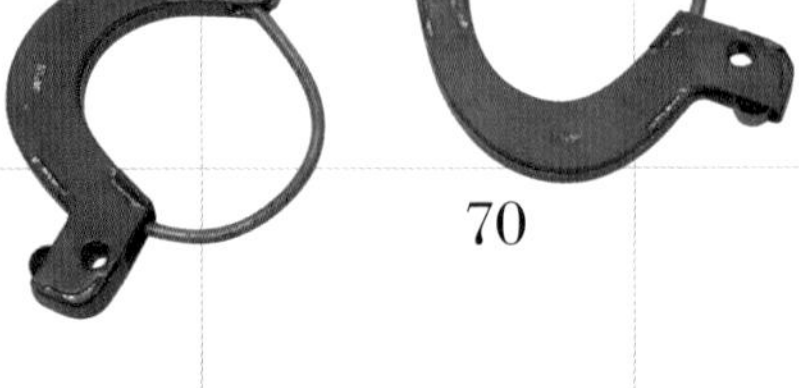

●ムービーカメラが銃に変形。アメリカ・マテル社製スパイガン。フィルム状の巻き火薬をセットしゼンマイで連射!! 64年ごろ。

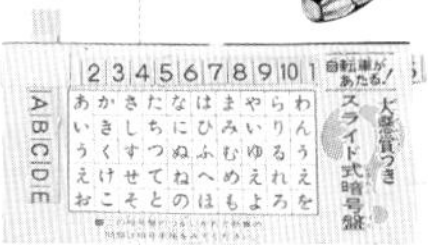

●雑誌『少年』の付録のスパイセット。吹き矢や紙製飛び出しナイフが仕込まれたボンドケースが付録に付いたこともあったぞ。

●駄菓子屋版の探偵すごろくには、怪ロボットや怪人が次々と登場。これが当時の探偵マンガのジョーシキなのだ!?

●ナポレオン・ソロもどきの表紙がソソる探偵カルタ。けど中味は西部劇。ガチョーン、だまされた!!

●コモダ製007時限爆弾。紙火薬をセットしてゼンマイを巻くと数秒後に爆発。でも爆発音よりゼンマイの音の方が大きい!?

●現代の忍者『忍者部隊月光』(64〜66年フジ)の写真メンコ。スピード感あふれる展開(当時)がメチャメチャかっこよかった。

●さいとうたかをがナポレオン・ソロのマンガを連載していた雑誌『冒険王』66年9月号付録の、アンクル通信銃とスパイセット。

●サンスター文具のスパイメモシリーズは年を追って進化した。これは成熟期の71〜72年ごろの製品だ。

●こちらは雑誌『ぼくら』の付録のスパイセット。暗号カード、水に溶ける紙など全8アイテム。

『スパイ大作戦』のオープニングは最高だ

1969年ごろ、学校前の文具店で、一冊の手帳が売り出された。サンスター文具の『スパイメモ』である。ビニールカバーのついた手帳の中に、スパイに必須の7つ道具（正確には8つ）がぎっしりと詰まっていた。第一弾のセットは以下のような内容だ。

1・スパイ団バッジ、2・スパイ団員証、3・秘密連絡に使用するスパイ・シール、4・モールス信号一覧表、5・世界のピストル図鑑、6・水に溶けるメモ、7・写しメモ（ノーカーボン紙）、8・ローソクで書いて水につけると文字が浮かび上がる秘密メモ。

中でもぼくらの心をとらえたのが〝水に溶けるメモ〟である。

仲間からの秘密の通信文を読んだ後は、その紙を水に投げ入れて軽くかきまぜると、紙はたちどころに溶けて跡形もなく消滅してしまう……!!

このメモでぼくらが真っ先にイメージしたのは、テレビ映画『スパイ大作戦』（67～68年フジテレビ）のオープニングシーンだ。

『スパイ大作戦』は、秘密組織IMF（IMPOSSIBLE MISSION FORCE）のリーダー、ジム・フェルプス君（ピーター・グレイブス）が、毎回テープレコーダーで秘密指令を聞くところから物語がスタートする。

「おはよう、フェルプス君」というセリフから始まる録音テープの渋いバリトンの声は、鬼警部アイアンサイド（67～69年TBS）の声もやっていた大平透。

フェルプス君が、VHSテープを3本重ねたほどの大きさしかない超小型（当時）テープレコーダーに録音された指令の声を聞き終えると、最後に「なおこのテープは自動的に消滅する」というメッセージが流れ、テープは白煙を噴いて燃え尽きる。

水に溶けるメモは、この秘密指令シーンをスパイごっこで再現するのに格好のアイテムだったのだ。

そんなのトイレットペーパーに書いて水に流せば同じじゃん、というのはこの際考えてはいけない。何しろこのメモはハイテクを駆使したスパイグッズなのだから。

そしてテレビの『スパイ大作戦』も、チームワークとハイテクによって、不可能(インポッシブル)とされた使命(ミッション)を遂行するというドラマだった。

主なメンバーは、リーダーのフェルプス君以下、電子工学の専門家バーニー(グレッグ・モリス)、怪力マッチョマンのウイリー(ピーター・ルーパス)、変装の名人ローラン(マーチン・ランドー)、お色気が武器のブロンド美女シナモン(バーバラ・ベイン)の4人(放送シーズンによってメンバーに変動あり)。

アメリカでは7年間にわたって171話が放送され、20年後の89年には、同じピーター・グレイブス主演で『新スパイ大作戦』全34話も製作された。

また96年からは、トム・クルーズの主演で映画『ミッション・インポッシブル』シリーズとしてリメイクされている。

『スパイ大作戦』の見どころは、何といってもトリッキーな作戦の数々にあった。

例えば今でもはっきりと覚えているのが、第61話「密室の金塊」というエピソードだ。この話では、IMFに、文字通り密室となっている倉庫の中から金塊を盗み出せという指令がくだる。

で、どうするかと言うと、まず金塊の入った倉庫の下までウイリーがひたすらトンネルを掘り進む(超肉体労働!)。

次にバーニーが倉庫に通じる排水管を外し、そこから先端にヒーターの付いたワイヤーをスルスルと送り込み、倉庫の中にその先端を突き出す。

スイッチオンでヒーターが発熱!その熱で金塊がドロドロと溶け出し、排水管に流れ込む。

それを待ち構えていたバーニーとウイリーは、その溶けた金塊を鋳型の中へ次々と流し込む。

そして冷めたらハイできあがり。倉庫を壊すことなく、跡形もなく金塊の奪取に成功したというわけ。

もちろんその間、地上では、ローランとシナモンによる、敵の目をそらすための陽動作戦が続いている、という具合だ。

この時代のハイテクは、アナログで仕掛けがすべて目に見えるところがいい。

だからこそ、ぼくらはスパイメモと銀玉鉄砲さえ手にすれば、誰もがフェルプス君やバーニーになりきることができたのだ。

胸に輝くブリキのバッジ！・気分は西部劇の保安官だ

●マッチを飛ばせるマッチガンの詰め合わせ。『ララミー牧場』の主人公ジェスにそっくりな箱絵の作者は巨匠・小松崎茂だ。

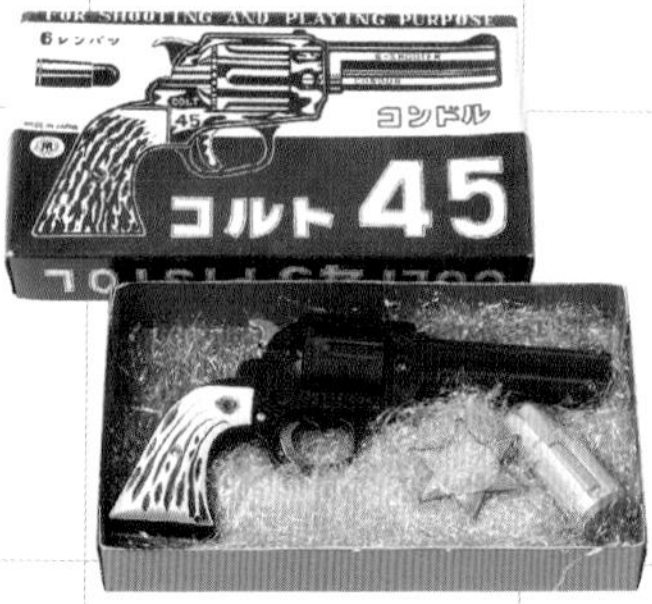

●当時誰もが欲しがった高級ピストルおもちゃ、増田屋のコンドルコルト45。65年ごろの価格が350円。

●プラモデルで有名なマルサン商店製のトイガン・ブラックホーク。こちらもウエスタン調の箱絵がイイ味を出している。

●ブリキのバッジセット。お約束の保安官バッジに混じってローン・レンジャーのバッジも。

●ぼくが5歳のころから愛用しているテンガロンハット。これをかぶればいつでも西部劇の世界に入り込める不思議な帽子だった。

●手のひらサイズのコンパクトな西部劇ゲーム。それっぽい雰囲気の箱絵にくらべて中のゲーム盤が淡白過ぎるのが惜しいね。

●白馬のガンマン『ローン・レンジャー』は、アメリカ版鞍馬天狗。58年からKRテレビで放送。提供は伊勢丹百貨店だった。

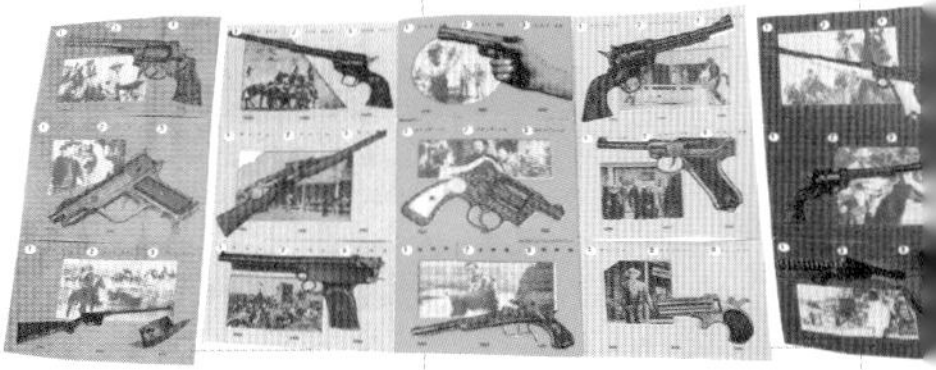

●銃が出てくるテレビや映画をモチーフにした絵合わせゲーム。掲載された作品から見て61～62年ごろのものか。

●ブリキの保安官バッジ。映画やテレビでもこのバッジをめぐるドラマは無数にあって、西部劇ごっこには欠かせないアイテムだ。

●直径2cmほどのブリキ製ミニヨーヨー。小さすぎて回せないぞ。

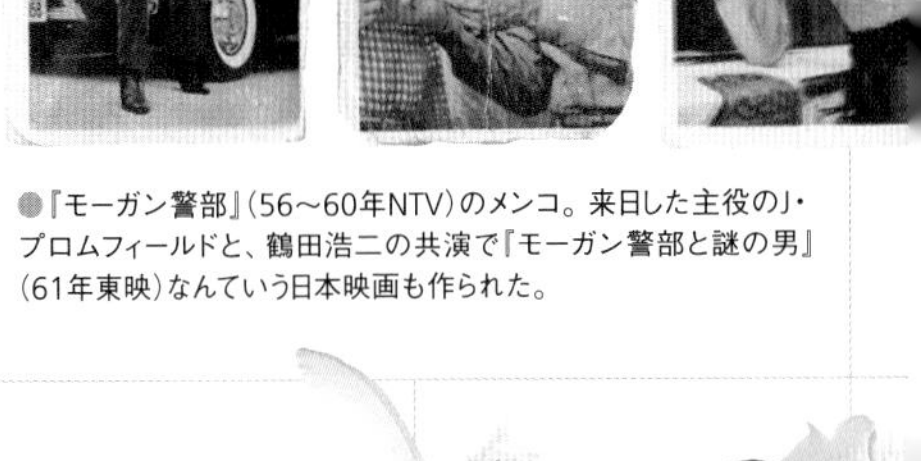

●『モーガン警部』(56～60年NTV)のメンコ。来日した主役のJ・ブロムフィールドと、鶴田浩二の共演で『モーガン警部と謎の男』(61年東映)なんていう日本映画も作られた。

●昭和30年代は西部劇全盛の時代。適当な絵にとりあえず作品名を書き込んだだけ、みたいないい加減なメンコも多かった。

●インディアンの羽飾り。当時インディアンは悪役で、上級生からインディアン役を命じられると、ヤケになって暴れまくった。

流れ者は丘を越えてやってくる

1950年代末の終わりから60年代にかけて、日本に時ならぬ西部劇ブームが訪れた。

テレビ局の開局ラッシュでコンテンツ不足に陥った各局が、アメリカのテレビドラマを片っ端から輸入したために、アメリカ本国の西部劇ブームがそのまま輸入されてしまったのだろうか。

ともかく、最盛期だった61年10月の番組改編では、再放送も含めると、何と1週間に22本もの西部劇が放送されていた。

この年、テレビの普及率はすでに62％を超えており、最初のテレビっ子世代となったぼくらは、当然のごとく、日々西部劇ごっこに明け暮れた。

手にはおもちゃのコルト45を持ち、胸にはブリキの保安官バッジをつける。これがそのころの西部劇ごっこの典型的なスタイルだ。

ただ、そんな中でぼくだけは、いつも保安官ではなく流れ者のアウトロー役をやっていた。

それはNETで放送されていた『ララミー牧場』(60〜63年)のジェスに憧れていたからだ。

『ララミー牧場』の舞台は1860年代のワイオミング州ララミー。そこで牧場を経営する若者スリムの元へ、ある日、流れ者のジェス(ロバート・フラー)がフラリとやってくる。

最初は長旅の中で心が荒みきっていたジェスだが、スリムたち一家の温かい情に触れて、次第に心を開いてゆき、この町にとどまることになる。

ぼくは、とりわけこの、〝遠い世界からやってきた流れ者〟というジェスの設定に惹かれた。

子どもは成長するにしたがって、次第に視野が広がってくる。そして自分の知っている小さな町の外に、実はものすごく広い世界があるのだということに気づく。

あの川をさかのぼっていくと、その終点はいったいどうなっているんだろう。この橋を渡った向こうにはどんな町があるんだろう。

そんな、未知の世界に対する幼い好奇心を、遠い国から来た旅人のジェスは、大いに刺激したのだった。

この番組は、まさに文字通り大人から子どもまで大評判となった。

当時の表現で言うと、放送時間には銭湯が空っぽになるほどの人気だったのである。

それはこの番組が、男性にとっては西部劇ならではの男くさいドラマを堪能でき、女性にはジェスの甘いマスクが、そして子どもにはガンプレイのかっこよさが受けていたからだった。

61年4月、フラーが来日した際には、羽田空港に2000人のファンが詰めかけたという。

彼は21日間の滞在中に、テレビの特番でガンプレイを披露し、横綱大鵬と会い、講道館で柔道を習った。また、帰国の予定を延長してまで、日本の恵まれない子どもたちを招いて予定外のチャリティーショーを開催。その収益金を全額赤十字に寄付して、ますますファンを増やした。

ところで興味深いのは、当時の映画雑誌のフラー来日レポートを読むと、何人もの記者が、彼の体格の良さと身長の高さに驚いていることだ。

ところがそこに記載されていたデータを見ると、何と彼の身長は178cm、体重は81kgなのである。当時の日本人がいかに小さく、外国人を見慣れていなかったかということだろう。

それからもうひとつ、当時の雑誌を見ていて今回初めて知ったのは、『ララミー牧場』でスリム家のおじいちゃんアンディの役を演じていたホーギー・カーマイケルが、ジャズの名曲『スター・ダスト』の作曲者だったことだ。

『スター・ダスト』といえば、音楽バラエティ番組のはしりである『シャボン玉ホリデー』(61〜72年NTV)のエンディング曲として有名だ。

双子の歌手ザ・ピーナッツが甘い歌声で『スター・ダスト』をデュエットしていると、そこへハナ肇が乱入してくる。しかしふたりに軽くあしらわれてすごすごと退場すると、画面は暗転。曲は哀愁たっぷりなギターソロに変わる……。今見ても実に洗練されたオシャレな番組だった。

強く大きいアメリカ、明るく正しいアメリカ。当時アメリカは、ぼくらにとって平和と幸福と豊かさの象徴だった。

あのころの西部劇には、そんな幸福だった時代のアメリカが記憶されている。

●プラモデル以前に流行したソリッドモデル（木製模型）の潜水艦2種。イラストが何ともいい味を出してます。

●駄菓子屋玩具の原子力空母エンタープライズ号。ゴム動力で走行、甲板のジェット機がカタパルトから自動発射する。

●船体に原子力エネルギー（粉末ソーダ）を詰めてお風呂へ沈めると、泡立ったソーダの浮力で浮上してくるというアイデア玩具。

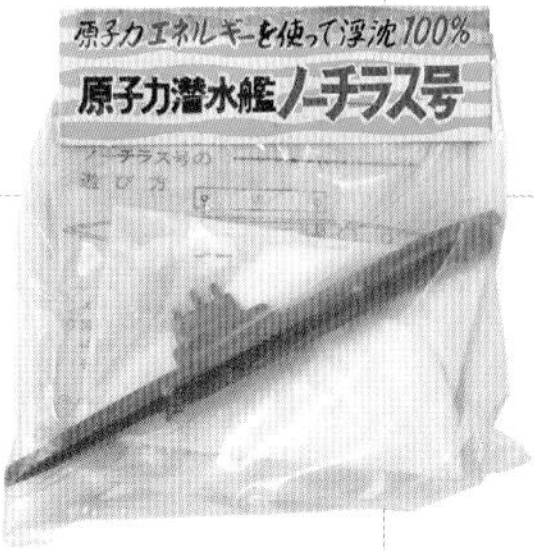

●駄菓子屋プラモデルの潜航艇。スイスの学者ピカール博士が発明したバチスカーフによる深海探査が話題となったのは1950〜60年代前半のことだ。

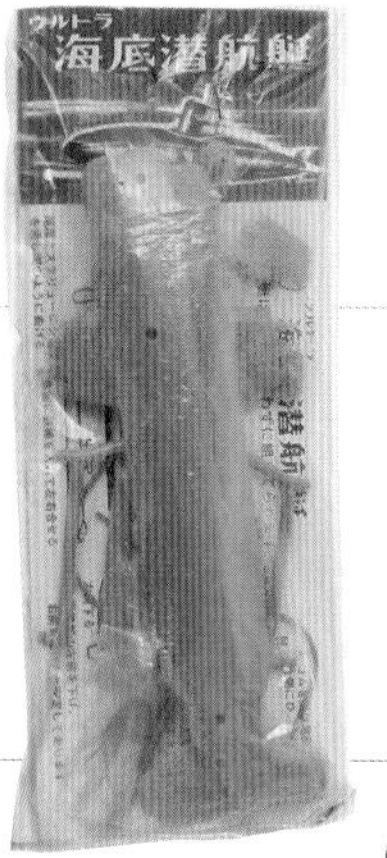

●ASK（渥美産業）の1000分の1連合艦隊シリーズは、ソリッドモデルの時代から続く老舗シリーズで、下の伊16が木製。上の伊7型はプラ製だ。

●イマイの水中モーター内蔵潜水艦プラモGOGOサブマリン……の、これはニセモノ駄玩具。だからゴム動力でショボーン。

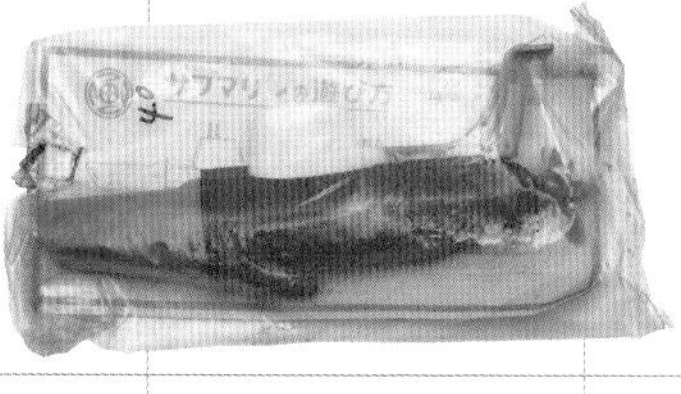

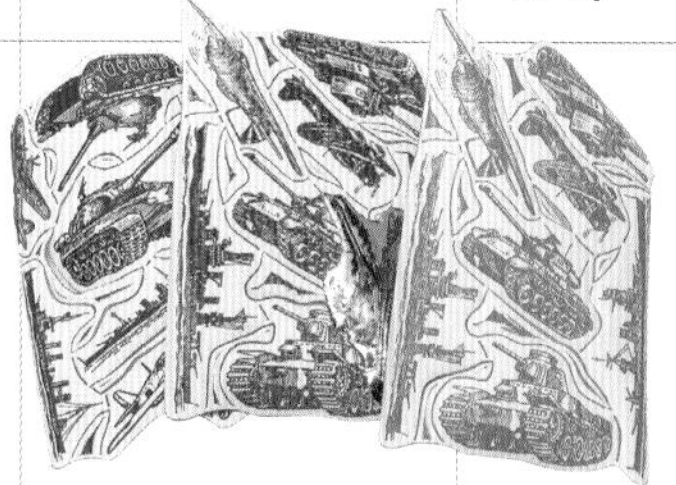

●裏側のノリをなめて貼る切手タイプのシール。絵柄は戦車に戦闘機に、なぜか忍者が。

●戦記ものメンコ2種。海軍のゼロ戦（左）と陸軍の紫電改（右）は、マンガでも大活躍していて、ぼくらの大好きな戦闘機だった。

●ポリエチレン製のゴム動力潜水艦。第2次大戦後に進化したアメリカの潜水艦は、大戦中の日本の潜水艦技術を参考にしたという。

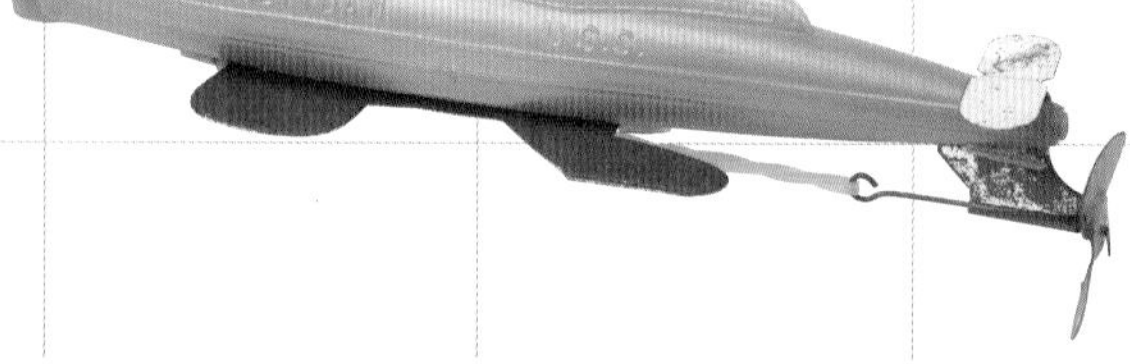

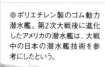

潜水艦とゼロ戦、平和な時代の戦争おもちゃ

●森永ディズニーキャラメルの景品だったゼロ戦のトビダシ写真。見る角度を変えるとゼロ戦が飛び出して見えるぞ!!

●テレビアニメ『0戦はやと』(64年フジ)のソノシート。アニメ全話の脚本と主題歌の作詞は、後の『北の国から』の倉本聰だ。

●ぜんまい動力の戦車。砲身にセットされたライターの石から火花が飛ぶ! ゴム製のキャタピラは風化してボロボロ。

●先端に火薬を詰めて投げ上げると地面に落下して破裂! 戦争ごっこに使うと敵に取られるから持ってるだけで使わないのが常識だ。

●兎月書房『空母戦記』は、昭和30年代に数多く刊行されていた雑誌形式の貸本専用マンガだ。表紙絵は水木しげる。

●縁日の露店で買った、香港製の軍用ジープ。軟質の素材で、最初から微妙にぐんにゃりと歪んでいるところがまさに駄玩具の味わいだ。

戦争娯楽マンガは悪なのか

太平洋戦争が終わっておよそ15年。

１９６０年代に入ったころ、少年マンガの世界で戦争マンガが大ブームとなった。

戦記マンガそのものは、50年代にも貸本マンガの世界では人気のジャンルだった。

しかし貸本時代は、戦争の悲惨さや空しさを描いた作品が多かったのに対して、60年代の戦争マンガは娯楽要素を強め架空戦記的な面白さを持っていた。

それは、人々がようやく戦争を客観的にとらえる余裕が出てきたということだったのだろうか。

そして何といってもこの時代の戦争マンガの主役はゼロ戦だった。

ゼロ戦とは、海軍の零式艦上戦闘機のことで、昭和15年のデビュー以来、改良を重ねながら、昭和20年の終戦まで活躍した日本の代表的戦闘機である。

このゼロ戦を主役として、60年代ニューウェーブ戦争マンガの先陣を切ったのが、貝塚ひろしの『ゼロ戦レッド』（61～66年『冒険王』）である。

戦争末期、特攻に出たはずの赤木浩二少尉以下５名のパイロットが、南方の小島に身を潜め、真っ赤に塗ったゼロ戦を駆って敵と戦うというお話だ。

しかもこの孤島には、滝の裏側に大きな空洞があり、そこを滑走路としてゼロ戦が飛び出すという、まるでサンダーバードばりの秘密基地となっている。

次に登場したのが辻なおきの『0戦太郎』（61～64年『少年画報』）だ。撃墜王だった父が戦死した後、ゼロ戦乗りとなった桜太郎の成長を描く。

戦闘機の描写も人物描写も『ゼロ戦レッド』よりリアルにはなっていたが、これもまた現実の戦争とは別世界を舞台とした架空戦記のひとつだった。

さらに辻は『週刊少年キング』の創刊号から、もうひとつのゼロ戦マンガ『0戦はやと』（63～64年）の連載を始める。

南方イロイロ基地を拠点として活躍する、東隼人たち爆風隊の面々。人物設定から物語の展開まで、先行した『0戦太郎』とそっくりで、読む側もかなり混乱したが、あえて比較すると『0戦はやと』の方が、さらに〝架空〟戦記色が強まっている。

『0戦はやと』は翌64年、フジテレビでアニメ化された。このころは、ちょうどテレビアニメがスタートしたばかりの時期で、当初『0戦太郎』のアニメ化の企画が進んでいたが、週刊連載の方が毎週放送するテレビアニメの形式に合うということで、急きょ『0戦はやと』に企画が振り替えられたのだという。

ぼくらは毎週、プラモデルのゼロ戦を片手に持ちながら、夢中になってアニメを見た。

敵は明らかにアメリカの戦闘機グラマンF4Fワイルドキャットや、F6Fヘルキャットなんだけど、アメリカという言葉はひとことも出てこない。

ストーリーも、血なまぐさい描写は一切なくて、まるでシミュレーションゲームのおもむきだ。

しかし、それにしてもこんな戦争活劇を子ども向けアニメとして見せて、当時は問題にならなかったんだろうかと、後年、ぼくはずっと気になっていた。

その疑問が解消したのは95年のことだ。戦後50年のこの年、昔の戦記マンガを特集した雑誌の記事で、やはり当時、猛烈な批判があったことを知ったのだ。

作者の辻なおきは旅館に隠れて執筆を続け、アニメも平均視聴率30％台という人気がありながら、1年間の放送予定を3ヶ月早めて終わったのだという。

だけど、戦争を悲劇的に描けば良い作品で、エンターテインメントとして描くと本当に悪なのか。

少なくともゼロ戦マンガに熱狂したぼくは軍国少年にはなっていないし、むしろ最近のようにメッセージ性が強すぎる、悲惨さや悲しさを押し売りするアニメを見せられても、かえって拒否反応を起こしてしまうと思うのだが。

ちなみにその戦後50年の年、ぼくは『コンバットコミック』という戦記マンガ雑誌で雇われ編集長をやっていた関係で、アメリカで復元された本物のゼロ戦が日本の空を飛ぶというイベントを取材した。

平和な日本の空をゆっくりと飛ぶゼロ戦は、まるでスポーツカーのように美しくセクシーで、およそ戦争とは縁遠いものに見えた。

それを眺めながらつくづく思ったのは、戦争はプラモとマンガで十分、平和が一番だということだ。

こういう平和の感じ方がありなら、戦争娯楽マンガを読んで感じる平和もアリなのではないか？

あの火薬の匂い。誰もが鉄砲ごっこに時間を忘れた

●ブリキの水鉄砲。箱の隅にMADE IN OCCUPIED JAPAN（占領下の日本製）と書いてあり、戦後すぐのものと思われるブリキの水鉄砲。

●ジュラルミンらしき軽金属製の火薬鉄砲。戦後すぐの頃の玩具には廃棄した戦闘機の機体も使われたというからソレかも。

●ガキの粘土細工みたいにひしゃげたデザインの巻き玉火薬鉄砲。だけど、今じゃそれがかえってイイ味わいになっている。

●鋳物製シリンダーに平玉火薬を6枚詰める6連発。ただしブリキ鉄砲は火薬を使うとすぐに錆びてマトモに動かなくなる（涙）。

●上の鉄砲に使用する巻き玉火薬2種。昭和30～40年代当時、バラ売りで1巻1円だった。

●撃鉄が2つ付いた2連発火薬鉄砲。引き金を引くと、時間差で2つの撃鉄が落ちる。当時、箱入りの鉄砲は高級品だった。

●台紙に火薬が付いた平玉火薬は1枚2円。むき出しで売るのは危険ということで、70年ごろからは小箱入りで売られるようになった。

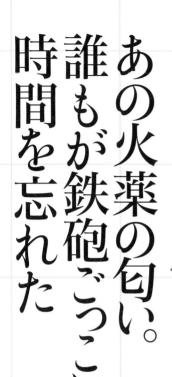

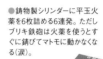

●MC-50はこの丸いプラ弾を使用。62〜63年ごろの値段で50発10円は驚異的な安さで、玉をなくす心配なしに思い切り打ちまくれた。

●鉄砲ごっこに革命をもたらしたセキデンのマジックコルトMC-50。単発式ながら、一度に40発の玉を込められるのは驚異的だった。

●これぞ銀玉鉄砲界の真打ち。セキデンのS.A.P.50は、65年ごろに登場、マイナーチェンジだけで20年以上に渡って売り続けられた。

●MC-50の次に登場したのがこのセキデン・マジックコルトMCA300。ついに連発を実現。発売当初はどの駄菓子屋でも品薄になる人気だった。

●弾丸にも革命が起きた。壁土にアルミ粉をまぶした銀玉がデビューしたのは60年ごろ。価格はプラ弾の半額、50発で5円となった。

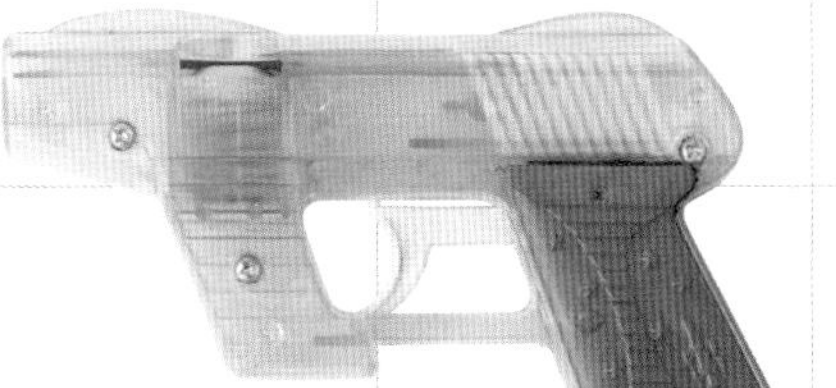

●円盤ピストル。テレビアニメ『わんぱく探偵団』(68年フジ)で主人公たちが円盤銃を使用。一時的に円盤銃の人気が高まった。

●円盤ピストル用のエンバン弾。箱絵はなぜかナポレオン・ソロ風(笑)。

●円盤ピストルはこうした未来的・宇宙的(?)なデザインのものが多い。円盤＝宇宙からの連想だろうけどちょっと安易過ぎ!!

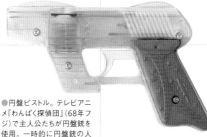

ぼくたちが銀玉鉄砲に熱中した日々

ぼくの駄玩具コレクションの盟友で昭和レトロ文化研究家の串間努氏によれば、戦後の玩具銃ブームはおよそ6年周期でやってきているという。

その最初のブームは55年ごろで、アメリカからマテルやヒューブレイといったメーカーの玩具銃が次々と輸入された時代だ。

そして次の61年は、いよいよぼくらの時代、銀玉鉄砲が大ブレイクした年である。

最初の銀玉鉄砲が発売されたのは、59年のこと。大阪のセキデンというメーカーから発売されたマジックコルトMC—50がそれである。

最初は丸いプラスチックの弾丸を使用していたが、間もなく珪藻土を丸薬のように丸く固め、アルミ粉をまぶした銀色の弾丸が開発された。これが銀玉だ。

珪藻土は断熱剤や研磨剤などに使われる軽量の土で、プラスチックに比べて圧倒的に安い。

銀玉鉄砲以前にも、プラスチックの弾丸を飛ばす玩具銃は出ていたが、弾丸が高価で、しかも簡単には入手できなかったため、家の中で人形などをマトにして射的ごっこをするくらいしか遊べなかった。

銀玉鉄砲は、それを屋外で思い切り撃って遊べるアウトドアのおもちゃに変えたのである。

MC—50は単発式で、一発撃つごとに銃尾の棒を引いてやる必要があったが、間もなく引き金を引くだけで連発できる新型が出て人気はさらに高まった。

ぼくらは、原っぱで路地裏で、陽が落ちて相手の顔が見えなくなるまで鉄砲ごっこに熱中した。

そして3度目のブームが訪れた68年は、映画やテレビでスパイ物が全盛だった時代である。

そのころぼくが大好きだったマンガが、和製スパイマンガの傑作『秘密探偵JA』(望月三起也、65〜69年『週刊少年キング』)だ。

J機関という秘密組織に所属する秘密エージェント・飛鳥次郎(JA)が、世界的な陰謀を秘密裏に次々と打ち砕いていくという物語である。

007そこのけの大活劇が展開する話の面白さはも

ちろんだが、ぼくはそれ以上に、このマンガに登場するさまざまな銃に魅せられた。

当時の多くのマンガは、銃に限らず車も飛行機も、とりあえずそれっぽい形をしてればOKだった。

そんな時代に、望月三起也はそうしたディテールにこだわるほとんど唯一のマンガ家だったのだ。

主人公・飛鳥次郎の使う銃は、コルトウッズマンという小型拳銃を改造した特製銃で、外見は、ウッズマンの銃身を短く切り詰めて全体を小ぶりにしただけに見える。ところが、実は握りの底の部分に高圧縮ゴムが取り付けられていて、銃を放り投げると、それがまるでスーパーボールのように自在に飛び跳ねるのだ。

次郎はこれを利用して、敵に「銃を捨てろ」と言われると、いさぎよく投げ捨て……たと見せかけて、跳ね返ってきた銃をパッと受け取って反撃する！

このウッズマン改のデザインは、望月氏本人も気に入っていたようで、『JA』の後に『少年キング』で連載した『ワイルド7』(69～79年)の主人公・飛葉にも同じデザインの銃を持たせている。

そしてこの『ワイルド7』の時代から、マンガにも細部のリアルさが求められるようになってきた。

モンキー・パンチのマンガ『ルパン三世』がアニメ化されて(71～72年読売テレビ)、主題歌の歌詞にも歌われたルパンの愛銃ワルサーP38が人気となったのもこのころである。

銀玉鉄砲も、初期のころの、良く言えばオリジナル、悪く言えばいい加減なデザインから、元になった銃の名前が分かる程度にはリアルになってきた。

このころ人気の銃は、前出のワルサーP38を始め、007愛用のワルサーPPK、戦争映画でドイツ軍将校が持っているルガーP08などだった。

しかし、ふと気づいてみると、ぼくらはいつの間にか銀玉鉄砲で遊ばなくなっていた。

新しいトイガン＝本物そっくりのダイカスト製モデルガンが急速に人気を高め、値段的にも小遣いを貯めれば手の届くものになってきていたからだ。

そして、銀玉鉄砲はひっそりとぼくらの前から姿を消した。ピーク時には一日3万丁を造っていたというセキデンも、90年代に入って生産を中止した。

だが、いま振り返ってみると、苦労して買った高価なモデルガンよりも、素朴で安物の銀玉鉄砲の方が、より懐かしく思い出されるのはなぜだろうか。

●機体の先のフックにゴムを引っかけてパチンコのようにして飛ばすグライダー。

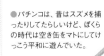

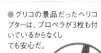

●こちらは定番のパラシュートおもちゃ。安いものは人形の代わりにビー玉が付いていた。

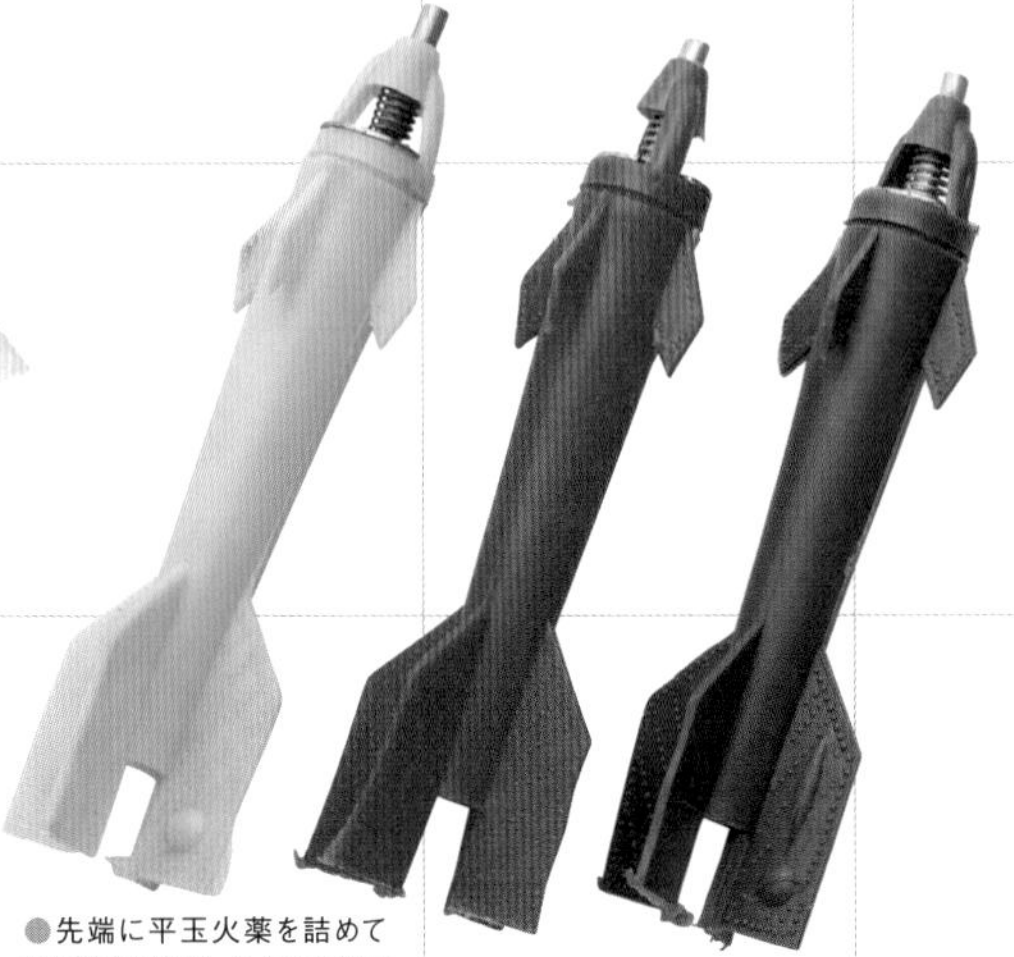

●先端に平玉火薬を詰めて投げ落とすとバーンという音がするロケット弾。

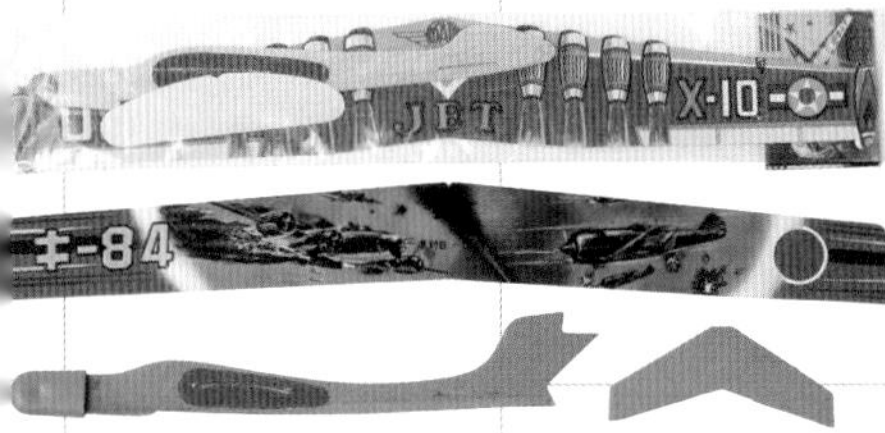

●グライダーは凧揚げと同様、一番うまく飛ばせた奴がその日のヒーローになるのだ。

●かんしゃく玉。車道に投げ出して車に踏ませるイタズラが流行。ただし運転手に捕まったら地獄。

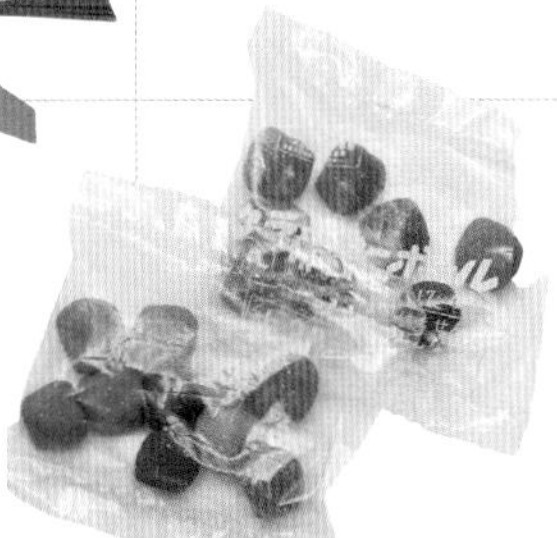

●タバコに火をつけると、プカ〜プカ〜と輪になった煙を吐く。セルロイドの燃える強烈な刺激臭が体に悪そうな、スモーキングモンキー。

●ベビーヘリコプターは、昭和時代の竹トンボだ。ツマミをグイッと引くと、プロペラが空中高く舞い上がる!

●パチンコは、昔はスズメを捕ったりしてたらしいけど、ぼくらの時代は空き缶をマトにしてけっこう平和に遊んでいた。

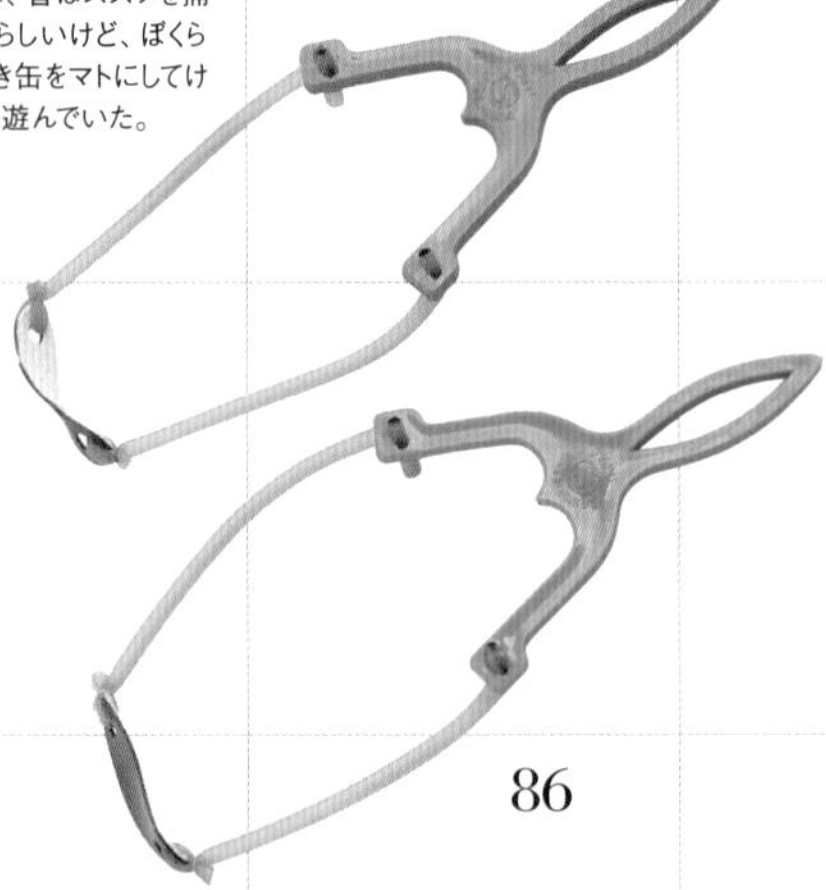

●グリコの景品だったヘリコプターは、プロペラが3枚も付いているからなくしても安心だ。

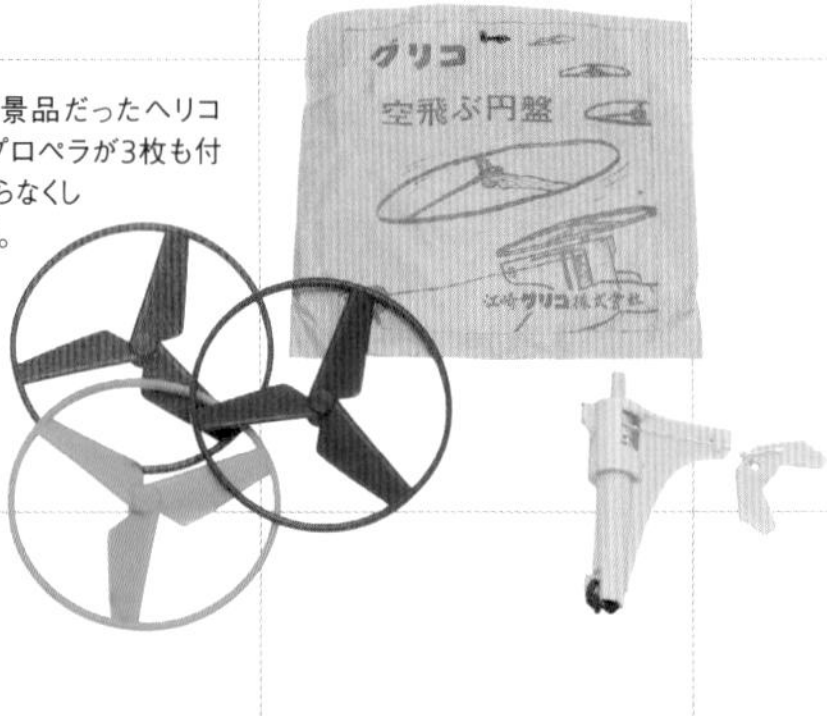

2B弾に かんしゃく玉。 男の子おもちゃ 大集合

●台紙の裏に火薬が塗ってあり、下から火をつけて誰がゴールまで燃えるかを競うゲーム。

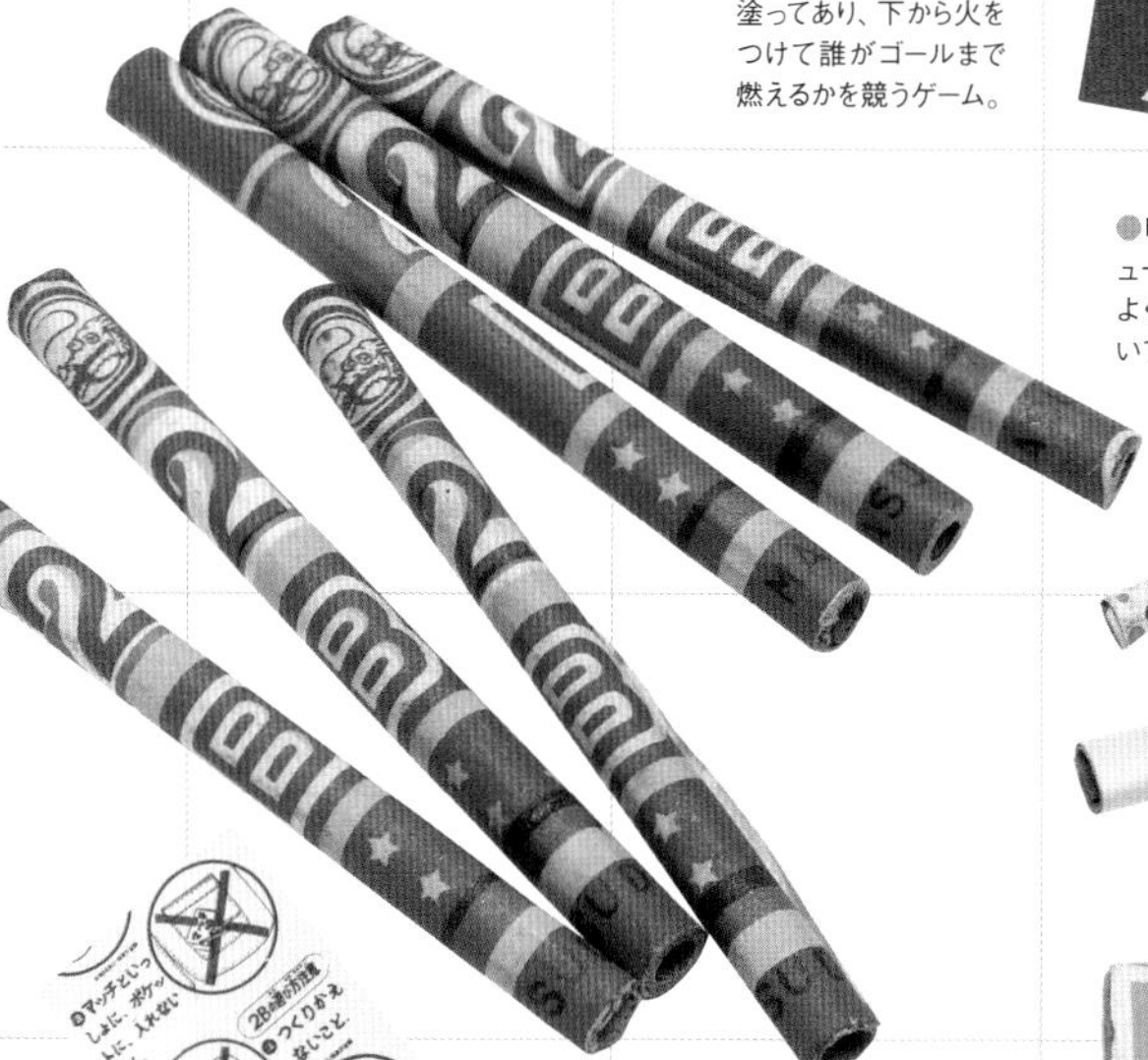

●吹き矢の先端にパラシュートが付いていて、勢いよく吹くと、傘がパッと開いて軟着陸する。

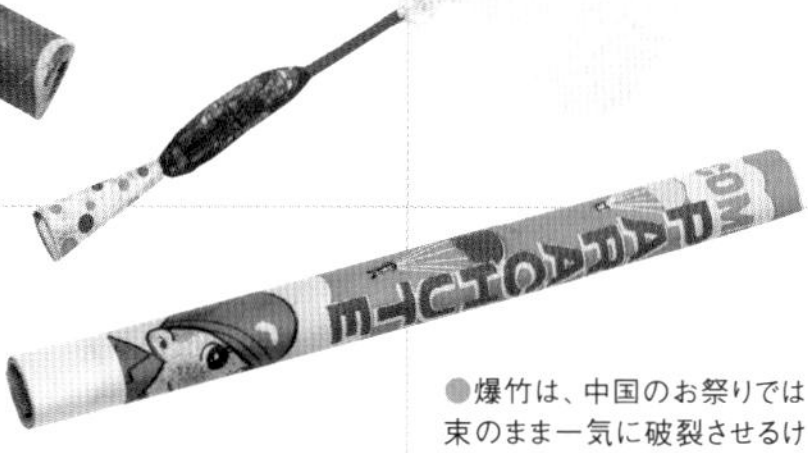

●爆竹は、中国のお祭りでは束のまま一気に破裂させるけど、ぼくらは1本ずつバラしてチビチビと使う。

●2B弾。先端をマッチのすり板にこすりつけて着火、10数秒後、煙の色が変わったら爆発だ!! 昔はバラ売りだったから、左の袋におばちゃんが入れてくれた。

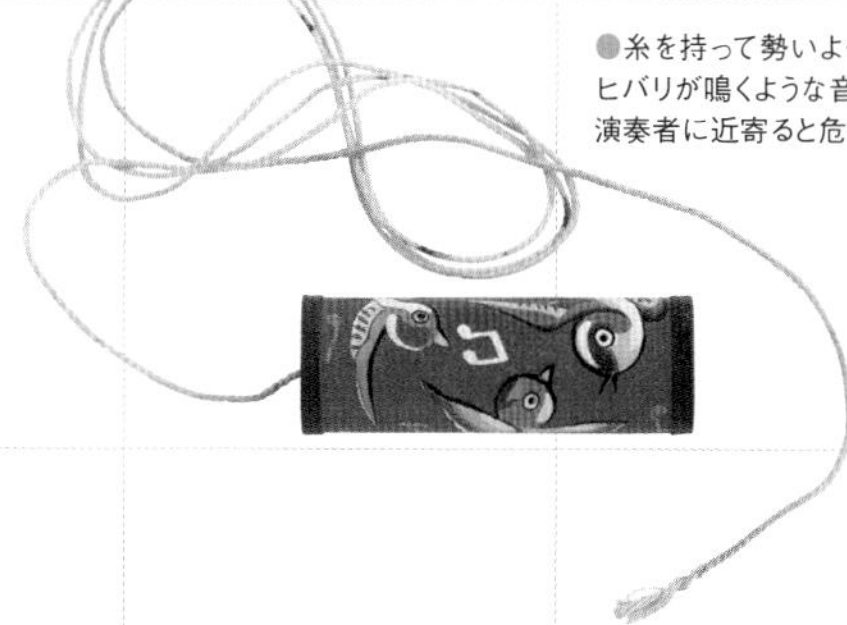

●糸を持って勢いよく回すと、ヒバリが鳴くような音が出る。演奏者に近寄ると危ないぜ!

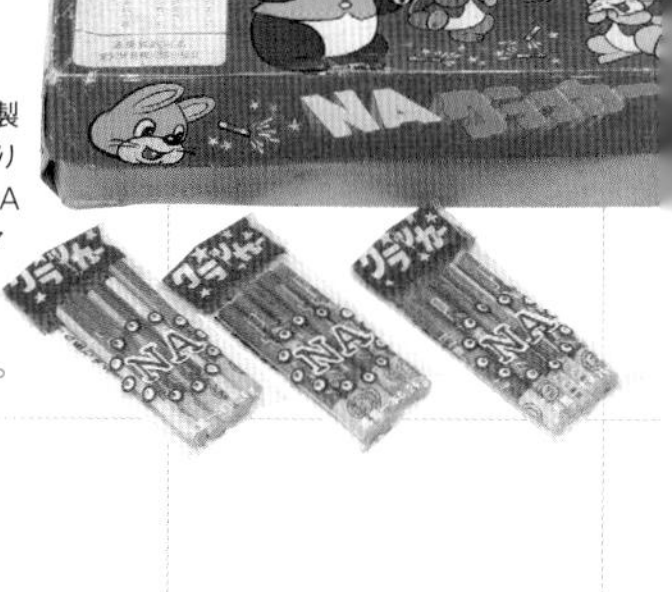

●66年に2B弾が製造中止され、代わりに登場したのがNAクラッカー弾だ。マッチのすり板で着火できず爆発力も弱いのが難点。

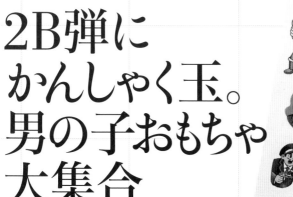

日活アクションと2B弾

いつの時代も、子どもはアブナイものが大好きだ。

ぼくが小学生のころに憧れたのが、近所のちょっと不良がかったお兄さんたちが空き地で遊んでいた2B弾（ニービーダンと読む）である。

2B弾というのは、長さ10cmほどの紙筒の中に火薬が詰められていて、破裂させて遊ぶ爆竹のような花火のおもちゃだ。

この2B弾の、爆竹と違う最大の特徴は、マッチやライターを使わず、先端の赤い部分をマッチのすり板にこするだけで着火できることだった。

お兄さんたちは、ベルトにマッチ箱の外側のケースを通しておき、2B弾をそこでシュッとこすって点火していた。西部劇で、カウボーイがマッチを革のベルトにこすりつけて火をつける、まさにあのイメージだ。

2B弾は、火が付くとおよそ10数秒間黄色い煙が出た後、煙の色が白に変わったら数秒で破裂する。

お兄さんたちは、これを破裂ギリギリまで持ち続けてガマンする度胸試しをやったり、猛者になると、手に持ったままで破裂させたりしていた。

「ガキは危ねえからさがってろ！」

そう言われたぼくらは、遠くからドキドキしながら、破裂の瞬間を食い入るように見詰めていた。

ぼくは早く大きくなって、あのお兄さんたちの輪の中に入り、2B弾で遊びたい。そう思った。

ぼくにとって2B弾を無造作にあつかえるお兄さんたちはそれだけでヒーローだったのだ。

それも正義のヒーローではなく、世をすねたアウトローなヒーロー……そう、日活のアクション映画の主人公たちである。

当時ぼくは日活アクションが大好きだった。

小林旭、石原裕次郎、赤木圭一郎、宍戸錠、渡哲也、和田浩二……日活映画には、ぼくの憧れるちょっぴり不良な兄貴たちがいっぱい出ていたからだ。

ぼくは親にせがんで隣町の名画座へ連れていってもらい、ぼくよりひと回り上の世代の観客に混じって、話の細部は分からないながらも名作傑作駄作を片っ端から見た。

中でも好きだったのが、小林旭主演の『渡り鳥』シリーズである。

過去を捨て、ギター片手にあてのない旅をする流れ者・滝伸次(小林)。彼は行く先々で、地元に巣食う悪党どもを退治しては、再び旅立っていく。

『渡り鳥』シリーズは、ペギー葉山のヒット曲を主題歌とした歌謡アクション映画『南国土佐を後にして』(59年)のヒットによってシリーズ化された作品で、『ギターを持った渡り鳥』(59年)から『北帰行より・渡り鳥北へ帰る』(62年)まで全8作が作られた。

全体的に暗いトーンの作品が多い日活アクション映画の中で、小林旭の主演作は、明朗でのびやかな作品が多いのも好きな理由だった。

陽気で強くてかっこいいお兄ちゃん。それがぼくにとっての滝伸次のイメージだった。

ところがぼくはしばらくして、滝が実は深い悲しみを背負っていたことを知る。

それは、まだ見ていなかった第1作『ギターを持った渡り鳥』を見たときだった。

この第1作では、後の作品ではほとんど触れられていない滝の過去について、彼が語るシーンがある。

神戸の六甲山の山頂で、由紀(浅丘ルリ子)は伸次から、彼がかつて愛した女性と、二年前に死別したという話を聞く。

「ごめんなさい、嫌なことを思い出させて……」

そう詫びた由紀に対して、伸次はこう答える。

「思い出すってのは忘れてるからだろ。俺は忘れたことはない、だから思い出すこともない……」

このシーンを見て、ぼくは早く大きくなりたいと思った。早く大きくなって伸次兄さんの悲しみを共有してあげたい。そう思ったのだ。

大人になってこの映画を見たとき、その願いは叶った、と思う。

だがもうひとつの願いは叶わなかった。

2B弾で思い切り遊びたいという願いである。

2B弾は、ぼくが大きくなる前にすでに製造中止になってしまっていたのだ。

2B弾を買えなかった小6のアウトローは、駄菓子屋の店先から、いずこへともなく歩き去った。

カラーページで紹介しているのは、ずっと後に、友人からコレクションを分けてもらったものである。

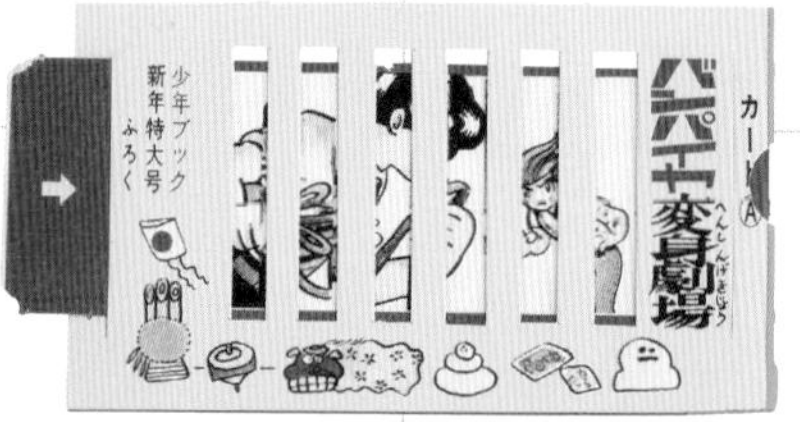

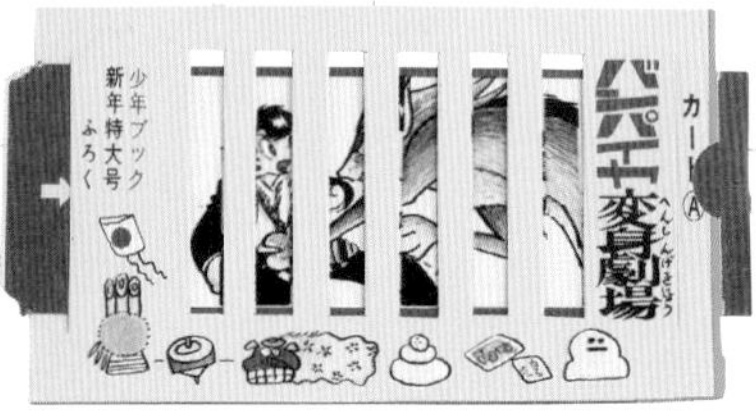

●バンパイヤ変身劇場。ツマミを持ってカードを引くと、ロックに威嚇されたトッペイがオオカミに変身!!

●『少年ブック』は、アクションやスパイものなど、男の子らしいマンガで勝負。右の67年9月号の巻頭グラビアは小松崎茂の描く未来戦車! こうした巻頭企画は週刊マンガ誌にも受け継がれていく。

『少年』『ぼくら』『冒険王』。月刊マンガ誌の黄金時代

●昭和20年代のものを譲り受けた、『少年倶楽部』付録のピストル。厚紙を何層にも重ねた立体感とズシリとした存在感はかなりの迫力。

●ヒットエンドランゲーム。『少年ブック』63年お正月増刊号付録。盤の上にマッチの軸を刺すとヒットやアウトの判定が出る。

●『少年』は、60年代、鉄人とアトムの2大連載で他誌を圧倒。月刊誌時代の末期まで先頭を駆け抜けた。66年1月号。

本書の姉妹編

「シェー」の流行(64年)から映画『E.T.』公開(82年)まで。
いざ、60~70年代の熱中体験を思い出す旅に!!

『キイハンター』『おれは男だ!』『燃えよドラゴン』など
青春時代をいろどったテレビドラマや映画、マンガの思い出を
カラー写真600点とエッセイで振り返る!!

ぼくらの60~70年代熱中記

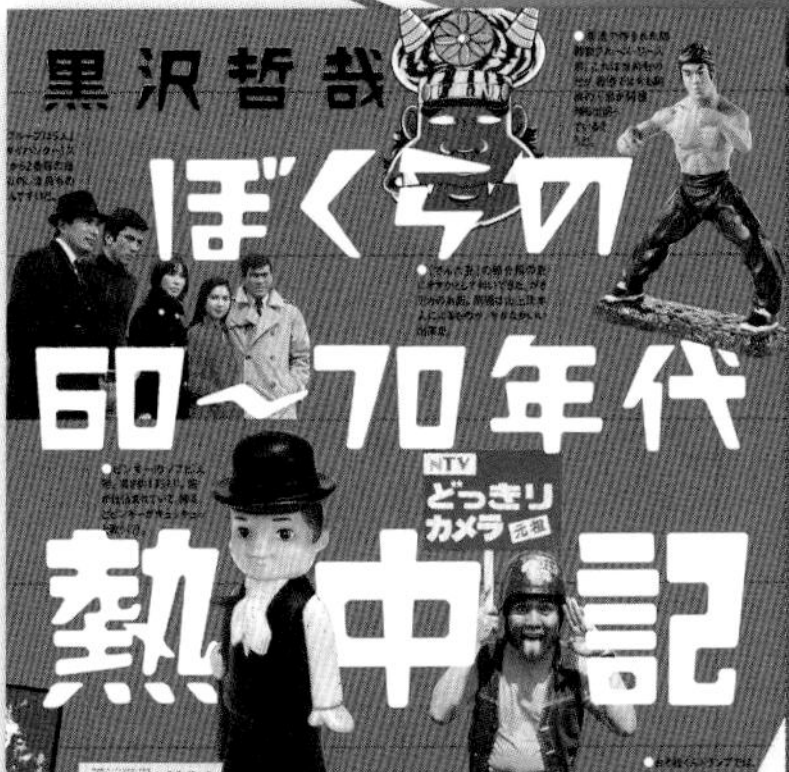

黒沢哲哉

65年 木曜夜7時半のお楽しみ、**『チャコちゃんケンちゃん』**が始まった

69年 一般人も大いにだまされた、**『どっきりカメラ』**いたずら開始

72年 わずか6話で伝説となった NHK**『タイム・トラベラー』**

75年 紀信の**『激写』**が始まって、グラビアコレクションが激増!!

78年 喫茶店にゲームセンターに、**「スペースインベーダー」**が襲来!!

A5判 並製
192頁(カラー96頁
本体1600円+税
いそっぷ社

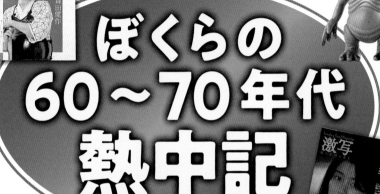

●『少年ブック』や『少年』の付録。たとえ1回しか遊ばなくても、それなりの満足感が得られる。付録にはそんな工夫とアイデアがいっぱい詰まっていた。

●この当時の『ぼくら』は、『少年ジェット』や『七色仮面』などの人気ヒーローマンガが目白押し。59年8月号。

●『少年画報』は『少年』と並び、凝った組み立て付録が売り。この67年9月号にはスピードカーや歩くネッシーロボットなどが付いた。

●『冒険王』は昭和24年、『少年少女冒険王』として創刊した老舗月刊誌。69年12月号は『夕やけ番長』が巻頭を飾る。

●同じく『少年ブック』付録のウルトラセブントランプ。

●『少年ブック』付録のバンパイヤトランプ。

夢を運んできた組み立て付録

月刊マンガ雑誌が全盛を誇ったのは、昭和20年代後半から30年代にかけてのことだ。

ぼくがマンガを積極的に読み始めた昭和30年代半ばは、いわば〝月刊マンガ誌時代の尻尾〟だった。

すでに『週刊少年マガジン』と『週刊少年サンデー』は創刊されていて（両誌とも昭和34年創刊）、週刊誌の時代も見え始めてはいたが、まだ週刊誌はマンガのページ数も少なく、読みごたえと作品の充実度では、圧倒的に月刊誌の方が上だった。

書店の特等席である入り口付近の平台にドーンと山積みになっていたのも、サンデーやマガジンではなく、『少年』『少年ブック』『ぼくら』『少年画報』『冒険王』といった月刊マンガ誌の数々だった。

当時、それら月刊誌には、毎号たくさんの別冊付録や組み立て付録が付いていた。

本来主役であるはずの本誌は、そのページを無理やり開かれ、本誌より厚くふくらんだ付録を挟まれて、ビニールヒモで十字にくくりつけられていた。


プラモや工作が大好きだったぼくは、毎月6日の発売日になると、『少年』を買うか『少年画報』を買うかでいつも迷った。この二誌は、他誌にくらべて、とくに組み立て付録に力を入れていたからだ。

そのころ『少年』で人気だったマンガは『鉄腕アトム』、『鉄人28号』のほか、『サスケ』（白土三平）、『電人アローー』（一峰大二）、『ストップ！にいちゃん』（関谷ひさし）など。

一方『少年画報』には、『マグマ大使』、『怪物くん』（藤子不二雄）のほか、『どろんこエース』（一峰大二）、『しびれのスカタン』（赤塚不二夫、長谷邦夫）、『でこちん』（山根あおおに）などが連載されている。

どちらの雑誌のマンガも面白く甲乙つけがたい。となると、最後に購入の決断を後押しするのが、その号に付いた組み立て付録の魅力だったのだ。

だが、そこには恐ろしい罠も潜んでいた。厚紙とわずかな金具・輪ゴムで実現できる付録には、もともと限界がある。いざ買ってみると、ぼくらの破裂するほどにふくらんだ期待とはかけ離れた、チャチな付録の場合も多かったのである。

ここで選択を誤ると寂しい1ヶ月を過ごさなければならないから、ぼくらは毎月真剣だった。

今でも記憶に残っているのは、昭和41年5月号だ。その月の『少年』と『少年画報』の付録に、どちらもぼくの大好きなスパイ兵器が付いていたのだ。

『少年』の付録は「0011秘密兵器セット」。これは、アタッシュケース型の小箱の中に、吹き矢と伸縮式の紙製ナイフが仕込まれているものだ。

一方『少年画報』の付録は、「アストンマーチン007」だった。ジェームズ・ボンドの愛車アストンマーチンDB5は、007シリーズ第3作の映画『ゴールドフィンガー』(1964年)に登場した、秘密兵器満載のスペシャルカーである。

ヘッドライトにはマシンガンが仕込まれ、後部トランクからは防弾板がせり出し、車軸からは相手のタイヤをパンクさせる回転カッターが出る。

そして極めつけは、助手席に座った悪人もろとも、助手席が真上に飛び出す射出装置だった。

当時、これらの仕掛けをすべて盛り込んだ32分の1サイズのプラモデルが今井科学から発売されていた。『少年画報』の付録は、その今井のボンドカーを、ほとんどそのまま厚紙で再現したものだったのだ。

ぼくはこの月、小遣いの中から200円を『少年画報』に投資することにした。

帰宅してさっそくアストンマーチンの製作に取りかかったぼくは、完成が近づくにつれ、不安が広がってきた。これは期待通りに動くのだろうか⁉

そして結果は……外観は、若干のお世辞を込めて言えば、わりと良くできていた。だがメカニズムはまるでダメだった。

もちろん小学生のぼくの工作技術が未熟だったこともあると思うが、とにかく完成したそれは、期待通りのアクションをまったくしてくれなかったのだ。

失意の中、本誌をパラパラとめくると、次号予告のページが目に飛び込んできた。

すると、なんと来月号の付録にはロータスとフェラーリのF1カーが2台も付くというではないか！

落ち込んでいた気持ちが一気に盛り返した。来月号の付録はきっとすごい。いやこれぞ究極の付録だ。ぼくは早くも来月号の発売が待ち遠しくなっていた。

巻頭大図解と共に、週刊マンガ誌時代がやってきた

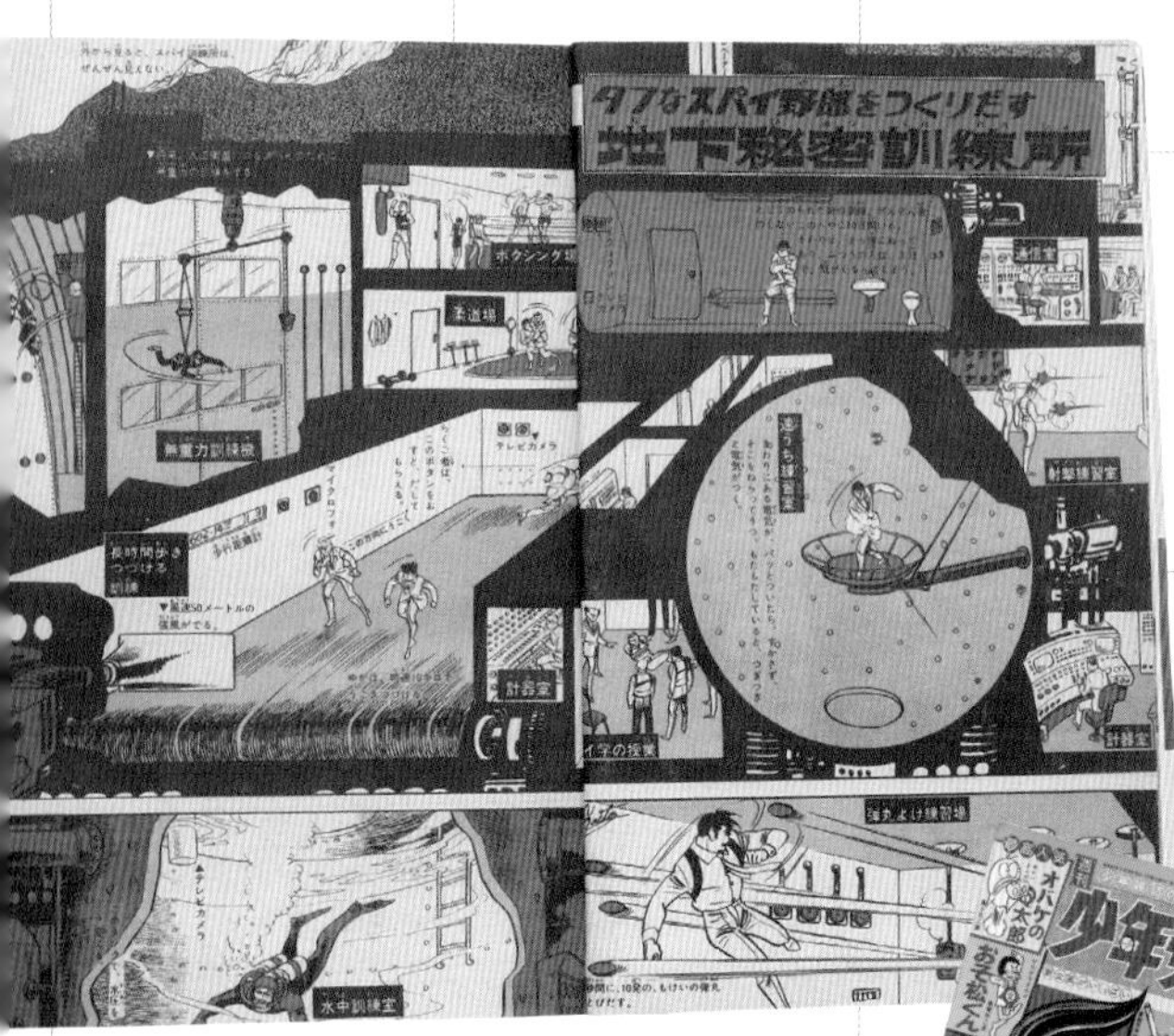

●『週刊少年サンデー』66年7月31日号の表紙絵は手塚治虫の『バンパイヤ』だ。巻頭特集は「スパイ野郎」。最新スパイ兵器や秘密訓練所の様子を図解で、まるで実際に見てきたように分かりやすく紹介している。

●『週刊少年サンデー』66年5月8日号。連載マンガは『W3』や『伊賀の影丸』など。巻頭特集は異星人を図解した「ナゾの惑星」だ。

●『週刊少年マガジン』70年3月29日号では『メリー・ポピンズ』など、ディズニー映画の特撮の秘密を大公開。右のトビラ写真は『おもちゃの王国』(61年)の生きている巨木。

●『週刊少年サンデー』66年5月15日号。当時の看板マンガは『オバケのQ太郎』と『おそ松くん』の2大ギャグ。

●老舗週刊少年誌の中では後発となる『少年ジャンプ』は、68年隔週刊誌として創刊、翌69年秋に週刊化された。

●昭和40年代後半、急速に勢いをつけてきたのが、69年に隔週刊誌として創刊し翌年週刊化された『少年チャンピオン』だ。

●63年に創刊した『週刊少年キング』は、怪奇路線の巻頭グラフとスポーツマンガで独自の地位を築きあげた。

●『週刊少年マガジン』は67年1月1日号で発行部数100万部を突破。いよいよ本格的な週刊マンガ雑誌の時代がやってきた!

●『週刊少年マガジン』65年4月11日号ではベトナム戦争を大図解。その本格的で詳細な内容には当時の戦場カメラマンも驚いたという。

ちばてつやが変えたマンガの世界

昭和38年7月、『週刊少年マガジン』と『週刊少年サンデー』に続く3番目の週刊少年マンガ誌『週刊少年キング』が創刊された。

このころになると、マンガ誌の主流は一気に週刊誌へと移りはじめる。ページ数も増え、名作も次々と誕生するようになってきた。

一方月刊誌もがんばってはいたが、すでに各誌とも掲載される作品に統一感がなくなり、息切れしてきているることは、子どもの目にも明らかだった。

昭和37年には、戦前から続く最古参の月刊少年誌『少年クラブ』が休刊。

昭和27年に創刊された『漫画王』は、『まんが王』(35年)→『小学生画報』(36年)→『まんが王』(37年)と1年ごとに改題を繰り返し、読者層を絞りきれずに迷走を続けていた。

ぼく自身は、組み立て付録が大好きだったから、まだまだ月刊誌を応援したい気持ちでいた。

けれども、その付録自体が、だんだんと地味で質素なものになり、その上さらに魅力的なマンガが減ってしまったのではどうしようもなかった。

ぼくもたびたび週刊誌に浮気をするようになり、昭和39年12月、『週刊少年サンデー』で、久松文雄の『スーパージェッター』の連載が始まったのをきっかけに、完全に週刊誌に乗り換えてしまった。

そんなぼくの乗り換え理由に象徴されるように、週刊マンガ誌の隆盛は、テレビアニメの流行と密接に関わっていた。

テレビアニメと雑誌の連載マンガを連動させるには、月刊より週刊の方がいいことは明らかだ。

中には、最初から週刊誌の連載マンガとの連動を前提として企画されるアニメ作品も増えてきた。

『スーパージェッター』もそうした作品のひとつで、ぼくはまんまとその戦略に乗せられたことになる。

ちなみに、昭和40年のテレビ契約数は1713万世帯で、普及率は90%に達している。

テレビの普及により、ぼくらの生活サイクルは、すでに完全に週単位のものになっていた。

こうして本格的な週刊誌時代がやってくると、そこに掲載されるマンガそのものの質も変わってきた。

大ゴマを多用した大胆な構図と、スピーディーな展開が好まれるようになり、月刊誌で人気を得たような、端正で牧歌的なドラマは急に古臭いものに感じられ、いつの間にか消えていった。

そして最大の変化は〝引き〟である。

〝引き〟というのは、その号のマンガの最終ページで「次号が待ち遠しい！」「早く続きが読みたい！」という次号への期待感をあおる見せ方のことだ。

月刊誌の時代にも、連載マンガは〝引き〟を巧みに仕掛け、来月号への興味を引っぱっていたが、週刊誌ではその引きが1か月に4〜5回くるのだ。

必然的に、伏線を張りめぐらせてドラマを論理的に組み立てるというよりも、まず引きを最大限効果的にすることが求められてくる。

そこでより重要になってきたのが、登場人物の強烈な個性、即ち〝キャラクター〟である。

この時期の週刊誌において、キャラクターの描き方にひとつの方向性を示したのが、ちばてつやの『ハリスの旋風《かぜ》』（昭和40〜42年『週刊少年マガジン』）だった。

下町で生まれ育った元気少年・石田国松が、名門中学校・ハリス学園を舞台に大暴れする。

国松は、剣道、柔道、レスリングとあらゆるスポーツをこなし、不良番長とのケンカに明け暮れる。そんなダイナミックなストーリーは、ぼくらを毎週『少年マガジン』に釘付けにした。

しかしちばてつやの功績はそれだけではない。彼はドラマ部分に大胆にページを割く一方で、登場人物たちの表情やしぐさの表現に十分なコマをおごり、そこに細心の注意を払って描いたのである。

それによってぼくらは、国松やオチャラ、メガネたちの喜びや悲しみ、怒りの感情を、まるで実在する人物であるかのようにリアルに感じられたのだ。

これは月刊誌の限られたページと月1回の掲載サイクルでは決して成しえなかった表現だろう。

昭和43年3月、月刊誌の世界で一時代を築いた雑誌『少年』が、ひっそりと休刊した。

入れ替わりにその年の夏『少年ジャンプ』創刊。翌年『少年チャンピオン』創刊。いよいよ週刊誌の時代が本格的に幕を開けることになる。

このつづきは別冊で。付録マンガの感動をいま一度!!

●『少年ブック』66年6月号付録。スーパーカーブームよりおよそ10年前、60年代後半にスロットレーシングカーが流行したころに登場した、吉田竜夫のレースマンガ。タイトルは一般公募で決まった。ルール無用の公道レースはまるで格闘技だ!

●『日の丸』62年9月号付録。日の丸くんとカンヅメ太郎のシュールな活躍を描く。

●『冒険王』56年1月号付録。地球へやって来たラジゴ星の使者は人類の敵か味方か!? 手塚治虫の影響をモロに受けた作品。

●『少年』58年9月号付録。スーパー探偵ハンマーキットが最新メカと連発銃で悪を討つ!!

●『少年画報』60年8月号付録。混血児の探偵ビリーが数々の難事件に挑む! 作者の河島光広は連載中に30歳で急逝。

●『ぼくら』65年12月号付録。魔球投手・橘健一の熱き闘い! Z魔球、みずしぶき魔球など、名前を聞いただけですごそうだぞ!

●『少年画報』66年1月号付録。宇宙の帝王ゴアの弱点は子どもが大好きなことだった!

●『少年画報』63年1月号付録。ゴジラや雪男まで登場するオリジナルストーリー。

●『ぼくら』65年9月号付録。少年JQことジョニー・クエストの大冒険!

●『少年』60年9月号付録。ロボット一家の日常はまるで毎日が落語みたい!

●『少年クラブ』62年2月号付録。ちょっぴりヌケた三等兵の周りで今日も何かが起こる。

●『小学五年生』68年4月号付録。熱い血潮の少年・風大左ェ門が巻き起こす珍騒動。

●『少年ブック』64年10月号付録。仲間に殺されたハンスがサイボーグとなって甦った!!

●『少女』56年7月号付録。度重なる不幸にめげず強く生きる姉妹・美紀と和枝の物語。

●『小学一年生』62年1月号付録。少年ぴろんとロボット犬ぴぴの活躍。

●『小学一年生』60年11月号付録。仲よしのけんちゃんとまりちゃんが自慢のロケットに乗って事件を解決。

●『少年』64年8月号付録。スポーツ万能中学生・南郷勇一の唯一の欠点は暴走したら止まらないってコト。

●『少年画報』66年1月号付録。関西弁の妙な火星人スカタンのけったいな大騒動。

●『少年』64年10月号付録。電人アローの胸のマークは、スポンサー田辺製薬のアスパラマークだ!!

●『少年』59年7月号付録。不乱拳博士の傑作ロボット・バッカスがついに完成!!

別冊付録で出会った〝大ちゃん〟

月刊少年誌が全盛のころ、『少年』や『少年画報』などのマンガ雑誌には、毎月、豪華な組み立て付録と共に、何冊もの別冊付録マンガが付いていた。

それら付録マンガの多くは、B6判で40〜60ページほどの小冊子で、いまコンビニで売っている廉価版コミックスを薄くしたような体裁のものだった。

それがひとつの雑誌に、毎月6冊前後、多いときには10冊以上(!)も付いていたのだ。

内容は、新人マンガ家の読みきり作品などの場合もあるが、たいていは、その雑誌の看板作品となっている人気マンガが中心だった。

例えば『少年』本誌には『鉄人28号』が巻頭カラーで掲載されていたとしても、それはわずか7ページほどで、「このつづきは、今月号の別冊でおたのしみください」となっている。

せっかく盛り上がったところで肩すかしをくったような気にもなるが、すぐに付録でまた盛り上がれるから、結局はおトク感のあるシステムだった。

ぼくは毎月、本屋から帰り、雑誌を縛っているヒモを取ると、まずカラフルな付録の表紙に目を奪われて、ついそっちを先に読んでしまうのだった。

そして後からおもむろに本誌を読み、また付録を読む。まあ、それはそれで3度楽しめたのだが。

だが後に、これらが単行本化されるようになると、このスタイルがネックとなる。

本誌と付録で1ページの大きさが違うため、サイズをそろえるために、原稿のコマを切り貼りしたり、新たに絵が描き足されたりした。

そのため、60〜70年代に出されたマンガ単行本は、連載時とはまるで違う構成になっているものも多い。また生原稿を切り貼りしてしまい、いまではオリジナルの原稿が現存しない名作も多い。

ところで、普通、別冊付録は本誌から続いているものだが、ここに「この別冊まんがは、本誌の前に読んでね」と書かれた付録マンガがある。

『小学五年生』68年4月号の別冊付録、川崎のぼるのこのつづきは別冊で。
付録マンガの感動を
いま一度!!

『いなかっぺ大将』がそれだ。

『いなかっぺ大将』は、最初、67年8月から68年3月まで『小学五年生』に連載された。そして4月からはまた『小学五年生』で連載が始まった。そこで新たな読者となった新5年生読者のために、前の年に連載されたお話が、別冊付録として収録されたのだ。

ちょうどこの年、5年生に進級したぼくは、この別冊付録で初めて『いなかっぺ大将』と出会った。

作者の川崎のぼるは当時、梶原一騎の原作で『週刊少年マガジン』にスポ根マンガの代表作『巨人の星』(66~71年)を連載中だった。

ぼくも『巨人の星』は読んでいたから『いなかっぺ大将』にも、熱いドラマを期待した。

話は、風大左ェ門という古風な名前の主人公が田舎から上京し、亡き父の親友で柔道家の大柿矢五郎の元で柔の道を志す、という熱血柔道マンガらしい。

と思ったら、すぐに話のトーンが変わり始めた。最初はシリアス9に対してギャグ1程度の割合だったのが、その比率がみるみる逆転し出したのだ。

修行と称して隙《すき》あらば大左ェ門を殴ろうとする矢五郎や、美少女ながらも空中で軽々とトンボを切ってみせる娘のキクなど、登場人物もページを追うごとに過剰にコメディ調になっていく。

112ページの付録本を読み終えるころには完全なギャグマンガへと変貌をとげていた。

あまりの変わりように目が点になりつつも、ぼくはこのマンガがいっぺんで好きになった。

ぼくは早く続きが読みたくて、急いで本誌を開いた。するとなぜかそこに大左ェ門の通信簿が掲載されていた。5段階評価で算数1、国語1、理科2、音楽はなんと0(!)という最低の成績だ(ただし体育と家庭科は5)。

そして次のコマで、作者である川崎のぼる自身が登場して、こう述べていた。

「大左ェ門くんは、実はことし六年生に進級するはずでしたが、どうしてもじぶんは五年生がすきというので、また五年生にのこることになりにけり……ということですが、じつは上の通信ぼを見てもわかるとおり、みんなのだいたいの意見は、どうやらこのがき……いや、大左ェ門くんは落第したのではなかろうかと……いっひっひ」

それで大左ェ門は今年も5年生なのか。ナットク。

●『復讐鬼人』、『人食い不動』（各67年）など、主に『週刊少年マガジン』に掲載された作品を再録した増刊号。68年刊。

怖いけど やめられない。楳図マンガは 夜読めなかった

●貸本マンガ時代の少女マンガ作品『山びこ姉妹 へびおばさん』（66年ごろ）。山奥に暮らす美しい姉妹が巻き込まれるヘビの呪いの恐怖!!

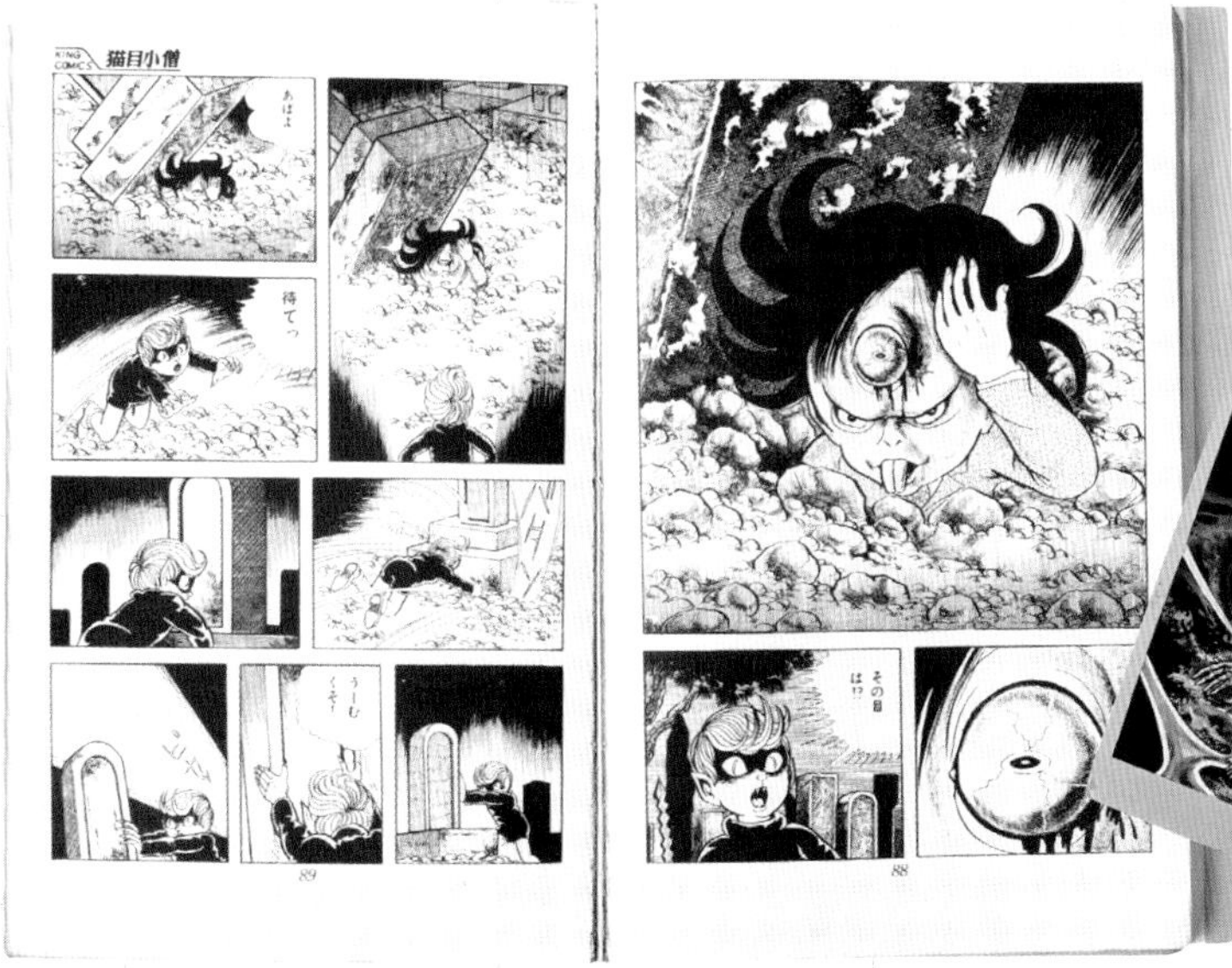

●放浪する謎の少年・猫目小僧が、行く先々で化け物や怪現象に出くわし、それを解決。この第2巻の敵は妖怪百人会だっ!!

●少年画報社キングコミックス版『猫目小僧』(69年)。連載後、最初に単行本化されたもので、コレで読んだ人は多いはず。

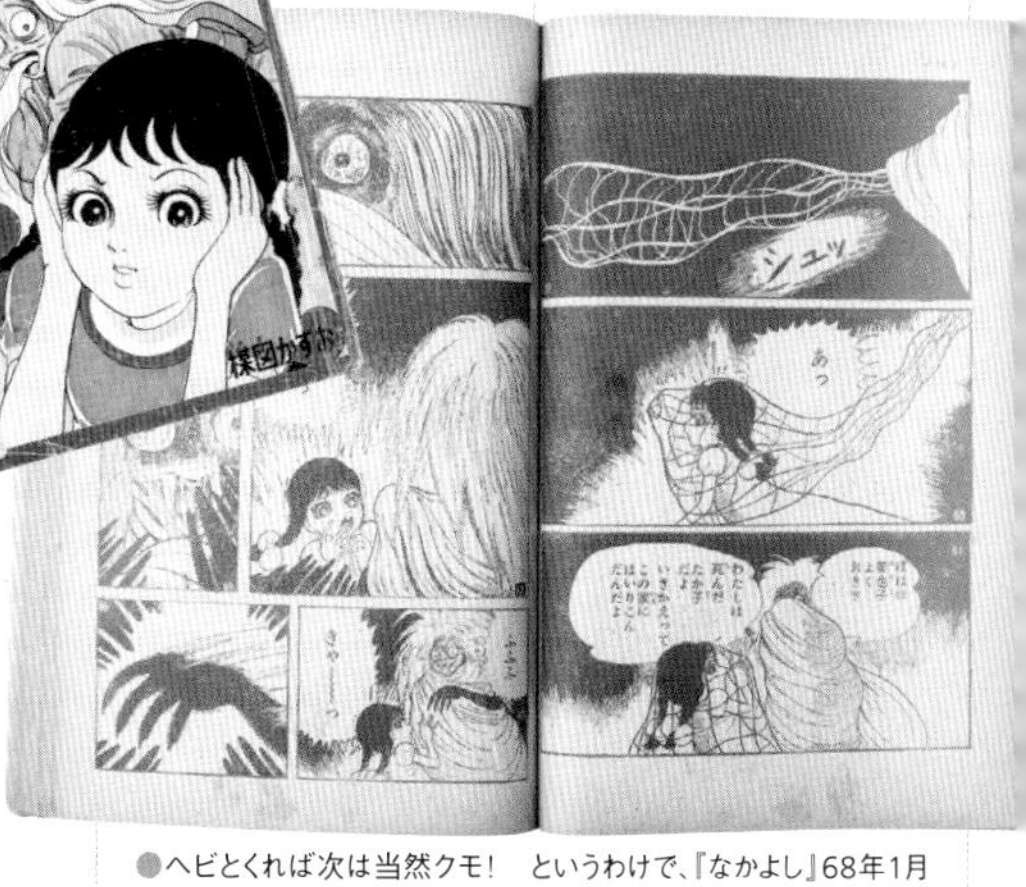

●ヘビとくれば次は当然クモ！　というわけで、『なかよし』68年1月号別冊付録はコレ。『少女フレンド』の連載をまとめたものだ。

●佐藤プロダクションの貸本屋向け少女マンガ雑誌『17才』(66年ごろ)に掲載された青春マンガ『キューピット』。未完。

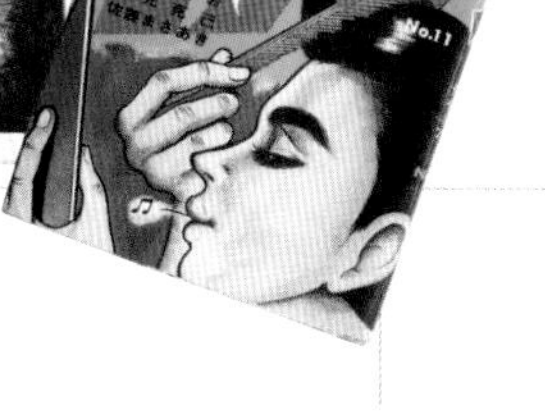

●そしてまたしてもヘビ!!　ヒットコミックス版『まだらの少女』(68年)は、『少女フレンド』に連載された『ママがこわい』と『まだらの少女』を単行本化したもの。

『まことちゃん』は本当にギャグなのか

ぼくが楳図かずおの恐怖マンガと初めて出会ったのは、恐らく少女マンガ雑誌だったと思う。

60年代半ば、楳図かずおは、雑誌『少女フレンド』に数多くの恐怖マンガを発表していた。

『ママがこわい』と、その続編『まだらの少女』(ともに65年)は、『フレンド』連載初期の作品で、主人公の少女・弓子の母が、入院中にヘビ女と入れ替わってしまうというお話だ。

弓子に正体を知られたヘビ女は首を伸ばし、口をクワッと耳元まで開いて弓子に迫る!

弓子は、間一髪のところで帰宅した父と祖母に母の正体を告げるが、ふたりとも信用してくれない。

そしてひとりになった弓子に、再びヘビ女が襲いかかる! 弓子は逃げる、必死で逃げる!!

いつしかぼくらの心は、追われる少女と完全に同化し、今にも後ろから襟首をつかまれそうな恐怖を肌で感じた。そしてそんな夜は、決まって怪物に追われる恐ろしい夢を見てうなされるのだった。

その後、ヒット作『へび少女』(66年)のころになると多くの男子が楳図マンガを読むようになった。

姉や妹のいないぼくは、これらを当時通っていた耳鼻科の待合室で読んだ。この本の編集を担当するS氏はピアノの先生の教室で読んだという。

当時の少年の多くが、同じようにして少女雑誌に掲載された楳図マンガを読んでいたと思う。

当時の小学生は、戦前教育のなごりか、男子が女子と同じことをするのは恥だという考え方があった。だから、もし少女マンガを読んでるところなどを友だちに見つかったら、むちゃくちゃバカにされたわけだが、楳図かずおの恐怖マンガだけは別だった。

クラスの女子が最新号のフレンドを学校に持ってきたりすると、休み時間には、男女入り乱れての取り合いになった。

この当時、楳図ホラーマンガが、題材として好んで使ったのが、へビやクモ、ネコといった、不気味なイメージを持つ生き物たちだ。その中で、ネコ、すなわち化け猫だけは日本の怪談の伝統的なモチーフだから別としても、ヘビやクモが怖いというのは、実はこのころ読んだ楳図マンガから植えつけられたトラウマだったのではないかとぼくは思っている。

当時は都会の周りにも自然は多く、ヘビもクモも珍しい存在ではなかった。だからそれらに出会っても特別恐れることはなかった。

ところが楳図マンガによってその正体（？）を知ってからは、ヘビのぬけがらやクモの巣にも、意味なく恐怖を感じるようになってしまったのだ。

だが……楳図マンガの恐怖はそれだけではなかった。同じころ、『週刊少年マガジン』に連載された『半魚人』（65年）には、ヘビやクモとはまるで違う恐怖が描かれていた。

ある日突然半魚人となってしまった、主人公・次郎の兄。兄は次郎の親友・健ちゃんのお父さんになりすまし、健ちゃんを半魚人に作り変えようとする。

くさりで縛り付けた健ちゃんの口や、眼の周りの皮膚を麻酔も使わずにナイフで切り裂いて顔を造りかえ、指の間には手術で水かきを付ける。

やがて健ちゃんの体にはウロコやエラができ始め、自ら半魚人へと変身していくのだった……!!

何と、今度は恐怖する対象が普通の人間になってしまったのだ！ 人間を怪物に造りかえるという恐怖にぼくは絶望を感じた。これじゃ逃げ場がない。

その後、楳図かずおは爆裂幼稚園児を主人公としたハイテンションギャグマンガ『まことちゃん』（76～81年『週刊少年サンデー』）をヒットさせ、ギャグマンガの巨匠としても知られるようになる。

だが楳図ホラーを見続けてきたぼくには、『まことちゃん』がギャグとはどうしても思えなかった。

確かに見かけはギャグだけど、実は視点をほんのちょっとひねって見せているだけで、本質は恐怖マンガのそれと同じなのではないか。

その証拠に、まことちゃんのパワーに圧倒されて逃げまくる大人や子どもの顔はいつも恐怖にひきつっていた。読者の視点をその当事者の位置に変えると……自分に向かってドドドドと迫ってくるまことちゃんは、やはり恐怖以外の何ものでもない。

ぼくらは笑いながらも、その底に得体の知れない恐怖を感じていた。そう。実はこれもまた楳図ホラーの一種のバリエーションだったのだ。ギョエー!!

●雑誌『少年』67年9月号別冊付録。右の『駆逐艦魂』を自らリメイクした作品だ。

●貸本時代の戦記マンガ。戦争体験者の水木が描く戦争マンガ、特に貸本時代の作品には鬼気迫る迫力がある。61年。

●浦島太郎伝説に邪馬台国の謎をかけあわせ、独自の物語を展開した、貸本時代の異色作。64年東考堂刊。

●『山本元帥と連合艦隊』(61年)は、貸本マンガ雑誌『ああ太平洋』に前後編にわたって連載。表紙の絵も水木しげるだ。

●テレビドラマ『河童の三平妖怪大作戦』(68〜69年NET)のソノシート。

●虫コミックス版『ゲゲゲの鬼太郎』(72年)。昭和40年代に入ってから『少年マガジン』などに連載した作品を収録。

●テレビアニメ『ゲゲゲの鬼太郎』（68〜69年フジ）のソノシート。主題歌の他、メキシコオリンピックマーチなど全4曲を収録。

妖怪と戦記、水木しげるのあやかしワールド

●『別冊少年マガジン』68年11月号には、鬼太郎シリーズの読み切り『牛鬼対吸血鬼』を収録。

●駄菓子屋売りの鬼太郎メンコ各種。最初にテレビアニメ化された68年ごろのもの。

●シスコの鬼太郎ガム、チョコの懸賞広告。鬼太郎おしゃべり人形は、何と髪の毛に隠れた方の目玉が取り出せて目玉親父になっている。う〜ん、熱出そう。68年。

異界から現世を見るマンガ家

1995年、ぼくが『コンバットコミック』という雑誌で編集の仕事をしているとき、水木しげるの貸本時代の戦記マンガを再録させてもらおうと、東京都調布市の水木氏の事務所を訪ねたことがある。

だが、都合数回の訪問のうち、水木氏本人とお会いできたのはわずか一度だけだった(もちろん、毎回電話でアポを取っていたにもかかわらずである)。

応対に出てくれた水木氏のお嬢さん(事務所のスタッフをされている)によると、水木氏は散歩が好きで、フラッと出かけてしまうといつ帰ってくるか分からないのだとか。そう言えば、紙芝居作家で大衆芸能の評論家であった加太こうじも、水木しげるには放浪癖があると書いていた。

1922(大正11)年生まれの水木は、高等小学校卒業後、大阪の印刷会社に就職したが2ヶ月でクビになり、その後は絵の勉強をしながら半ば放浪するような生活をしていたという。

42年、21歳のときに軍隊に召集され、激戦地であるパプア＝ニューギニアのラバウルに配属された。

そこで彼は熱帯の熱病であるマラリアに感染し、さらに爆撃によって左腕を失った。

水木マンガにおける、人間社会を突き放し、それを外側から眺めているような視点は、この放浪癖と戦争体験によるところが大きいのではないだろうか。

ぼくがそんな水木マンガと最初に出会ったのは、60年代後半のことだった。

『週刊少年サンデー』には『河童の三平』(68年)が、『週刊少年マガジン』には『ゲゲゲの鬼太郎』(65〜69年／67年10月までは『墓場の鬼太郎』)が連載されていたころである。またテレビでは『悪魔くん』(66〜67年NET)や、『河童の三平　妖怪大作戦』(68〜69年NET)などの特撮ドラマが放送されており、その後『ゲゲゲの鬼太郎』の最初のアニメ化であるモノクロ版(68〜69年フジ)の放送も始まった。

まさに水木しげるのマンガを中心とした妖怪ブームたけなわのころである。

それからしばらくして、ぼくは近所の古本屋で、水木しげるの古い貸本マンガを手に入れた。

タイトルは『鬼太郎夜話』。奥付には発行年月日の記載もなく(当時の貸本では珍しくない)、いつの時代の本かも分からない。* だがそのページを開くなり、ぼくは激しい衝撃を受けた。

コマ全体を覆う暗さと異様なまでの妖気。そして何より、そこに登場する鬼太郎は、マンガやテレビでよく知っていたはずの鬼太郎とは似ても似つかぬ不気味な異形の少年だったのだ!

まだ見ぬ水木マンガの世界があることを知ったぼくは、古本屋を回り夢中で古い水木マンガを捜した。

いくつかの作品は運良く原本を入手することができ、また70年代後半にマンガの復刻ブームが起こると、貸本時代の水木マンガも復刻されるようになり、ようやくその全体像をつかむことができたのだった。

残酷でグロテスク。水木マンガお得意の下ネタも、週刊誌向けにマイルドになる以前の、下品で尾籠《びろう》な表現が〝素〟のままで無造作に投げ出されている。

そして何より、全ての水木作品の奥底にある、人間に対する愛情と優しさは、ヒーロー活劇でないだけに、よりストレートに伝わる形で描かれていた。

たまたま生まれた時代が遅かったために、発表年代とは逆の順番で読んでしまった初期の水木マンガは、ぼくにとっては、友だちが知らない、ぼくだけの異世界への秘密の扉だったのである。

ここで再び冒頭の話に戻る。

水木氏のお嬢様から、水木氏の大切な生原稿をお借りして調布駅へ向かう途中で、ぼくは本屋から出てくる水木氏本人の姿を目撃した。

すぐに声をかけようとしたが、次の瞬間、ぼくはそれをためらった。

水木氏が、目の前の街路樹を見上げて小さく微笑みながら、その木に向かって話しかけるように口を動かしていたからだ。それはまるで水木マンガの中のひとコマのような不思議な光景だった。

ぼくには何も見えなかったが、水木氏の視線の先には、ひょっとしたら、木の精か妖怪か、いずれにしろ何か異界の物がいたのではないだろうか。

ぼくは水木氏の放浪のじゃまをしないよう、黙って頭を下げ、そっと駅へと向かったのだった。

＊60年、三洋社より全4巻が刊行された。

日本初の超人ヒーローって、誰だと思う？

●『まぼろし探偵』のマンガは、ヒーローものを得意とした桑田次郎が、雑誌『少年画報』に連載していた。59年8月号付録。

●銃身と撃鉄が3つ並んだラビットピストルはド迫力のブリキ鉄砲だ。箱絵には『まぼろし探偵』（59〜60年KRテレビ）の絵が。

●国産初のテレビヒーロー『月光仮面』（58〜59年KRテレビ）のバッジ。主演の祝十郎探偵を演じるのは大瀬康一。

●ちょっと見にくいけど、握りの部分に月光仮面のレリーフが描かれた月光仮面鉄砲。テレビの月光仮面の配役は“？”となっていた。

●『七色仮面』（59年NET）の絵本。戦時中に隠された海賊の宝を狙うコブラ仮面に、正義の使者七色仮面が立ち上がる！

●主役が波島進から千葉真一に交代した新シリーズ『新・七色仮面』（60年NET）も大人気に！『ぼくら』60年9月号付録。

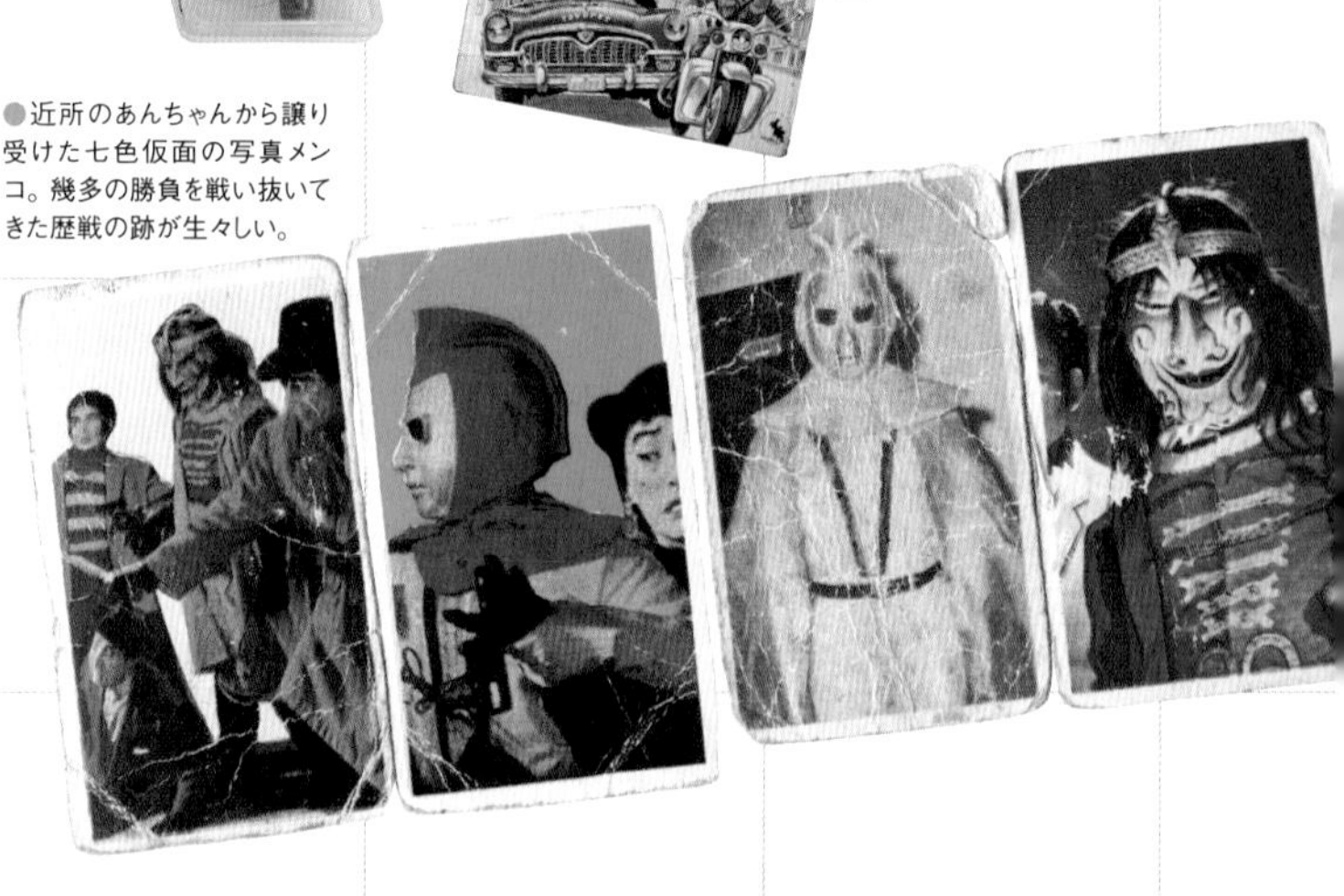

●近所のあんちゃんから譲り受けた七色仮面の写真メンコ。幾多の勝負を戦い抜いてきた歴戦の跡が生々しい。

●松下電器のお店で買い物をするともらえた『ナショナルキッド』（60～61年NET）のメダル。

●日本初の超人ヒーロー映画『スーパージャイアンツ』（57～59年新東宝）は宇津井健主演で全9作が作られた。『ぼくら』60年9月号付録。

●『黄金バット』のメンコ。紙芝居の人気ヒーローだった黄金バットを66年に千葉真一の主演で映画化。カルトな名作だ。

●絵柄の変わるマジックカード。『赤胴鈴之助』は福井英一が第1話のみを描いて急逝。新人の武内つなよしが2話以降を執筆し大ヒット作となった。

●50～60年代初期のヒーローメンコ各種。中央の『アラーの使者』（60年NET）の主演は、この時期大活躍の千葉真一！

●8823と書いてハヤブサと読む。『海底人8823』（60年フジ）は自分と同じ顔をした9体の分身ロボットを持っているぞ。『少年』60年6月号付録。

もう一度見てみたい『少年探偵団』

日本初の特撮ヒーローは、宇津井健が演じたスーパージャイアンツだ。

新東宝映画『スーパージャイアンツ』シリーズは、1957年公開の第1作『鋼鉄の巨人』から、59年の『続スーパージャイアンツ毒蛾王国』まで、全9作が作られた。

主人公はひとりなのに〝ジャイアンツ〟と複数形になっているのはなぜか、とか、宇津井健の体に密着したタイツの股間が気になるとか、大人の目で見ると突っ込みどころが満載なのはともかく（笑）……。

低予算ながらも、石井輝男監督（第1作から第6作まで）のシャレた演出と、宇津井健の大真面目でいさぎよい演技が気持ちよく、当時の少年たちに鮮烈な印象を残した作品だったことは間違いない。

その後、ヒーローたちは活躍の場をテレビに移し、『月光仮面』（58〜59年KRテレビ）、『少年ジェット』（59〜60年フジ）、『まぼろし探偵』（59〜60年KRテレビ）、『七色仮面』（59〜60年NET）といった傑作が次々と登場する。

57年生まれのぼくは、これらの作品を本放送で見ていたわけではないが、当時は今よりも再放送を頻繁にやっていたので、ほぼリアルタイムで見ていたといってもいいだろう。

いまDVDなどで当時の作品を見ると、心の片隅で記憶していたシーンが予想以上に多いことに驚く。

けれども、当時のテレビドラマの中で、もう二度と見ることのできない重要な作品がある。

それは、フジテレビで放送されたスタジオドラマ『少年探偵団』（60〜63年）だ。

このころのスタジオドラマは、屋外シーンをフィルムで撮影し、室内シーンは生放送、という形式がほとんどで、VTRを使用したとしてもテープが高価だったため、放送後は消去して再利用されていた。

当時の資料によれば『少年探偵団』は、61年7月まではVTRが使用され、同年8月から生放送になったという。

そのためこの番組も、残念ながら今はもう見ることのできない幻の作品となってしまったのだ。

配役は、少年探偵団団長の小林芳雄少年に清水良太。怪人二十面相に大平透。明智小五郎は、最初、富岡浩太郎が演じたが、富岡は病気のため61年7月末で降板、二代目を若柳敏三郎が演じた。

1つの話がおよそ1ヶ月で完結する形式で、全35話152回が放送された。

原作は、江戸川乱歩が戦前の36年から雑誌『少年倶楽部』で連載を開始した子ども向けの小説で、名探偵明智小五郎と、小林芳雄団長ひきいる少年探偵団の活躍を描いた探偵活劇である。

この戦前の連載は『怪人二十面相』(36年)、『少年探偵団』(37年)、『妖怪博士』(38年)の3作品を発表したところで戦争のために中断。

人気がブレイクしたのは、戦後になって掲載誌を『少年』に移し、『青銅の魔人』(49年)で連載を再開して以後のことだ。この戦後版「少年探偵団」シリーズの舞台となっているのは、まだ焼け跡や闇市の猥雑さが残る上野、浅草。そして戦火を免れて焼け残った麻布や麹町《こうじまち》の閑静な屋敷町など。

それはまさしく、幼いころのぼくが生まれ育った東京の風景だった。そして、64年の東京オリンピック開催に向けて、街が改造され消えてしまった、古き良き東京の風景でもある。

当時のぼくは、そうやって日に日に新しい都市に作り変えられていく町並みを見ても、何かが始まるという期待感の方が大きかったが、今になってみると、それ以前の東京がたまらなくいとおしい。

テレビの『少年探偵団』には、原作と同様この当時の東京の〝空気〟が実によく描かれていたと思う。洋館、防空壕、廃墟などを舞台に、煙とともに現れては消える二十面相の姿を、就学前のぼくは、そのあやかしの空気に背筋をゾクゾクさせながら、毎週食い入るように見つめていた。

光文社版の単行本で原作小説を読んだのは小学校高学年になってからだが、そのときも、テレビドラマで記憶していたイメージとくらべて全く違和感がなかったことを憶えている。

そんなぼくの記憶が正しかったのかどうか。それを確かめるためにも、できることなら当時に戻って、もう一度テレビの『少年探偵団』を見てみたい。

●『大怪獣空中戦ガメラ対ギャオス』(67年大映)のソノシート。ギャオスの吐く何でも斬る超音波メス光線は痛そうだった。

●ギャオスのミニ人形。お菓子のおまけだったと思うんだけど……詳細不明。ゴメン。

●角度を変えると絵が動く『ガメラ対ギャオス』のワンダービューカードは、森永トコちゃんキャラメル1箱に1枚入っていたおまけ。

●森永トコちゃんキャラメルのおまけ、オリジナル怪獣のカード。左からラジゴン、エレキドン、リモゴン、モグラス。

怪獣にはやっぱり映画館の暗闇がよく似合う

●無版権のトーカイぬりえ。中央のゴジラはまあまあだけど、その他大勢はひどすぎ!

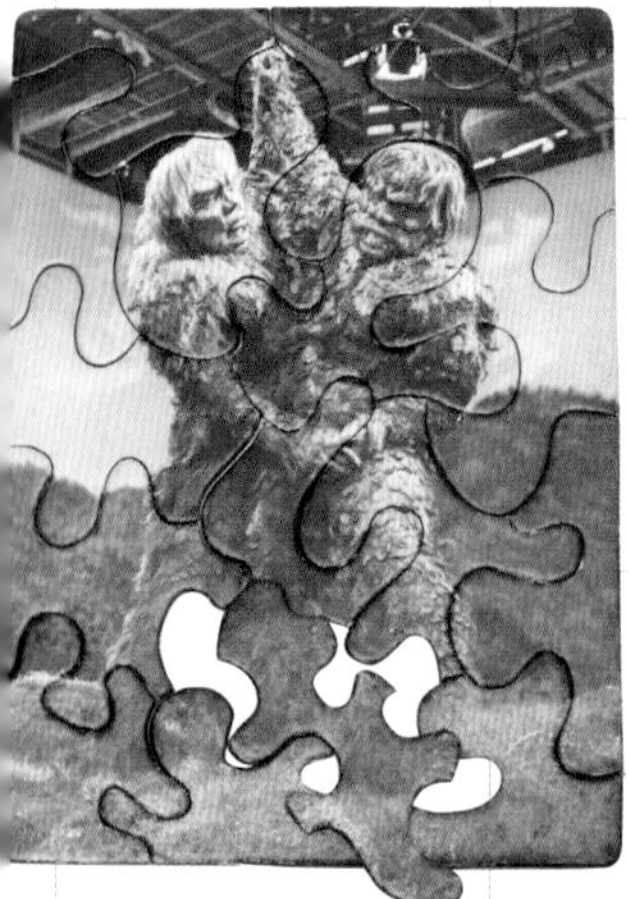

●当時、映画館で販売された『フランケンシュタインの怪獣サンダ対ガイラ』(66年東宝)のパズル。スタジオの天井が写っている(笑)。

●こちらもインチキな怪獣が山盛りのトーカイぬりえ。いろんな怪獣をミックスしたり、シャケの頭みたいな怪獣もいるぞ(笑)。

●こちらも脱力風味満点のぬりえと折り紙のセット。販売時期は不明だけど、これで20円は高すぎやしないか?

●映画館で配布されたカード、シール、グライダーなどのセット。マンガは『冒険王』別冊付録の表紙だけを変えたもの。作画はすずき勝利。

●駄菓子屋の引きくじカード。タイトルは『南海の大決闘』となっているが、写真は『モスラ対ゴジラ』(64年東宝)だ。

●『ガメラ対深海怪獣ジグラ』(71年大映)のカルタ。この年の夏休み映画で、テーマは公害問題だった。

●『宇宙大怪獣ギララ』(67年松竹)のフォノシート。哀愁を帯びたバラード調の主題歌が人情喜劇の松竹風だ。

●駄菓子屋で買ったギララの引きくじカード。右の写真の宇宙船アストロボートがメチャかっこよかった。

『キングコング対ゴジラ』の話をしよう

同じ世代の仲間同士で昔の怪獣の話をしていて、時々思うことがある。

それは、初めて怪獣と出会ったのが映画だったかテレビだったかで、同世代でも怪獣に対するとらえ方が大きく違っているということだ。

テレビで最初に怪獣を見たという子どもは、怪獣の大きさや怖さに対する現実感があまりなく、武器や必殺技など怪獣のスペックにこだわる場合が多い。つまり怪獣を一キャラクターとして見ているのだ。

一方、大スクリーンの映画館で怪獣を初体験した子どもは、怪獣の巨大さや破壊力、そして恐怖の感覚を実に生々しい記憶として持ち続けている。

ぼくが生まれて初めて怪獣と遭遇したのも映画館だった。作品は『キングコング対ゴジラ』。

東宝が30周年記念作品として、アメリカからキングコングの映画化権を買い、東西二大怪獣の夢の対決を実現させた、ゴジラシリーズの第3作である。

観客動員数は全ゴジラシリーズの中でもダントツの1255万人を記録し、大ヒット作となった。

公開は1962年8月11日。併映は『私と私』というザ・ピーナッツ主演の歌謡映画だったらしいが、こちらはまったく記憶に残っていない。

ちなみに封切り翌日の12日には、堀江謙一が小型ヨット・マーメイド号で太平洋単独横断に成功し、アメリカのサンフランシスコ港に到着している。

当時5歳だったぼくがこの映画に自分から行きたいと言ったのか、それとも親が見たくて連れて行かれたのかは分からないが、とにかく衝撃的な怪獣初体験だったことは間違いない。

声だけでなかなか姿を現わさないキングコングが柵を破ってついに登場したときの恐怖は今でも覚えている。思わず座席から逃げ出したくなり、おしっこをちびりそうになった。正直言うと少しちびった。

作品全体としては、東宝怪獣映画の中でもコメディ要素が強く、特に怖い映画だったわけではないのだが、それでも子どもにとっては十分恐怖だった。

特にキングコングの、獣の体温すら感じられるような生物感あふれる描写は圧倒的な迫力だった。

佐原健二が、赤い酒で眠らせたキングコングの手の中から浜美枝を救出するシーンは、同様の場面がアメリカ版『キング・コング』(33年)の中にもあったけど、動物的な生々しさと、そこから来るハラハラドキドキ感は日本版の方が数段上だった。

こうした、当時の怪獣映画の恐怖表現の基礎になっているのは、言うまでもなく製作者たちの戦争体験だろう。空襲を経験した人々には、全てを焼きつくす破壊者が迫りくる焦燥感や恐怖感は、決して想像上の出来事ではなく、現実のこととしてほんの十数年前に体験したことだったのである。

北極海に出現したゴジラについて、記者たちが生物学者・重沢博士(平田明彦)に質問する。

「ゴジラは日本に来る危険があるでしょうか?」

それに対し博士は間髪を入れずにこう断言する。

「来るね、必ず日本にやってくる!」

ズガーン。ぼくはまたまたちびった。

博士はこの言葉の根拠を、ゴジラには帰巣本能があるからだと説明するが、どんな理由であれその理不尽さには変わりない。

破壊と闘争の神マルスが日本をめがけてまっしぐらにやってくる! この否応ない理不尽さもまた敗戦国ならではの恐怖心を如実に反映したものだろう。

悪魔的な怪獣に恐怖しつつも、その魅力に完全にまいってしまったぼくは、以後、次々と公開される怪獣映画を、親にせがんでは片っ端から見に行った。

怪獣映画は、子どもの観客を意識して恐怖感を急激に薄めていったが、それでも劇場のスクリーンで見る大きさと迫力は変わらなかった。

怪獣映画を見終えて映画館を出ると、外には早くも夕闇が迫っている。

怪獣映画を見た後は、ぼくはいつも軽い頭痛がした。それは、あまりにも息を詰めて必死で見るからだった。

小さな裸電球の街灯しかない路地は、早くも人の顔も見分けられないほどに暗くなっている。

そんなときだ。低い屋根の向うの夕焼けを見上げると、そこに今にも怪獣が首をもたげて現われるのではないかという、妙に生々しい感覚に襲われるのは。

そのとき、ぼくの心の中には、ほんの一瞬だけ、確かに怪獣は実在していた。

●広げると長さ160cmにもなるウルトラ怪獣の大パノラマ絵巻。怪獣カードとフォノシート付き。少年雑誌の付録っぽい感覚がイイ!

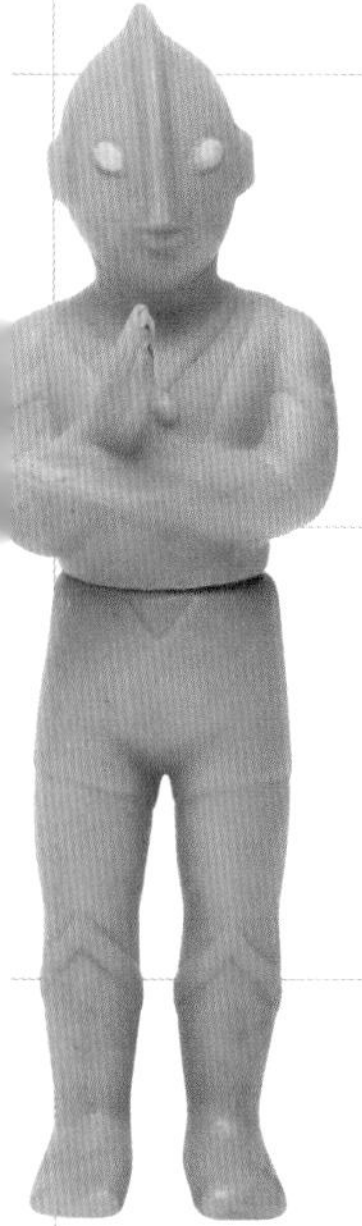

●スペシウム光線発射ポーズで決めたソフビ製のミニウルトラマン人形。もしかして無版権もの? ドキッ!!

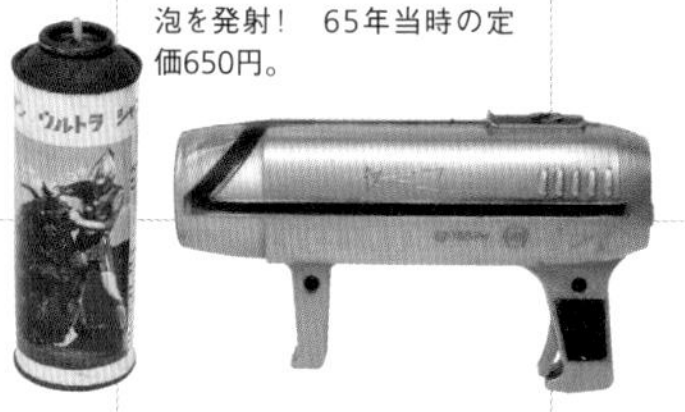

●マルサンのスパイダーガン。左のシャンプー缶を銃にセットして引き金を引くと、銃口から泡を発射! 65年当時の定価650円。

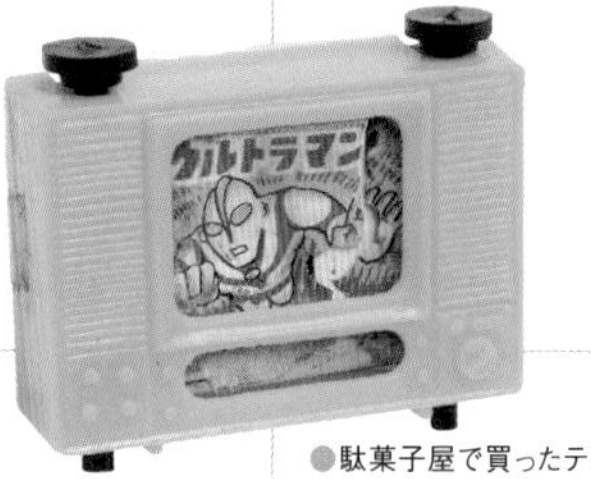

●駄菓子屋で買ったテレビ風のウルトラマン紙芝居。ダイヤルを回すと絵が変わる。

●駄菓子屋売りのメンコ。無版権ものになるととたんに絵がショボくなる。バルタン星人(左)とレッドキングはどちらも人気怪獣だ。

●何度でも書けるマホーノート(万年ノート)。怪獣はそれぞれ6話と7話に登場したゲスラ(右)とアントラーだ。

●シスコのウルトラマンチョコで当たる科学特捜隊の流星バッジ……のニセモノ。本物は銀色に光ってるぞ。

●マルサンのウルトラ怪獣ミニプラモ。中央先頭のウルトラマンの他、左からパゴス、カネゴン、ゴロー、ガラモン、ペギラ、ゴメス。

シュワッチ。ウルトラマンは毎週怪獣を倒してくれた

●『帰ってきたウルトラマン』の頃に発売された、ウルトラシリーズの引きクジカード。

●シスコのウルトラマンガムを買って当たるとその場でもらえたウルトラ怪獣……のハズなんだけど正規品にしては造形がショボ過ぎ。

●ゴモラの夜光紙人形。古代怪獣ゴモラはウルトラマンを2週にわたって苦しめた強敵だった（26、27話）。

●写真カード。銀色に赤い線のウルトラマンはカラーでこそ映えるんだけど……66年のカラーテレビ普及率はまだ0.3%。残念!

●朝日ソノラマのソノシート。ネロンガ、アントラー、ラゴンの3大怪獣が対決するオリジナルドラマ入りだ。

ウルトラマンはなぜヒーローたりえたか

1970年代の後半から80年代前半にかけて、日本は第二次といわれる特撮・アニメ・マンガのブームに沸いていた。

だが、当時、小さな出版社で特撮やアニメの本の編集をしていたぼくは、ある空しさを感じていた。

アメリカにはスーパーマンやミッキー・マウスなど、戦前から活躍するヒーローがたくさんいるのに、世界一のマンガ大国と胸を張る日本には、そんな永遠不滅のヒーローがまだひとりもいなかったからだ。

確かにウルトラマンや鉄腕アトムは、そのころも変わらぬ根強い人気があったし、新作も作られていた（『ウルトラマン80』〔80～81年ＴＢＳ〕、『鉄腕アトム（新）』〔80～81年日本テレビ〕）。

だが、こう言っちゃ何だけど、どちらも当時の最新ヒットアニメ・特撮番組の向うを張るような話題作とはならず、〝懐かしのヒーロー〟に近い存在でしかなかった。彼らが永遠のヒーローとなるには、もう少し時間が必要だったのだ。

そんな初代『ウルトラマン』（66～67年ＴＢＳ）の始まりは衝撃的なものだった。

『ウルトラＱ』のときには、放送開始前から、少年雑誌のグラビアなどで怪獣が大々的に紹介され、期待感が最高潮に達したところで放送が始まった。

ところがウルトラマンのときは、放送前にはまったく情報が出ていなかったのだ。

『ウルトラＱ』の後番組の題名が『ウルトラマン』だという記事はどこかで読んだけど、どんな設定の話なのか、ウルトラマンとはどんな格好をした何者なのか、それ以上はまるで分からなかったのだ。

当時、小学校の休み時間に、まだ見たこともないウルトラマンの姿を想像しながらウルトラマンごっこをやった記憶が、妙に鮮明に残っている。

そしてぼくらの前に姿を現わしたウルトラマンは、その想像をはるかに超えた未来的なヒーローだった。

第一印象はあまりにもツルンとしてシンプルなので脱力した覚えがあるが、それもすぐに見慣れた。

そしてデザインばかりでなく、その斬新なストーリー展開もまた、ぼくらの予想を毎週くつがえした。

忘れがたい話は多いが、中でも特に衝撃的だったのは、第37話「小さな英雄」である。

これは、科学特捜隊のイデ隊員（二瓶正也）が、「いつもウルトラマンが助けてくれるんだから、俺たち科学特捜隊なんて不要なんじゃないか」と言って悩むという話だった。これには毎週驚かされ続けてきたぼくもアゼンとした。子どもながらにも「それは言わない約束でしょ！」と思った。

だが、金城哲夫の書いた脚本は、そのタブーに真正面から斬りこんでいく。

深夜、イデ隊員はハヤタ（黒部進）にこう尋ねる。

「ハヤタ、きみは感じないか……我々科学特捜隊がどんなにがんばっても、結局敵を倒すのはいつもウルトラマンだ……ぼくがどんな新兵器を作ってもたいてい役に立たんじゃないか！」

「何を言うんだイデ……科特隊がウルトラマンを助けたことだってある……持ちつ持たれつだよ」

「そうかな、ぼくはウルトラマンさえいれば十分だと思うんだ」

怪獣ジェロニモンが、過去に倒された60匹（！）もの怪獣を復活させて科特隊に復讐をするというこの回は、全話中の最高視聴率42・8％を記録した。

ただし、実際に復活した怪獣はピグモン、ドラコ、テレスドンのわずか3匹だけだったのも、ぼくらの予想をくつがえす（残念な）展開ではあったが……。

そして、『ウルトラマン』は、人気絶頂の中、この後2話を放送しわずか39話で終了した。

視聴者はもちろん、テレビ局側も放送継続を強く望んだが、製作の円谷プロは、製作スケジュールが限界に来ており、継続すると作品の質が保てないという理由で固辞したのだという。

今だから言えるのは、そうしたスタッフたちの真摯《しんし》な姿勢と作品に対する愛情が、この作品を不朽の名作にしたということだ。

いまやウルトラマンは、アトム、ドラえもん、仮面ライダーなどと共に、日本が世界に誇れる永遠のヒーローとなった。もはや彼らが過去のヒーローとなることはないだろう。

21世紀、ぼくらは、ついにぼくらの永遠のヒーローを手に入れたのだ。

●『週刊少年マガジン』65年12月26日号。『ウルトラQ』の主要な登場怪獣を、放送前に巻頭図解で惜しげもなく紹介。ぼくらの期待感は激しく高まった!!

●心の中で考えた怪獣を当てる!? ウルトラQマジックカード。丸囲みにMANのロゴはプラモメーカー“マルサン”のロゴにそっくり(笑)。

●勁文社のフォノシート。『ウルトラQ』第5話「ペギラが来た」を収録。この話で南極基地を襲ったペギラはその後東京にも来襲!!

●『ウルトラQ』(66年TBS)のソノシート。収録ドラマ「ナメゴン対ゴメス」はテレビにはないオリジナルストーリーだ。

●駄菓子屋売りのメンコ。いい加減な絵で怪獣名もテキトー。とてもウルトラQとは言えないぜ!

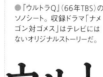

ウルトラQとウルトラセブンも忘れられない

●『ウルトラセブン』(67〜68年TBS)の引きくじカード。セブンに登場する宇宙人は個性的デザインのものが多い。

●ウルトラアイの駄菓子屋版。モロボシ・ダン(森次晃嗣)がこれを目に当て「デュワ!」と叫ぶとセブンに変身!

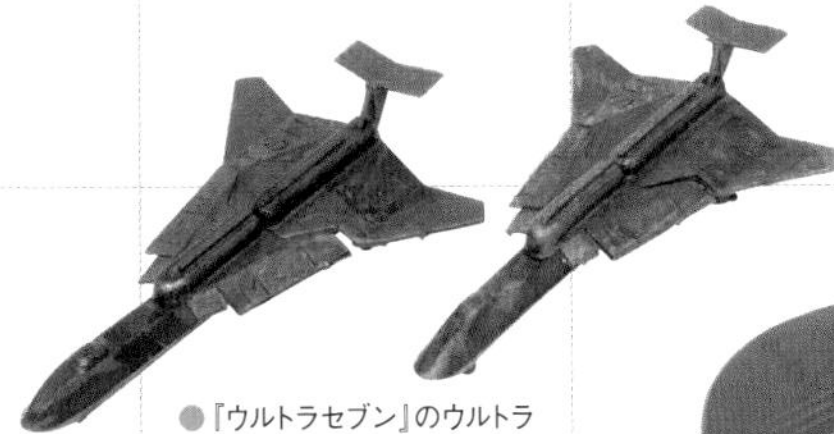

●『ウルトラセブン』のウルトラ警備隊が使用するウルトラホーク1号の駄菓子屋プラモ。テレビと同じくα、β、γの3機に分離するぞ。

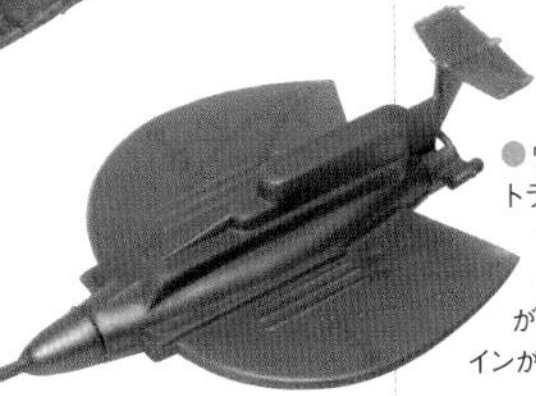

●ウルトラ警備隊のウルトラホーク3号駄菓子屋プラモ版。パッと見はそれっぽく出来てるが、本物とはかなりデザインが違っている。

●マルサンのプラモデル・リモコンパゴス。パゴスは『ウルトラQ』第18話「虹の卵」に登場したウランを好む地底怪獣だ。

●『ウルトラQ』のカネゴン(左から2体目)など人気怪獣が射的のマトに!! ロケットを飛ばすスペースガンは、『ウルトラマン』のイデ隊員が開発した光線銃マルス133に似ている?

●ウルトラセブンのソノシート。ピット星人とエレキングが登場するオリジナルストーリー。作画は堀江卓だ。

渦巻きから始まった怪獣ブーム

1966年1月2日。のんびりしたお正月の午後6時半過ぎ。ぼくはテレビの前でさっきからずっと、そわそわと落ち着かなかった。

その理由は、もうすぐ待ちに待ったテレビ番組が始まるからだった。

その番組とは、『ウルトラQ』(TBS)だ。何しろ、これまで映画館でしか見ることのできなかった怪獣に毎週会えるのだ。そして7時。渦巻きが回転して〝ウルトラQ〟という文字になる、あのオープニングとともに番組は始まった。

第1話「ゴメスを倒せ!」にはゴメスとリトラという2匹の怪獣が登場。怪獣をたっぷり堪能し、見終わった後は、ぐったりするほどの充実感があった。

これから毎週これが続くのだ。うれしいけど果たして体力がもつだろうか。ぼくは少々心配になった。

それがやがて、怪獣ブームがさらに拡大し、あちこちのチャンネルで連日怪獣が大暴れすることになろうとは……。

けれども、ぼくの体力がそれ以上消耗することはなかった。

テレビの怪獣は、映画怪獣のように圧倒的な存在感で都市を破壊するというよりは、着ぐるみであることを製作者側も視聴者側も了解した上で見るという、ある意味、テレビ時代劇と同じような、お約束の世界に向かっていったからだ。

その方向性の極北ともいうべき作品が、宅地造成地や海岸で着ぐるみ同士がただひたすら戦うという、怪獣プロレス番組『ウルトラファイト』(70〜72年TBS)だろう。

しかし、某有名テーマパークでは今でも、子どもの夢を壊さないためにという名目で、パーク内でゲストをもてなす着ぐるみについて、「あれは着ぐるみではない。中の人などいない」と主張している。

これは、よくサンタクロースを何歳まで信じていたかを、純粋だった子ども時代のバロメーターと見る人と同じで、実はあまり意味がないことだと思う。

自分の記憶を振り返ってみても、子どもはかなり早い時期から、サンタも怪獣もにせもの(?)だと見破っているからだ。

ただし、「あれは着ぐるみ」だけど、「本物も絶対どこかにいる」とはずっと信じていたけれど……。

ともかく、それが着ぐるみだと分かれば、次は当然、自分もその中に入りたいと考える。

自分が怪獣の中に入る。怪獣ファンにとっては、想像するだに至福の瞬間である。

それは誰もが同じだったようで、『ウルトラQ』の後番組『ウルトラマン』放送中の67年、『週刊少年マガジン』3月12日号に、「ウルトラ工作室 きみも怪獣を作ろう!」と題された、身近な材料を使った怪獣の着ぐるみの作り方が掲載されたのだ。

この記事の話をすると「俺も作った!」という同世代人は多い。ぼくもすぐに雑貨屋で大小2個のザルを買ってもらい、カネゴンの製作に挑戦したのだが、大ザルの上に小ザルを重ねて紙を貼り、頭部の下地を作ったあたりで挫折した。

だが、それから15年後の82年、怪獣の中に入りたいというぼくの願いは、思わぬ形で叶うことになる。


大学を出て子ども向けの本を出す勁文社という出版社に就職し、単行本の取材で円谷プロの怪獣倉庫を訪ねることになったのだ。

怪獣倉庫とは、『ウルトラマン』をはじめとする円谷プロ作品に登場した怪獣が収蔵されている、まさに怪獣マニアの聖地だ。ただしもちろん一般には公開されていない。

ぼくがそこを突撃取材し、怪獣の着ぐるみを着てレポートするという企画である。

倉庫の責任者に「何を着ますか?」と聞かれ、ぼくは迷わずバルタン星人を指名した。

怪獣の着ぐるみには大きく分けて2種類ある。テレビで撮影に使われた本番用と、ステージショーなどで使われるショー用だ。差し出されたバルタン星人を見ると、首の後ろに目を光らせるためのスイッチが内蔵された本番用の本物だった!

その巨大な頭部は重く、ウエットスーツを改造したボディは窮屈で、予想以上に身動きが取れなくて驚いたけど、憧れの〝中の人〟になれたぼくは、カメラマンに向かって思い切りフォフォフォと叫んだのは言うまでもない。

仮面ライダーが〝ヒーロー〟の定義を変えた！

●ラッキーカードが出るともらえたカードアルバム……の裏表紙。表は弟の落書きがヒドくて見せられません。スマン(涙)。

●駄菓子屋売りの山勝ライダーカードアルバム。1枚10円のカードを買ってラッキーカードが出るとこのアルバムがもらえた。

●駄菓子屋おもちゃのライダー手帳。中に銀玉を入れて赤いツマミを引っ張ると銀玉発射!! しかしどこがライダー??

●駄菓子屋で売っていた仮面ライダーのパチモノぬりえ。よく見ると胸に変な星のマークが！ それより見ろ、触角が……!!

●72年発売のミニミニサイクロン号は、ポピーのポピニカシリーズ第1弾。これが後の超合金シリーズ(74年～)へとつながる。

●『サンダーマスク』(72〜73年NTV)のメモ帳。手塚治虫がテレビとは別の設定で『週刊少年サンデー』にマンガを連載。

●『好き!好き!!魔女先生』(71〜72年ABC)の引きくじカード。東映がヒーロー路線とともに力を入れていた、特撮ファンタジー路線の中の1作だ。主役のかぐや姫先生を演じた菊容子は、その後24歳の若さで早世した。

●スペクトルマンは『宇宙猿人ゴリ』→『宇宙猿人ゴリ対スペクトルマン』→『スペクトルマン』と3度タイトルが変わったぞ。

●カルビーの仮面ライダーカードは10歳下の弟が必死で集めていたから、ぼくは必死でスナックを食べ協力してやった。

●何度でも書いて消せる『スペクトルマン』(71〜72年フジ)の万年ノート。スペクトルマンの敵は公害怪獣だっ!!

●『ミラーマン』(71〜72年フジ)の万年ノート。裏番組は1週間早く始まったTBSの『シルバー仮面』。どっちを見ればいいんだ!?

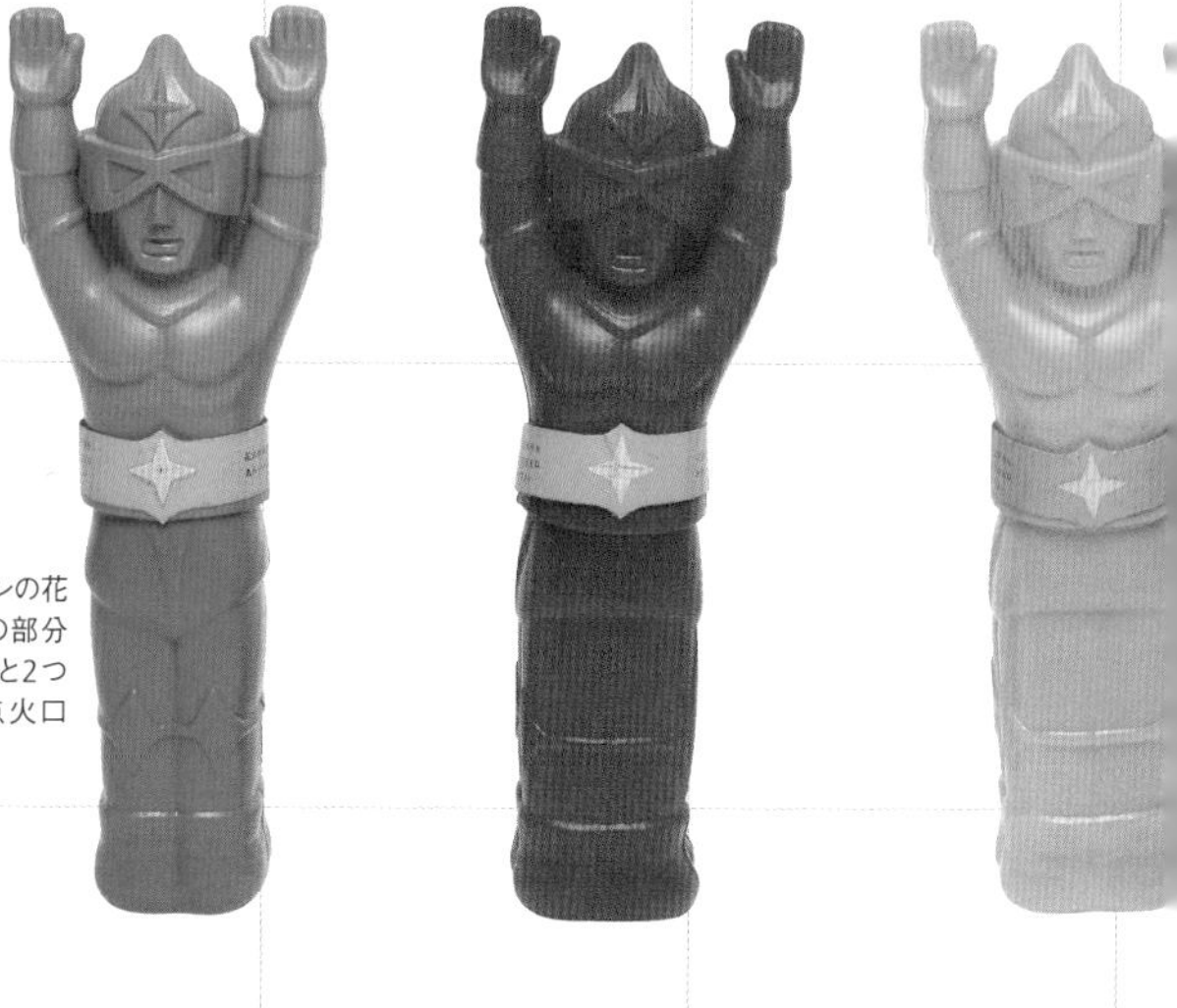

●ミラーマンの花火。胴体の部分をポッキンと2つに折ると点火口が出てくる。

ウルトラマンとは全く異質の世界

特撮テレビ映画『仮面ライダー』第1作は、71年4月3日からNETで放送がスタートした。製作は毎日放送と東映。

しかし、その始まりはひっそりとしたものだった。すでに中学生となっていたぼくも、第1話の放送のときは、テレビの前に座った弟の頭越しに、マンガなどをパラパラとめくりながら、見るともなく見ていただけだった。

当時のぼくらにとっては、その前日の4月2日から始まった『帰ってきたウルトラマン』(TBS)の方が衝撃的なニュースであり、『仮面ライダー』に対する期待は、正直言ってそれほど大きなものではなかったのだ。ところが番組が始まってしばらくすると、ぼくは画面からまったく目が離せなくなっていた。

悪の秘密結社ショッカーによって拉致《らち》され、改造人間にされかける主人公・本郷猛(藤岡弘)。

彼は脳を改造される直前に、ショッカーを裏切った博士の手助けによって辛くもそこを脱出するが、肉体はすでに改造された後だった。

いきなりこんな重い場面から始まるという、あまりにも暗いストーリーに驚きながらも、ぼくはその暗さの中に、今までに感じたことのない新たな魅力が秘められていることを漠然と感じていた。

東宝の怪獣映画に始まり『ウルトラQ』、『ウルトラマン』、『ウルトラセブン』と、ぼくがこれまでどっぷりと浸かってきた円谷特撮の描く明るい未来世界とは全く異質の世界がそこにはあった。

唯一これと似た作品で思い出すのは、同じ東映の製作による特撮テレビ映画『河童の三平 妖怪大作戦』(68～69年NET)くらいだろう。

『河童の三平～』は、主人公の少年・河原三平(金子吉延)が、大妖怪〝物の怪〟の呪いによって記憶を消された母を捜して旅をする物語だ。

後の資料によれば『仮面ライダー』は、企画当初から『ウルトラマン』のようなSFヒーロー路線ではなく、あえてこの『河童の三平～』のような〝奇譚《きたん》〟を目指していたのだという。

また、実際の製作スタンスも、円谷プロのそれとは大きく異なっていた。

円谷プロ作品は、撮影前に綿密な絵コンテを作成し、特撮シーンと実写シーンの調和を図りながら予算と時間をかけてじっくりと作り込んでいく。

一方『仮面ライダー』は、特撮番組とは言いつつも特撮シーンは最小限にとどめられ、体を張ったアクションとテンポの良い展開を身上とした。

それによって、低予算ながらもスピード感とライブ感を絶妙のバランスで調和させた独自の作品世界を形成していったのである。

それは奇しくも、ちょうど同じころにアメリカの映画界で起きていたアメリカン・ニューシネマのムーブメントにも似ていた。

ハリウッドの大作主義に反旗をひるがえした若き映画作家たちが、形式にとらわれない自由な映画を作り始めたのが、『俺たちに明日はない』(67年)に始まる一連のアメリカン・ニューシネマ群である。

そんなニューシネマ的なエピソードの一例を挙げると、2号ライダー・一文字隼人(佐々木剛)の変身場面で佐々木が動作の順番を間違えたのが、かえって面白いと言ってそのまま採用されていることなど。

また、そもそもこの2号ライダーの登場からして当初から予定されていたものではなく、藤岡弘が撮影中に全治3ヶ月の大ケガをしてしまったことから、急きょ新たな設定が加えられたものだった。

待ったなしで毎週作品が消化されていくテレビメディアの中で、こうして自由自在に形を変えていくフットワークの軽さは、いつしか作品そのもののトーンを決める重要な要素となっていった。

そして、72年1月1日放送の第40話では、ケガから復帰した藤岡弘が、佐々木剛と共に初のダブルライダーとして揃って登場、それが評判を呼び、次の41話は、ついに視聴率30%の大台を超えたのだった。

こうした試行錯誤の中で少しずつ新たなスタンダードを確立していった『仮面ライダー』は、その後のヒーロー番組に大きな道筋をつけた。

それは、大げさな言い方をすれば、テレビヒーロー作品が、過去の映画制作の手法や枠組みの呪縛から解き放たれて、テレビならではの新たな表現を獲得し、自由に走り出した瞬間だったのである。

胸ときめいた70年代のアイドルたち

●大場久美子と榊原郁恵、当時のトップアイドルふたりが共演したバラエティドラマ番組『少女探偵スーパーW』（79年TBS）の、おしゃれバッグ。

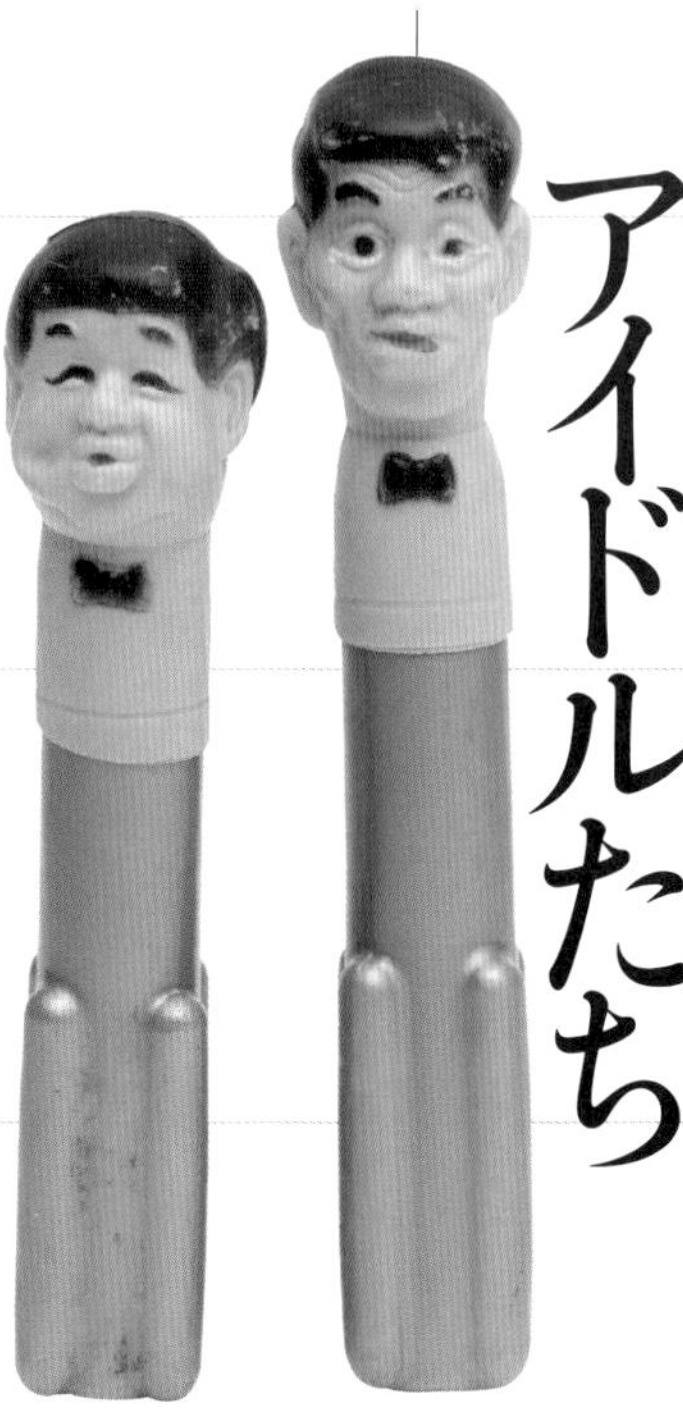

●トンボの高級鉛筆MONOを買うともらえた、ドリフターズのクビチョンパ人形。高木ブー（左）と、いかりや長介。ロケットを握るとクビがポンと飛ぶ。

●大場久美子のコメットさん人形。彼女がテレビドラマ『大場久美子のコメットさん』（78〜79年）に主演したころは、こうしたコメットさんグッズが店頭にあふれ返った。

●大場久美子のバッジとメモ帳。ハウスプリンのCMで、彼女が胸を強調しながら「私のプリンは〜デカプリン！」と歌うのにはドキドキした。

●担当編集氏が大切にコレクションしていたアイドルのプロマイド。上段左から中森明菜、松田聖子、早見優、河合奈保子、松田聖子。下段左から浅田美代子、山口百恵、小林麻美、松本伊代、三原順子。

●駄菓子屋の引きくじだったアイドルのブロマイド。郷ひろみ、ピンクレディー、西城秀樹、キャンディーズなど、当時のトップアイドルがテンコ盛りだ。

●中学生のころの学習雑誌の付録だったブロマイド。上段左から南沙織、小柳ルミ子、西城秀樹、森昌子、天地真理。下段左から桜田淳子、野口五郎、浅丘めぐみ、郷ひろみ、アグネス・チャン。

●こちらはぼくらのお兄さんの時代の駄菓子屋売りポケットプロマイド。吉永小百合、松原智恵子、ザ・ピーナッツ、こまどり姉妹などの顔が見える。

●駄菓子屋の引きくじだった加山雄三の写真カード。全17作が作られた映画「若大将」シリーズは、ぼくの憧れの大学生像だった。

●アグネス・チャンのトランプ。頭のてっぺんから出てるような声で歌う彼女のデビュー曲『ひなげしの花』(72年)は、文字通りぼくらの頭にガツンと響いた。

●NHKテレビ少年ドラマシリーズの第1作『タイムトラベラー』(72年)の原作本。ぽっちゃり顔の美少女だった主演の島田淳子を見るたびに胸がキュンと痛くなった。彼女は後に浅野真弓と改名。

●天地真理のセカンドシングルレコード『ちいさな恋』。71年に『みずいろの恋』でデビューした真理ちゃんは、ぼくの憧れの天使だった。

●岡崎友紀主演のテレビドラマ『なんたって18歳！』(71～72年TBS)の主題歌レコード。家出した社長令嬢が、父のバス会社でバスガイドを勤めながら毎回大騒動を巻き起こす！ 大ヒットした『おくさまは18歳』(70～71年TBS)の後番組。

妖精のオーラを放っていた天地真理

天地真理がデビューしたのは、1971年7月に放送が始まったテレビドラマ『時間ですよ』(〜72年TBS)だった。

これは今風に言うと『時間ですよ』の第2シーズンということになる。

彼女の役柄は、舞台となる銭湯〝松の湯〟の、隣の2階に下宿するマドンナ、その名も真理ちゃんだった。真理ちゃんは、堺正章演じるボイラー係の健ちゃんが、ボイラー室から見上げる2階の窓辺に腰かけて、本を読んだり、歌をうたったり、いつも何かを夢見ていたりする。

健ちゃんが、仕事で旦那さん(船越英二)やおかみさん(森光子)に叱られて落ち込んだときも、彼女の歌声を聴いたり、他愛ない言葉を交わすだけで、たちまち明日への希望が湧いてくる。

文章で書くと、まるで吉永小百合と浜田光夫かという感じで、60年代の日活の純愛青春映画を想像させてしまうけど、これが久世光彦の演出にかかると、実にモダンでちょっぴりセンチメンタルな人情コメディになってしまうから面白い。

もちろんそこには、真理ちゃんの妖精のような魅力も大きく寄与していた。

真理ちゃんは同じ年にデビューした、純和風美人の小柳ルミ子と、返還前の沖縄からやってきた元祖沖縄系元気アイドル・南沙織とともに〝三人娘〟と呼ばれた。

だけど真理ちゃん派のぼくからすれば、三人の中でも真理ちゃんだけが、あのころ確かにこの世のものとも思えない妖精のオーラを放っていたのである。

デビュー曲『水色の恋』の歌詞からつけられた、〝白雪姫〟というキャッチフレーズも、今だったら思わず噴き出してしまいそうだけど、当時の清純で無垢な彼女にはまさにぴったりの形容だった。

ぼくは、当時買ったばかりのカセットレコーダーで、彼女の出演するテレビやラジオ番組で、彼女の声を録音しては繰り返し聞いた。

うっかりすると、ブリヂストンの子ども向け自転車『ドレミ真理ちゃん号』まで買いそうな勢いだった。

その後、天地真理に続けとばかりに、テレビからは続々と人気アイドルが誕生し、70年代はテレビアイドルの時代といわれることになる。

アグネス・チャン(72年)、麻丘めぐみ(72年)。花の中三トリオと呼ばれた森昌子(72年)、山口百恵(73年)、桜田淳子(73年)。そしてキャンディーズ(73年)。

また、『時間ですよ』の第3シーズン(73年)には、真理ちゃんの後を継ぐ〝隣の美代ちゃん〟役として、新人の浅田美代子が抜擢され、真理ちゃんを越える人気を獲得した。

彼女がたどたどしい口調で歌う『赤い風船』は、その唇を見ているだけで吸い込まれそうなほどにかわいくて、思春期にさしかかったばかりの中学生のぼくの、プラトニックな恋心を激しく刺激した。

いまでも憧れのマドンナといってぼくが思い浮かべるイメージが、見上げた2階の窓辺で歌を口ずさむ美少女の横顔だというのは、まさにあのころ『時間ですよ』によって植えつけられたこの原風景のせいなのである。

だがその後、天地真理は芸能マスコミの餌食となり、下世話なゴシップネタをばらまかれ、体調を崩して一時引退。その後再デビュー。結婚、出産、離婚など、波乱の人生を送ることになる。

また浅田美代子も、21歳でフォークシンガーの吉田拓郎と結婚して引退したが、6年後に離婚するなどいろいろあった後、現在はバラエティでボケキャラとして活躍しているのは周知の通りだ。

と、まあ、そんなこんなで彼女たちがアイドルでなくなってしまったのと前後して、ぼくはテレビに興味を失い、映画館に入りびたるようになる。

そして10年後、ぼくはかつて天地真理という歌手に憧れたなどということすら忘れかけていたときに、池袋の名画座で不意に彼女と再会したのだった。

それは、アイドル時代に彼女が主演した唯一の映画『虹をわたって』(72年松竹/監督:前田陽一)だった。

客席から見上げるスクリーンの中で、彼女はあのころと変わらぬ輝きを放ち、元気に微笑んでいた。

ストーリーはほとんど覚えていない。ただぼくは彼女のまぶしすぎる横顔だけを、いつまでもいつまでも見つめていた。

●白い紙をサラサラと軽く鉛筆でなでると人気マンガの絵が現れるマジックカード。

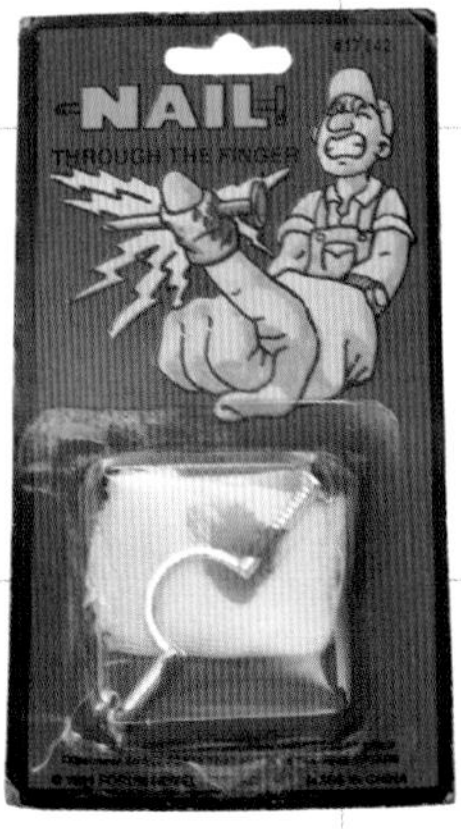

●親に嫌われるいたずらの最たるもの。血の付いたガーゼがリアルすぎてひいちゃいます。

●チョコの容器のビックリ箱。因みに高級チョコ森永ハイクラウンの発売は64年だ。

●周りの紙を折りたたみ、再び開くと中央の絵が変わっているというマジックテレビ。

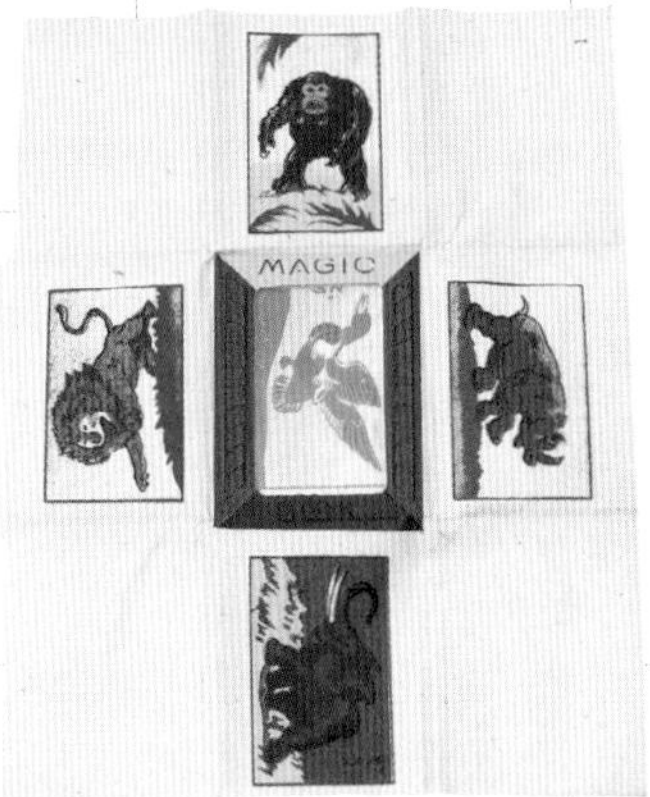

●おもちゃのお札をはさんでフタを閉じ、再び開くとお札が移動しているという手品。

●駄菓子屋で買ったマジックのタネ本。けっこうお買い得感はあるかもね。

●サンスター文具の魔術セット。指ギロチンとか美女(紙人形)の胴切りとか、チープだけど雰囲気はがんばっている。

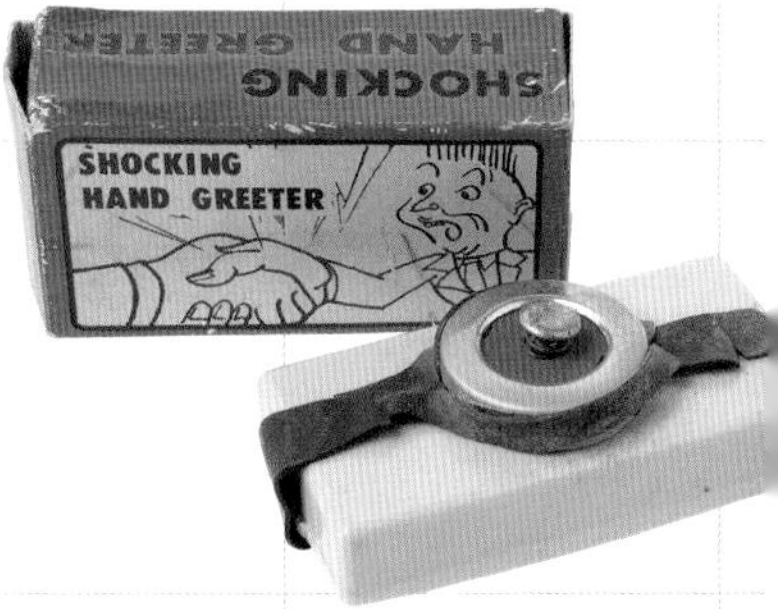

●単5電池を2本入れて手に隠し、握手をすると激しく感電! 65年ごろのヤバ過ぎるアメリカ製おもちゃだ。

手品ができるとクラスの人気者になれる。と思ってなかった?

●指輪に仕込まれた水鉄砲。「ウルトラマンの指輪、いいでしょ」とか言いながらピュッ! 友だちなくすぞ。

●紙火薬を入れてレバーを引くと数秒後に破裂する時限爆弾。パッケージの絵柄はドラネコ大将か?

●パタパタと閉じたり開いたりするたびに絵が変わるマジック。昭和30年代中頃のものだ。

いたずら、といえば落とし穴だった

友だちに「ガムあげる」と言われ、何気なくケースから1枚抜き取ると、バッチーン!! ネズミ捕りのようなバネが親指のツメをイヤというほど叩きつぶす。昔からあるいたずらおもちゃの定番だ。

単純なだけに、ひっかかった方はやたらに腹が立ち、ひっかけた方だけが大いに盛り上がる。つまり友だちをなくすおもちゃの定番でもある。

今も似たようなおもちゃは時々見かけるけど、当時のものはバネがハンパじゃなく強力で、爪の中に血マメができるほどヤバかった。

こうしたいたずらおもちゃは、ちょっとした仕掛けですぐに商品化できるから、駄菓子屋には安物の手品とともに、いつもたくさんの商品が並んでいた。

ぼくらはこうしたいたずらおもちゃの使い方やいたずらのノウハウを、当時放送されていた、あるアメリカのテレビ番組から学んだ。

それは『ちびっこギャング』(60年NET)と『ちびっこ大将』(63年TBS)だ。

芸達者な悪童たちが、いたずらの限りをつくしてひたすら暴れまくるというハチャメチャなドタバタコメディで、タイトルも放送局も違うけど、内容はどちらもほとんど同じものだった。

というのは、実はこれらは、元々サイレント映画時代の1920〜30年代に、アメリカのモノグラム映画社が製作した、劇場用の子ども向け短編映画が元ネタとなっているのだ。

それをテレビ用に再編集したのがこの2作品で、全てが日本で放送されたかどうかは不明だが、資料によれば全部で150本以上が製作されたという。

ここに登場する悪ガキたちのいたずらが、実に容赦ない悪らつぶりだった。

仮病で熱を出したように見せかけるために、体温計をヤカンの蒸気にかざしたり(これはあまりの高熱に驚いたママが大騒ぎして、かえって大事になってしまう)、猛犬のクサリを留めているクイにノコギリで切り込みを入れておいたり。

もちろんいたずらアイテムもたくさん登場した。
お父さんの大事な客が来れば、ソファの下にブーブークッションを敷いておき、怒らせて帰らせてしまう。いたずらをお巡りさんにとがめられると、反省するフリをして握手を求める。ところがお巡りさんがうっかりその握手に応じると、手の中に隠し持った感電装置でビリビリと感電して飛び上がる、という具合である。

『ちびっこギャング』を見たぼくは、翌日、さっそく仲間とともに、いたずら大作戦を開始した。

よくやったのは、江戸川の河川敷に落とし穴をつくることだった。そのころの河川敷には、まだ整備されていない雑草の生い茂った場所が残っていて、そこには心ない人が、いつもかすみ網を仕掛けていた。

かすみ網というのは、遠目にはほとんど見えないくらいの細い糸で編んだ網で、これを木と木の間に渡して鳥を捕獲するワナのことだ。

だがかすみ網は、野鳥の乱獲につながるとして、昭和22年に、ＧＨＱ（連合軍総司令部）の指導のもとで、その使用を禁止する法律がつくられた（現在は販売や捕獲目的の所持も禁止されている）。

ぼくらのターゲットは、そのかすみ網を使う密猟者たちだった。

夕方、かすみ網の前に大きな落とし穴を作り、中には泥や生ゴミ、動物のフンなどを投げ込んでおく。

さらに念のため、周囲には雑草を縛って輪にしたワナもたくさん作っておいた。

そして翌日、結果を見に行ってみると、果たして落とし穴には何者かの落ちた痕跡が!

正義は勝つ!! ぼくらは快哉《かいさい》を叫んだ。もっとも実際は、穴に落ちてくれれば、相手が悪人じゃなくても良かったんだけどね。

ところで、ぼくらが落とし穴を作った場所の当時の風景は、映画『男はつらいよ』第1作（69年松竹）の中で見ることができる。

寅次郎（渥美清）と博（前田吟）が川原で果し合いをする場面に登場する、船宿周辺の風景がその場所だ。

この船宿は70年代半ばまで実際に江戸川の河川敷にあって、そこで映画のロケが行われた。そしてぼくらが落とし穴を作ったのも、まさにココだったのだ。

……ということは、ぼくらが落としたのはもしかして密猟者じゃなくて、船宿の主人だったのかも!?

ココへ来れば何かがある、駄菓子屋の誘惑

●パンチ穴の空いた紙テープ、電信テープも昔から駄菓子屋にあるおもちゃだ。どうやって遊んだらいいのかは誰も知らなかった。

●66年に大流行したスーパーボール……の類似品ジェットボール。箱の横に描かれたトリッキーなジャンプの絵がソソるぜ!

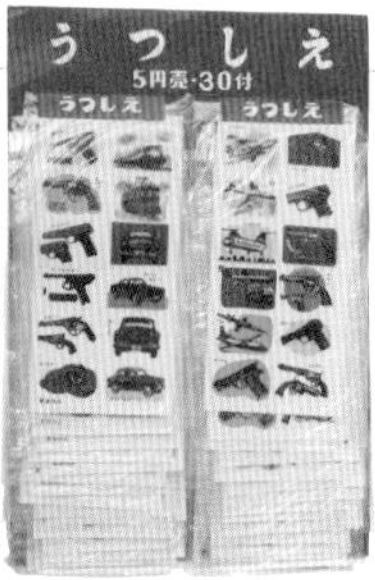

●写し絵。水がないときはベロでなめるんだけど、ヘタすると舌に貼りついちゃうから大変危険。素人にはお薦めできない。

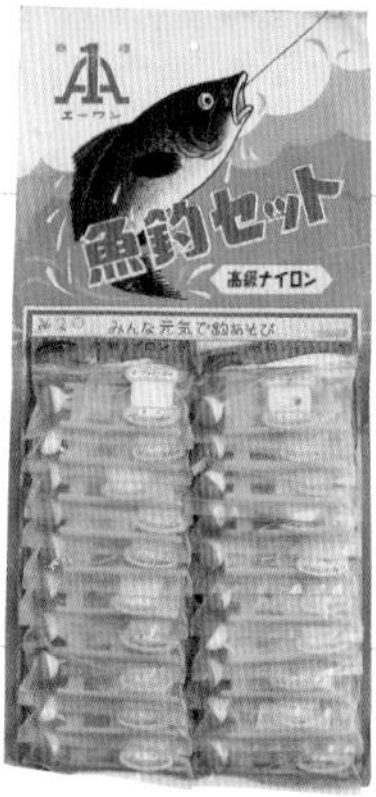

●針と糸と浮きがセットになった魚釣りセット。これさえあれば川や池で半日遊べる。エサはどうするって? 虫を捕まえるのさ!

●昆虫採集セットの当てクジ。いくら買ってもハズレの色鉛筆ばかり……。頂点に輝く大型昆虫セットは本当に当たるのか!?

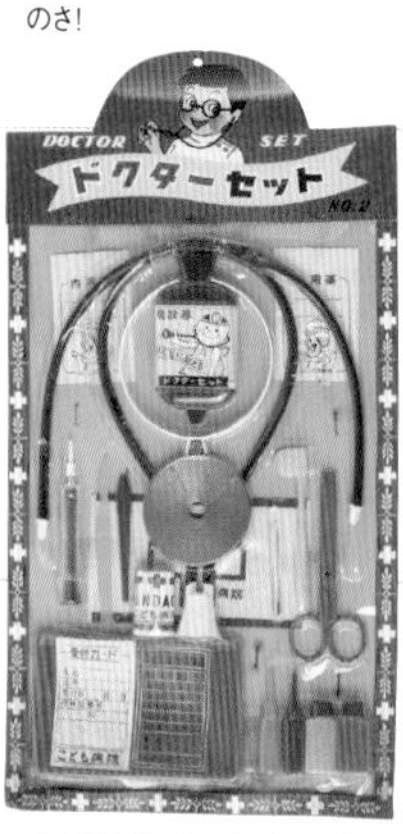

●お医者さんセット。しょっちゅう風邪をひいていたぼくは聴診器と注射器に特別な興味を持っていた。

●水ぬりえ。付属の筆に水を付けて白い紙に塗ると絵が浮き出てくる。

●クモの糸。忍者ごっこで敵めがけてパッと投げると糸くずのような紙テープがからみつく。これをやられたらもがき苦しむのがルールだ。

●誰もが覚えている粉末ジュース・渡辺ジュースの素。1袋5円の小袋と、家庭用の徳用袋入りがあった。

●雑誌の付録のようなシンプルなルーレットゲーム。絵柄と色使いはなかなかだ。

●粉末ソーダは、冷たい水に入れるとシュワーッと泡立つ。粉のまま大量に口に入れると泡でおぼれそうになるから気をつけろ!

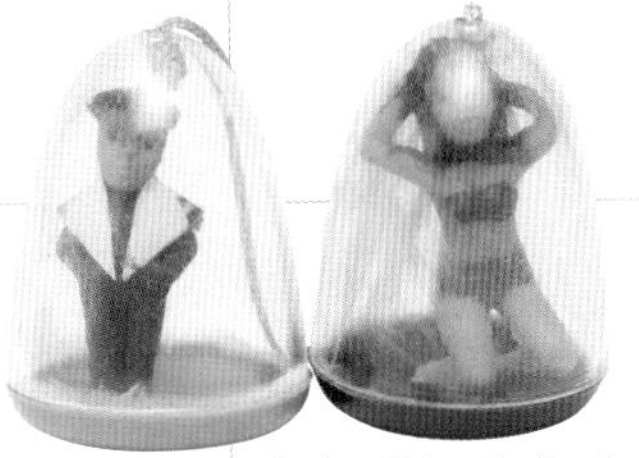

●ガチャガチャのカプセルに封入されたままの水兵と水着美女。意味不明の MADE IN HONG KONG なおもちゃ。

●戦車各種。中央手前の装甲車2台は、かなり初期のガチャガチャでゲットした香港製だ。

●キタ──ッ!! 大当たり。オイルを入れて本当に火がつくライター。高さ22mmだが細部まで作りこまれた高級品だ。

●10円時代のガチャガチャ。欲しいものはすぐそこに見えてるのに、何回やってもソレが出ない。ああ……。

●ガチャガチャで出たナイフ。刃は付いてないけど折りたたみは可能だ。

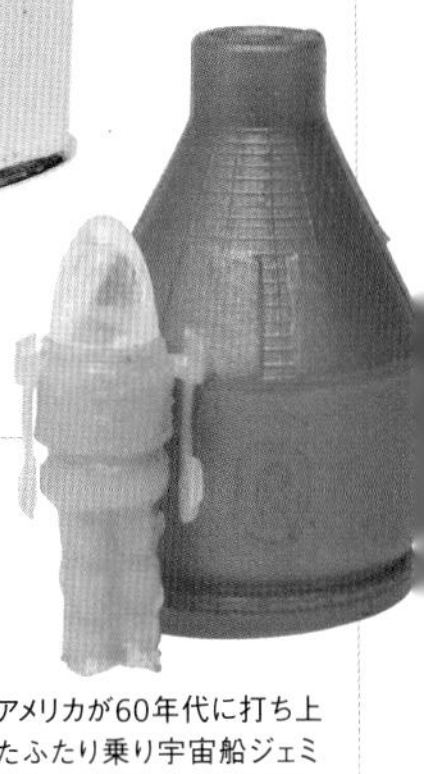

●アメリカが60年代に打ち上げたふたり乗り宇宙船ジェミニに似たカプセルに、ロビー風ロボット入り。

駄菓子屋は男の戦場だった！

2001年ごろ、インターネットで、Flashという技術を使った『吉野家』というジョークアニメが話題になった。作者はポエ山氏。

牛丼の吉野家にやってきた家族連れが和んでいるのを見て、ゴルゴ13もどきのハードボイルドなおじさんが心の中で怒る、という内容だ。

おじさんは、吉野家というのは、男の客同士が互いの殺気を感じながら、黙々と牛丼をかきこむ戦場のような場所だから、そんな場所で家族が和んでるんじゃない、と主張するのである（笑）。

昭和30年代の駄菓子屋も、ぼくら男子にとってはある意味、それと似た戦場だった。

よくテレビなんかで、ほのぼのとしたナレーションで「駄菓子屋は昔も今も子どもたちの社交場なのです」とか言ってるが、あれはまったくの虚構だ。

例えば、持てる者（金持ちのボンボン）と持たざる者（貧乏人のガキ）が店先で出会えば、もうそれだけで息詰まる無言の戦いが始まる。

ボンボンはここぞとばかりに見栄を張り、高価な箱入りのお菓子や銀玉鉄砲などを無造作に買う。

一方貧乏人の子は、金を持ってないことを相手に気取られないように、延々と品定めを続ける。

違う小学校のグループ同士が出会えばケンカ寸前はアタリマエだ。

自分の学校の校庭の広さや、備品の素晴らしさ、生徒の数など、とにかく相手の学校より勝っている部分を見つけては自慢合戦が始まる。

小学校4年の冬、ぼくは駄菓子屋のもんじゃの席で、相席になった別の小学校の男子と、果し合いの約束をしたことがある。

きっかけは、詳しくは忘れたが『ウルトラマン』に登場した怪獣の名前が、〝ガヴァドン〟か〝ガバドン〟かで意見が食い違ったことだったと思う。ぼくはガヴァドンだと主張したが、相手は違うという。

ガヴァドンは、第15話「恐怖の宇宙線」に登場した、子どもの落書きが実体化した怪獣だ。

もちろん、正解はぼくの方だったんだけど、相手も〝ヴ〟というカタカナは学校で習ってないからと言って絶対に譲ろうとしない。

「やるか!?」「ああいいよ!!」

ぼくはついにそいつと決闘をすることになった。

その場には、ぼくの友だちも含めてほかに5～6人の小学生がいたが、誰も口をはさもうとしない。店のおばちゃんも、こういう子ども同士のもめごとには絶対に介入してこないのだ。

当時のもんじゃのテーブルはガスではなく七輪だから、時々窓を開けて換気をしなくてはいけない。おばちゃんの開けた窓から、真冬の寒風が室内にビューービューーと吹き込み、食べかけのもんじゃは鉄板の上で黒い煙を上げて焦げ付き始めていた。

そして翌日、ぼくは近所の中学生のお兄ちゃんを助っ人に連れて（ズルイ）、決闘場の空き地へやってきた。だが、相手はいくら待っても現われなかった。

「勝った……」ぼくは持参した怪獣図鑑の〝ガヴァドン〟のページを開いてつぶやいた。

ところでこのもんじゃという食べ物、最近は、東京の月島名物のようになってしまったが、かつての葛飾柴又流もんじゃは、あんな具だくさんで上品な食べ物ではなかった。

しかもそもそも「もんじゃ屋」という店があったわけではなく、駄菓子屋のおばちゃんが冬の間だけ、自分の生活空間である居間に、鉄板のテーブルを並べて営業するものだったのだ。

だから、ぼくらがもんじゃを食べてる後ろの仏壇で兵隊さんの遺影がじっと見下ろしていたりした。

入っている具は揚げ玉と千切りにしたキャベツだけ。そこにウスターソースをぶっかけて鉄板で焼く。

鉄板は前述したように七輪を使うから火力が弱く、一度に焼こうとすると汁が流れてしまう。だから最初に具で土手を作る必要があったのだ。

ガスを使っている今の鉄板で土手を作る必要はまったくない。もんじゃの正しい焼き方を教えるとか言って「まずは土手を作って……」とか知ったかぶりをする店があるが、放っておいてもらいたい。

ガスの火力で焼く場合には、具も汁も一気にドバーッとぶちまけた方がダンゼンうまいのである。

もんじゃを食べる機会があったらぜひ試してみていただきたい。ただし決闘はご法度だ。

●肥後の守は昭和30年代前半まで男子必携のアイテムだった。鉛筆削り、竹とんぼ作りと様々なシーンで活躍したぞ。

●ビー玉は白玉が貴重とされていた。また鉄球は“ガンチ”と呼ばれ、これも別格扱いだった。

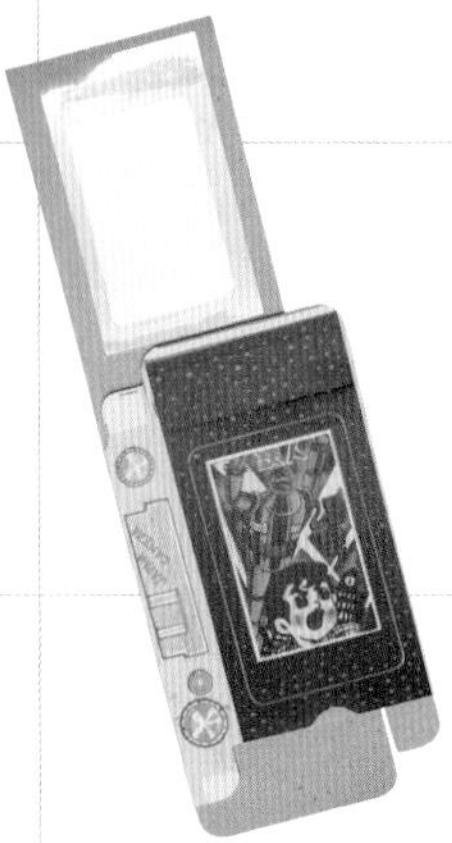

●日光写真はさまざまな枠のデザインも魅力だ。けどこの鉄人は今回復刻したメンコの絵柄をそのままパクっているぞ。

●初夏になると店先に並ぶシャボン玉。ストローの先端にスプリングを巻きつけてあるのがシャボンを連発できる秘密だ。

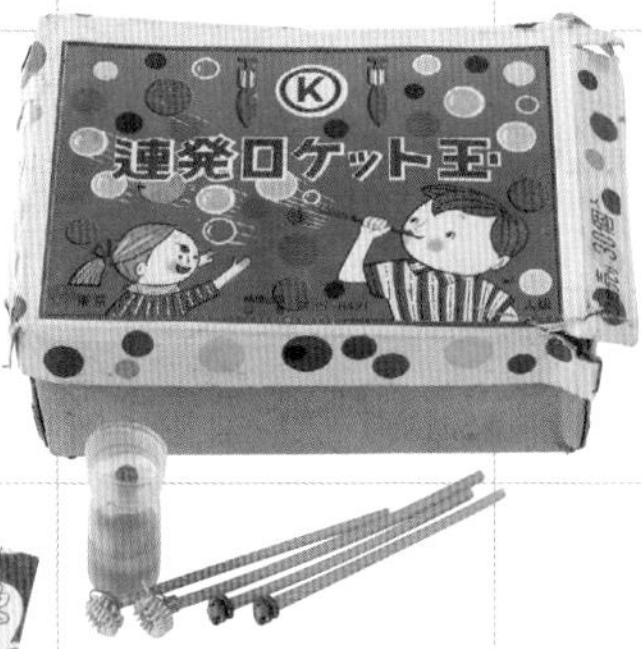

●寒い日に陽だまりを探して遊ぶ日光写真機は冬のおもちゃだ。待つこと数分。枠を外して出来上がりを見るときの期待感がたまらない。

●うつし絵。水に濡らして肌にくっつけると絵柄だけが転写される。昔のタトゥーシールね。

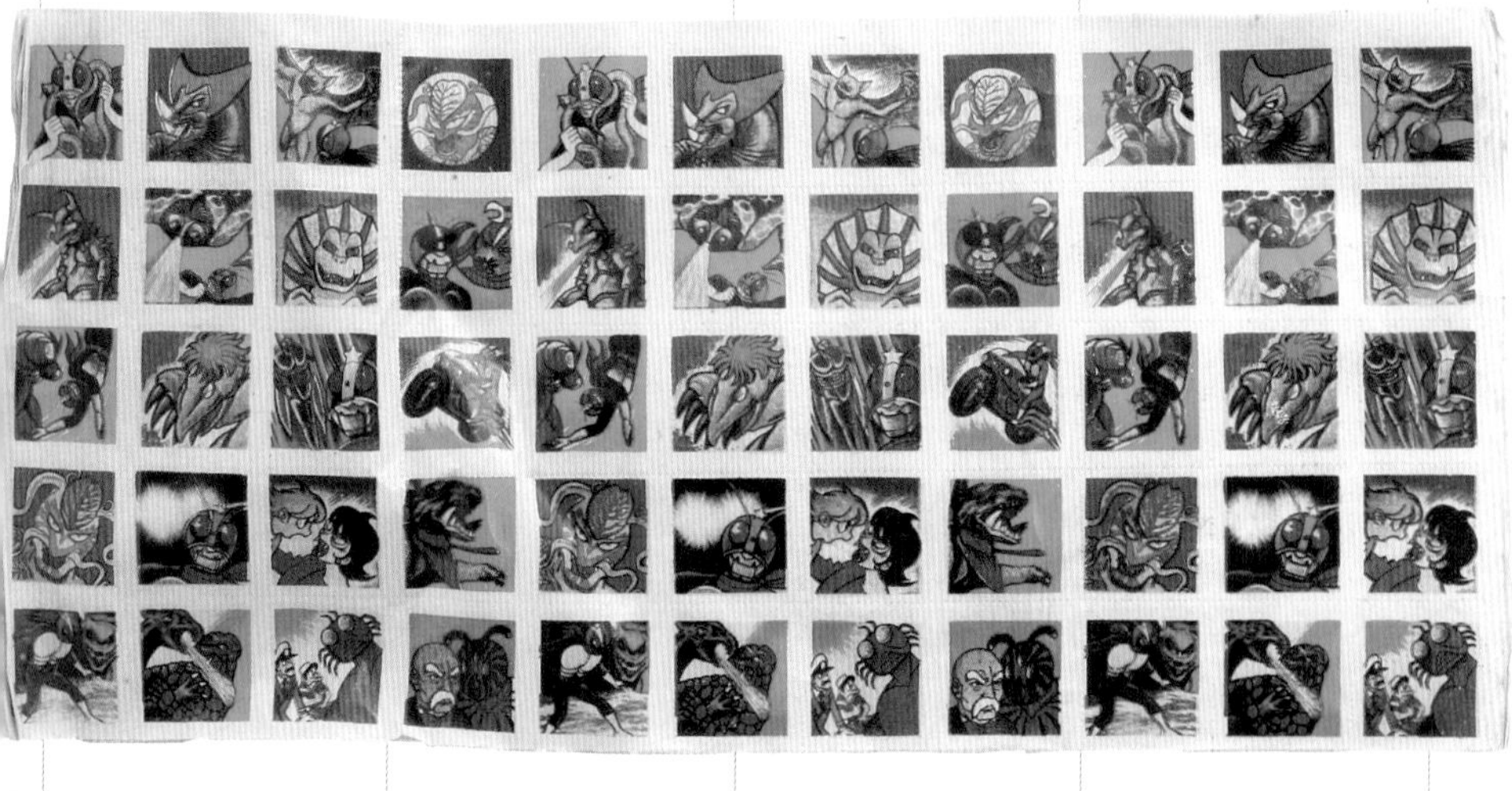

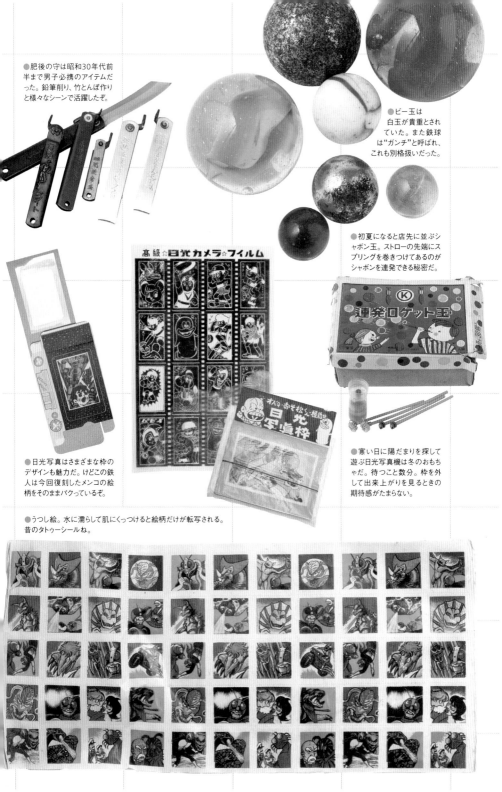

ビー玉、うつし絵、ベーゴマ。誰もが一度は遊んだはず

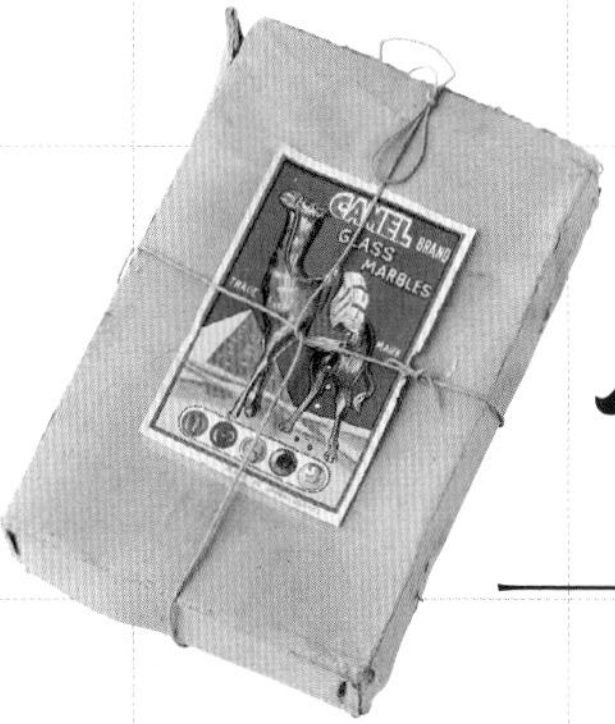

●ビー玉でもっとも人気のブランドだったのがこのキャメル印だ。

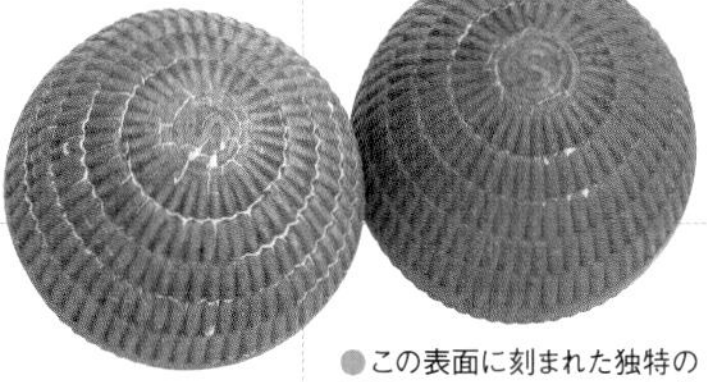

●この表面に刻まれた独特の模様のボールは、昭和30年代初め頃に草野球で使われていたものだ。

●コマ回しの上手なやつが男らしいという当時の風潮は許しがたいものがある。俺はコマ回しが下手だったんだよ!

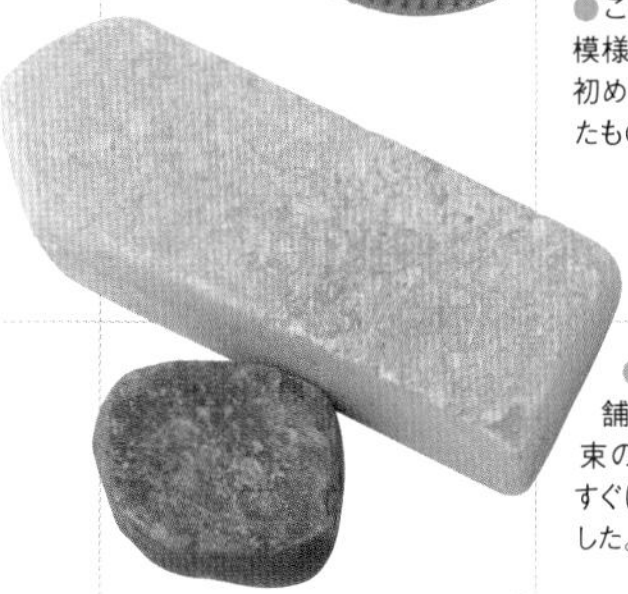

●ロー石。昭和30年代、舗装路が増えて喜んだのも束の間、交通戦争の激化ですぐにまた使える場所が激減した。

●裏側に付いた鋼の板を指で押すとカチカチと音を立てるおもちゃ。正式名称は不明。なぜかセミの絵柄がポピュラーだった。

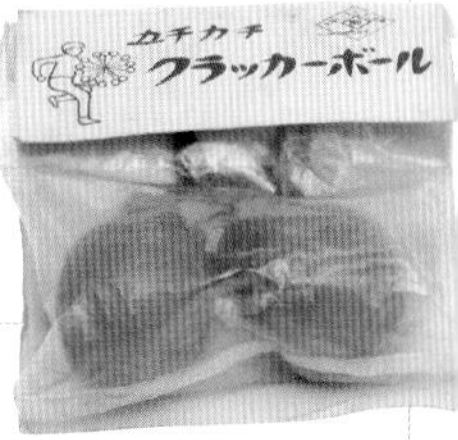

●71年アサヒ玩具が発売したカチカチボール、通称アメリカンクラッカーが大流行。左が本物。上は駄菓子屋版のコピー商品だ。

●ベーゴマは真剣勝負のギャンブルだ。ロウを流し込んで重さを増したり、先端を削ったり、誰もが涙ぐましい努力を重ねた。

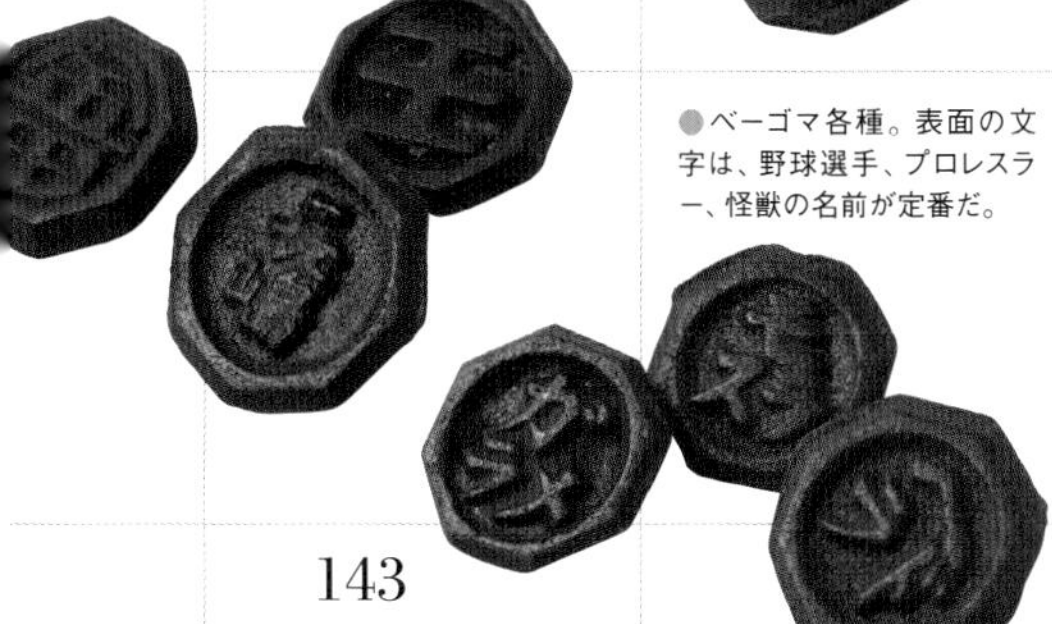

●ベーゴマ各種。表面の文字は、野球選手、プロレスラー、怪獣の名前が定番だ。

●新聞紙を折って作る紙鉄砲の、駄菓子屋版。力いっぱい振り下ろすと、中へ折り込まれた紙が開いてバーンという音がするぞ。

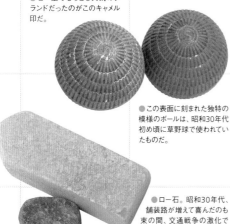

冬の日光写真機、夏の幻灯機

冬の晴れた寒い日の午後、風の吹き込まない路地の片隅の陽だまりには、いつの間にか子どもたちが集まってくる。

昔はどんなに寒くても、子どもは外で遊ぶことが多かった。家でゴロゴロしてると母親から「子どもは風の子！」と言われ、たちまち追い立てられた。

当時は兄弟の数が多かったから、狭い家の中では遊ばせられないという大人の事情もあったのだろう。

そんな冬の陽だまりで遊んだのが、日光写真機だ。

日光写真機は、駄菓子屋で買うほかに、少年雑誌や学習雑誌の組み立て付録にもよく付けられた。

まず日陰で、パラフィン紙の種紙（マンガなどの絵が白黒反転したネガ像として印刷されている）と、印画紙を密着させて厚紙製の型枠に入れる。

それを陽の当たる場所に置き、待つこと2分。型枠からそっと印画紙を出してみると、そこに種紙の絵が陽画（ポジ）となって焼き付けられている。

こうして手順を書いているだけでも、何ともジミな遊びだけど、当時はカメラの代用として、これでも充分魅力的で楽しい遊びだったのだ。

ジャンパーの陰で光をさえぎりながら、真っ黒いラシャ紙を開き、中から印画紙を取り出す。

印画紙を太陽に当てないように手早く、また種紙と印画紙がうまく密着するように。

そう思うと緊張で手が震えてくる。この秘密めいた儀式がぼくは特に好きだった。

それに、手順はシンプルだけど、うまく焼き付けるにはそれなりの経験とコツがいる。

焼き付け時間が短すぎると絵が薄くなり、逆に時間をかけすぎると真っ黒になる。

また、待ちきれずに途中で型枠を開けて様子を見たりすると、フィルムがずれて二重にブレた映像が焼き付けられてしまう。

そんな試行錯誤の中で、うまく焼き付けられた写真はもはや自慢できるひとつの〝作品〟だった。

だけど焼き付けた写真は、定着処理をほどこすわけではないから、半日もすれば印画紙全体が茶色く変色して映像も消えてしまう。そんなはかなさもまた日光写真機の魅力だった。

そしてもうひとつ、日光写真機とともに雑誌の付録の定番だったのが幻灯機だ。

紙製の幻灯機に、虫メガネと懐中電灯を取り付け、付属のセロハン製フィルムを入れて壁や襖《ふすま》などに向けると、映像が薄ぼんやりと拡大されて投影される。

日光写真機が冬の遊びなら、幻灯機はぼくの中ではなぜか夏の遊びという印象がある。

夜、電灯を消し、窓も縁側のガラス戸も開け放った暗い部屋の中で、蚊取り線香を焚《た》きながら、組み立てたばかりの幻灯機で上映会を開く。

最初は付属のマンガのフィルムで満足していても、すぐに飽きてくる。

そんなときに『週刊少年サンデー』を読んでいたら、『オバケのQ太郎』に自作幻灯機の作り方が紹介されていた。65年48号に掲載された「Qちゃんロードショー」の巻がそれで、父親から幻灯機を作ってもらったQちゃんと正太が、友だちを集めて上映会を開くというお話だ。

正太の父親が作ってくれたのは、木製の箱の中に空き缶を利用した反射鏡を取り付け、100Wの裸電球を光源とした本格的なものだった。

しかも反射式幻灯機だから、フィルムではなく普通の絵や写真などが映せるというすぐれものだった。

マンガの中には、この幻灯機の作り方の図解が詳しく載っていた。

後に藤子不二雄の自伝を読んだとき、彼らが少年時代に、まさにこれと同じ反射式幻灯機を自作していたことを知った。そして友だちを集めてこの幻灯機で上映会を開くために描いた作品が、彼らふたりの初めての合作だったのだという。

小学生のぼくには、幻灯機を自作するほどの技術はなかったが、既製のフィルムに飽きたら自分でフィルムを作ってしまえばいいんだ、という考え方は、まさに目からウロコが落ちた思いだった。

ぼくはそれ以後、セロハンにせっせと絵を描いては、友だちが来るたびに、学年誌の付録の幻灯機でそれを上映した。だが、それを見せられた友人たちの反応については、なぜか全く記憶にない。もしかして……楽しんでたのは、ぼくだけだったってことか!?

メンコ!! ながめるだけでこんなに楽しい

●絵柄も紙質もバラバラ。時には勝ち、時には負けて、様々なメンコがぼくらの手から手へ、そして次の世代へと受け継がれて行った。

いざ勝負！ メンコが熱かった頃

冬の午後、ぼくらが陽だまりで日光写真やロー石などで遊んでいると、横で小学校高学年のお兄さんたちが、互いに顔を見合わせてこう切り出す。

「そろそろやるか」「よし！」

そして始まるのがメンコやベーゴマだった。

それぞれが手塩にかけて加工し、最強に育てたメンやベー（略してこう呼ぶのがシブかった）を持ち寄って、いざ勝負開始！ のどかだった陽だまりは、一転、鉄火場と化す。

ぼくら低学年はもちろん参加することは許されないが、もはや日光写真なんかをやってる場合じゃない。ぼくらは大きいお兄ちゃんたちの真剣勝負を固唾《かたず》を呑んで見守った。

メンコには実にさまざまな遊びがある。

基本は〝かえし〟とか〝おこし〟と呼ばれるもので、地面に置いたメンコ（おきメン）に、自分のメンコ（親メン）をぶつけ、裏返したら相手のメンコをもらえるというものだ。

ほかにも、各自が複数のメンコを出して日本列島のように細長く並べ、その列を切らないように相手のメンコを裏返したら勝ちという〝ニッポン〟。地面に描いた円の中から相手のメンコを弾き出す〝つっけん〟など。

最初は寒さで調子もあがらず、ゆるゆるとした一進一退の攻防が続いているが、やがて体も暖まり、勝負が盛り上がってくると、観客も選手もヒートアップして、一投ごとに歓声が沸きあがるようになる。

この当時、メンコには金銭と同等かそれ以上の価値があった。そして実際に、勝負に強いメンコや珍しいメンコは、お菓子やマンガと高レートで物々交換することができたのだ。

だから貧しい家庭の少年ほどメンコがむちゃくちゃ強かったのは、これはもう本気度が違うからである。

71年『週刊少年サンデー』に、前後編にわたって掲載された、昭和20年代を舞台とした永島慎二のマンガ『花いちもんめ』には、下町の少年たちが、手塚治虫のマンガを手に入れるために、必死でメンコ勝負に挑む姿が生き生きと描かれている。

主人公・名多政二郎（通称ナタ政）ら6人は、金持ちの息子から手塚治虫の新刊『ふしぎ旅行記』を譲ってもらうために、2500枚のメンコを用意する必要があった。彼らは隣町へ遠征し、手持ちの700枚をたちまち二倍に増やす。

そしてナタ政が最後に挑んだのが、〝ぬき〟というゲームだった。

ぬきというのは、メンコを高さ7〜8センチほどの山に積み上げて、そこに親メンを水平にぶつけ、山の中からあらかじめ決めておいたメンコ（きめメン）だけを弾き出すというものだ。

もちろん成功すれば、賭けたメンコをすべてもらえる。勝負は500枚、1000枚、2000枚とナタ政が着実に勝ち進み、ついに隣町の大ボス・カミソリの鉄との、1万枚の大勝負になる。

ぼくが物心ついたころには、すでにメンコブームのピークは去っていて、こんな大勝負を見る機会はほとんどなかったが、それでも一度だけ昭和39年ごろ、ぼくはこの〝ぬき〟の真剣勝負を見たことがある。

勝った少年は脱力してその場にへたり込み、一瞬にして1000枚のメンコを失った少年は、周囲をはばからずに大声をあげて泣いた。

それがメンコブームの最後だったのかも知れない。ちょうどそのころを境に、お兄ちゃんたちがメンコ勝負に打ち込む姿はほとんど見られなくなった。

駄菓子屋には相変わらずメンコが並んでいたが、それは印刷が綺麗になった代わりに、厚みが極端に薄くなり、もはや勝負にはまったく向かない、ただ集めるだけのコレクションカードになっていた。

今回、特別付録として付けた鉄人メンコも、ちょうどそうした時期のものである。

ところで、これは東京ローカルな遊びだったのかも知れないが、昭和44年ごろ、メンコ、ベーゴマの衰退と入れ替わりに瞬間的に流行したのが〝酒ブタ〟だった。日本酒のビンのフタからコルクの部分を取り去った酒ブタで、相手の酒ブタをパチンと弾き、表→裏→表と連続で裏返せたら、その酒ブタが自分のものになる。

だがこれも、すぐにテレビのニュースで取り上げられるほどの社会問題となり、ほとんどの学校で禁止されて、ブームはあっけなく終わったのだった。

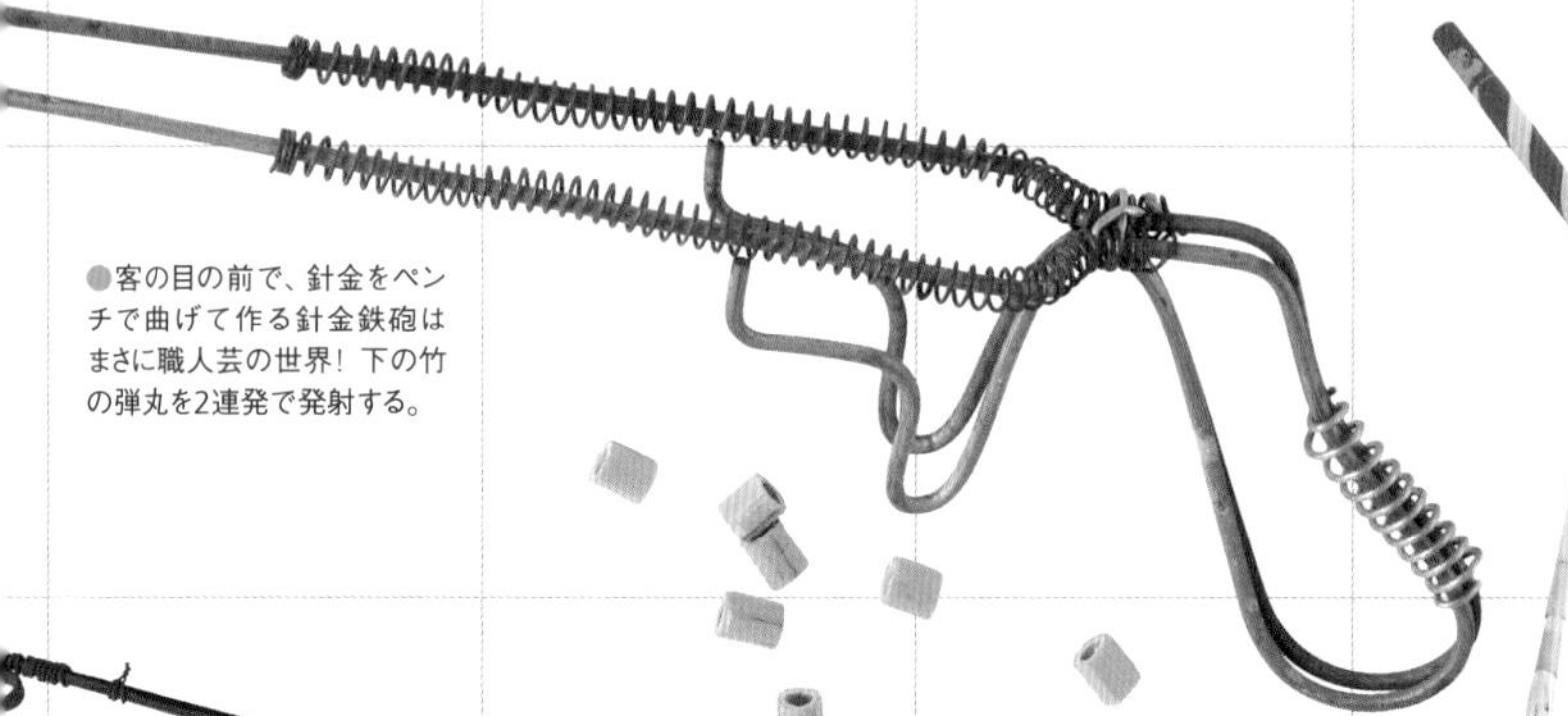

●客の目の前で、針金をペンチで曲げて作る針金鉄砲はまさに職人芸の世界！ 下の竹の弾丸を2連発で発射する。

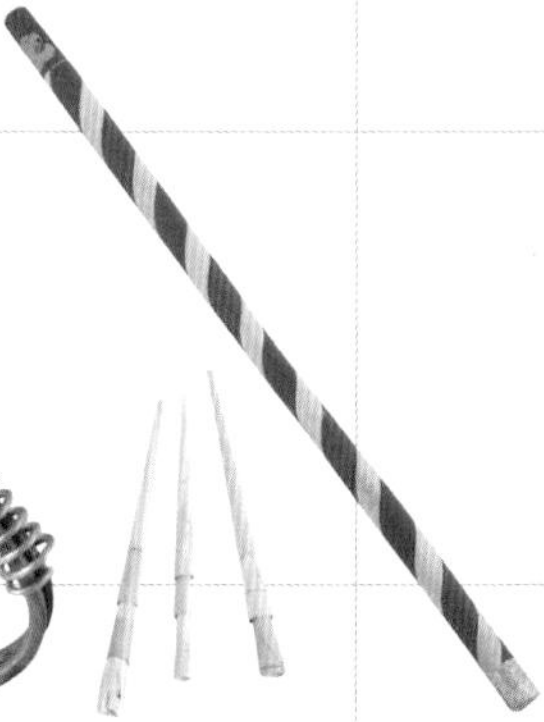

●紙製の吹き矢。障子に穴を開けてじいちゃんによく怒鳴られた。けど貫通したときの快感はやめられねー！

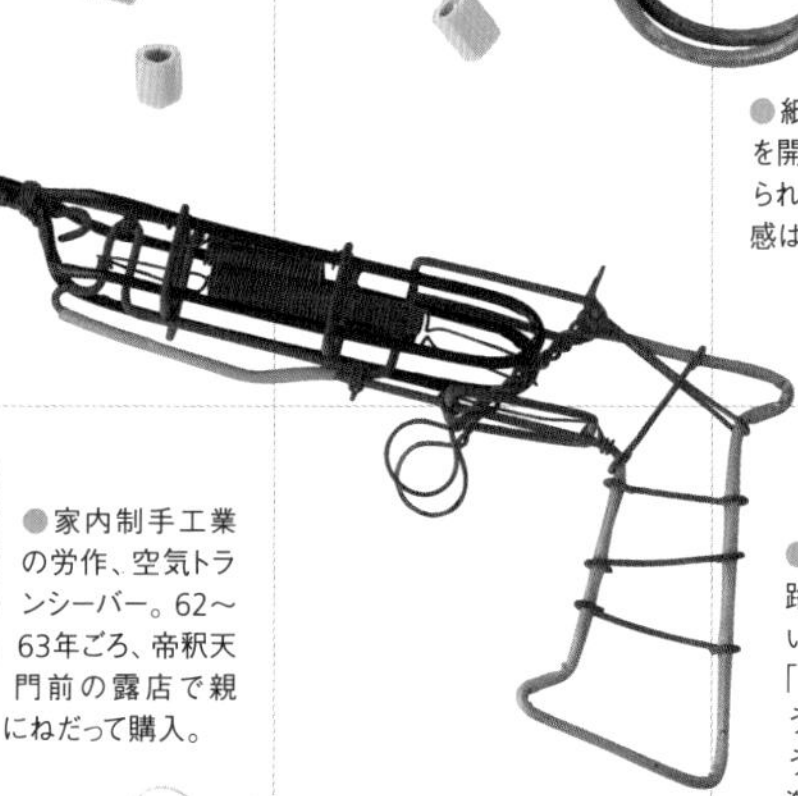

●全長30cmを超える大型の針金鉄砲。持ち歩くときは2つに分解できる大作だ。

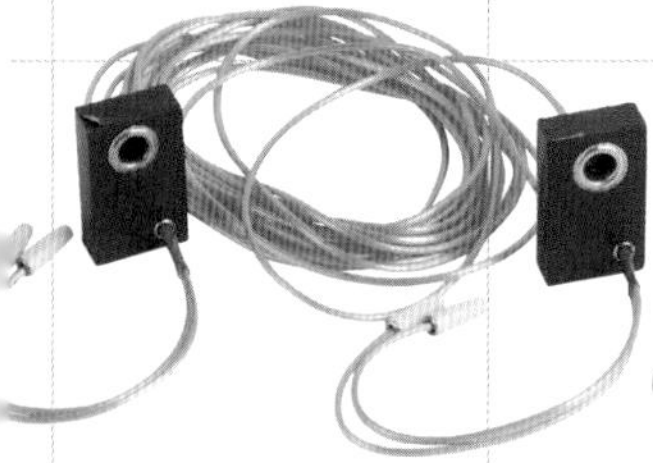

●家内制手工業の労作、空気トランシーバー。62〜63年ごろ、帝釈天門前の露店で親にねだって購入。

●学校帰りの路上で売られていたスライドペン。「先生が授業で使うのと同じもの」という口上が子ども心を刺激し、即購入した！

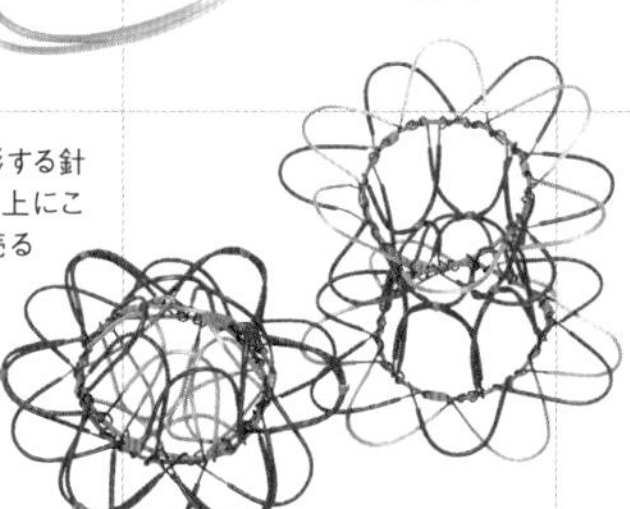

●いろいろな形に変形する針金のおもちゃは、台の上にこの商品だけを並べて売る露店で買ったもの。そんな小さな露店も当時は珍しくなかった。

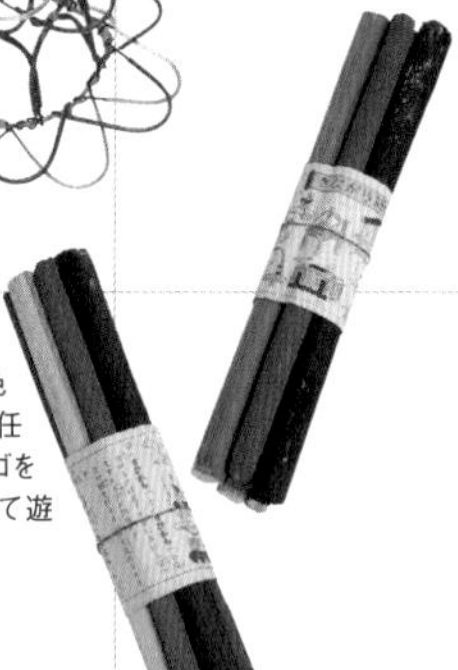

●キビという植物の茎の芯を乾燥させて彩色した、きびがら細工。任意の長さに切って竹ヒゴを刺し、様々な形を作って遊ぶ。

●オバQのハッカパイプ2種。ハッカの砂糖は本当は嫌いなんだけど、夜店でしか買えないからよく買った。

●枠の中にカーボン紙が入っていて、マンガの絵を複写できる。バタ臭い絵がいい味出してます。

夜店、露店って昔は面白かったんだよ!!

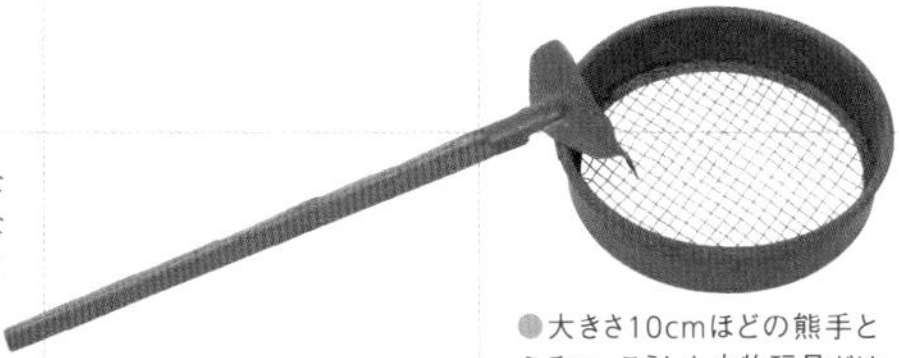

●大きさ10cmほどの熊手とふるい。こうした小物玩具だけを売る露店は、少ないこづかいでいくつも買えるので大好きだった。

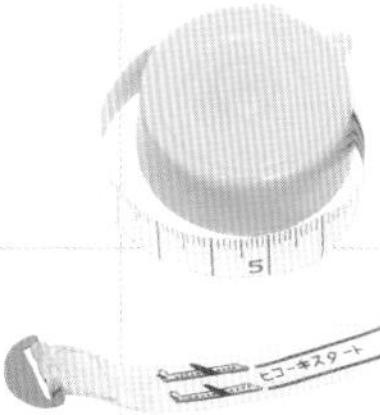

●巻き尺の片面がゲームになっている。リールを引き出しながら道をたどり、障害物に出くわさずにゴールしたら勝ちだ。

●切り取って使うお買い物遊び。絵柄も色使いもきれいで、これなら親も安心して買ってくれるかも。

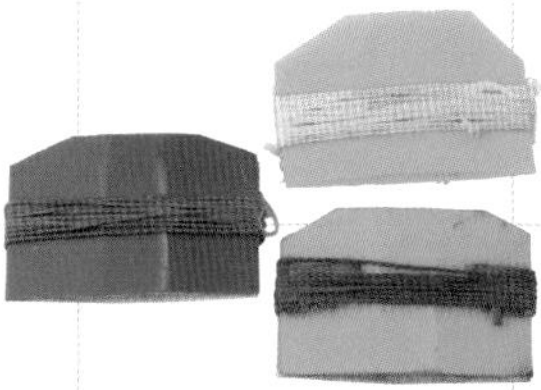

●これも下校時の路上販売もののひとつ。セルロイド製の笛。口の中に含んでほおずきのように吹くと、ブーという下品な音が出る。

●粘土のカタを売るカタ屋は、下校時や公園の近くに出没した。左は陶器製で、右は石膏製のカタだ。

●夜店では光るおもちゃがよく売れる。というわけで懐中電灯おもちゃもよく買ったな。

●カタヌキ。小麦粉を固めた板の絵柄どおりに切り抜けたら、その難易度に従って現金がもらえる。95%は失敗するんだけどねー。

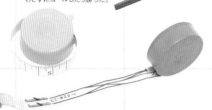

怪しいおじさん、現わる！

柴又の帝釈天は、2ヶ月に一度、庚申《こうしん》の日の縁日にたくさんの露店が出る。

子どものころ、この日は特別にこづかいがもらえ、露店で駄菓子やおもちゃを買うのが楽しみだった。

露店といえば、お好み焼き、焼きそば、たこ焼き…

…今も変わらない縁日の風景だよね〜、と思ってる人、あなたは間違っている！

かつて祭りや縁日の露店では、お好み焼きや焼きそばのようなただ作って売るだけの店は脇役だった。

本当のテキヤは、自分の売る商品の素晴らしさを、言葉とパフォーマンスで紹介し、どんなチンケな商品でも輝かせて見せる、プロ中のプロだったのだ。

針金細工屋さんは、みかん箱1個で店を出していて、手元にあるのは数種類の太さの針金とペンチ1本だけという、露店の中でも最もシンプルな店だ。

1本の針金を、客の目の前で切ったり曲げたりして、みるみるうちに何かの形に作り上げてしまう。

輪ゴム鉄砲、三輪車、ヘリコプター、メガネ、ブローチ、指輪などなど……。

それがただの針金だと分かっていても、1本の線が、おっちゃんの手の中でみるみる形になっていくのは実に不思議な光景で、見ているうちに、欲しくてたまらなくなる魅力を持っていた。

そのほか職人系のお店では、正式な呼び名は知らないが、開運絵描き屋というのがいた。

直径2㎝ほどもある太筆に、何色もの絵の具をだんだらの縞模様に塗る。そしてその筆で半紙の上を、手をフルフルと震わせながら、とぐろを巻くように線を引いていくのだ。すると紙の上には、何とひと筆で竜の胴体が描かれていく。

絵の具の混ざり具合と筆の振動の加減で、背中のウロコ模様と腹の蛇腹模様が同時に描き出されていくのである。これぞ職人芸！

これに最後に顔とヒゲを描き、指先に付けた絵の具で目をチョンチョンと描けば竜の絵の完成となる。

また、怪しい系の店はやはり夜に多く出没する。

すすけて真っ黒になった鍋や釜を山ほど並べているのは、磨き粉(クレンザー)を売る店だ。

どこにでもあるクレンザーを口八丁手八丁で売りさばく。彼の口上にハマった客は、我も我もと、縁日に来たのになぜかクレンザーを買って帰るという、後から考えると実にシュールな光景が展開する。

開運お茶碗屋の売るお茶碗は、金比羅さんの海底の土で作ってあるから、耳に当てると海の音が聞こえるのだという。ぼくも試させてもらったら確かに波の音が聞こえる!

だけど大人になって分かったことは、どんな容器でも、耳に当てると、内外の温度差で空気の対流が起きてシューッという音がするってコトだった。

学校帰りの校門前には、粘土の型や、スピログラフなど、まさに子どもだましのおもちゃを売る露店が出没した。スピログラフというのは、プラ製の枠の中に丸い円盤を入れ、円盤にボールペンを挿してクルクルと回すと花模様が描けるおもちゃだ。

江戸川乱歩の小説「少年探偵団」シリーズには、奇怪な事件の始まりを告げるプロローグに、こうした怪しい物売りがしばしば登場する。

『魔法博士』(56年『少年』連載)の冒頭は、少年探偵団員の井上くんと野呂くんが、夕暮れどきの渋谷区の屋敷町で、オート三輪を改造した移動映画館に出会うところから始まる。

映画の説明をしているのはピエロの扮装をした男だ。子どもたちは男から、ロケット砲弾型のチョコレート菓子オネスト＝ジョンを買い、説明を聞きながら映画を見ている。

井上くんと野呂くんは、この男が怪しいと直感して尾行するが、まんまと策略にはまってとらわれの身となってしまう。男は実は〝魔法博士〟と名乗る魔法使いの泥棒だったのだ!

こんな小説の影響か、ぼくらの間では物売りのおじさんについて行ってそのまま行方不明になった子がいるという話がまことしやかに語り継がれていた。

実際、ぼくらの生活空間の中に、ある日突然現われて不思議な物を売る露店商のおじさんは、ぼくらにとって謎の人だった。遠い異国の匂いとともに、どこか他人を拒むミステリアスな空気を持っていた。

情報社会となり、世界が狭くなった今、彼らはいったいどこへ行ってしまったのだろうか。

昆虫採集に花火。夏休みはこれに尽きる

●マンガ『サブマリン707』(63〜65年)に登場するミニ潜水艦ジュニア号のダイカストモデル(67年発売、イマイ)。

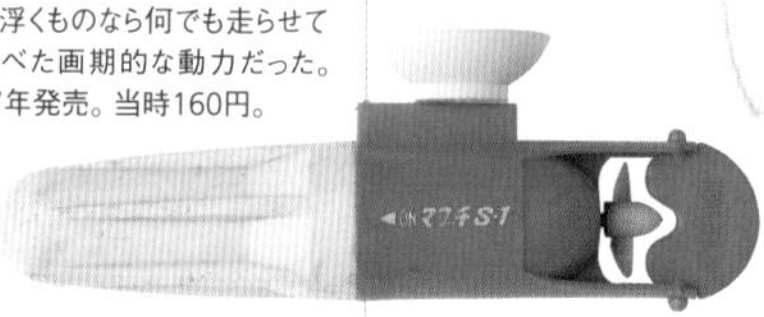

●マブチ水中モーターS-1は、せっけん箱でもシャンプーでも水に浮くものなら何でも走らせて遊べた画期的な動力だった。67年発売。当時160円。

●プールから出たら必ず目を洗う。この子ども用目薬の容器を小銭入れとして使うのがぼくらの間で流行した。

●昆虫をコレクションするわけじゃないのに毎年買った昆虫採集セット。注射器が危険だということで70年ごろに店頭から姿を消した。

●昆虫に薬液を注射する快感は、風邪で医者に行き「お注射しましょうね」と言われたときのアノ絶望感の裏返しだったのかも?

●毒液を注射される危機を免れた昆虫も、虫かごに入れられたまま忘れられ、ひからびて死ぬことに。ああ、子どもって残酷……。

●今ではほとんど見かけない市販の七夕飾り。昭和30年代には、テレビの人気キャラクターの飾り物が駄菓子屋の店頭にたくさん並んだ。

●『小学三年生』昭和26年9月号付録。こんな夏休みの風景も、東京じゃ70年代に入るとめっきり見なくなった。

●60年代は、毎年夏になると水モノのプラモが大量に発売されるのが恒例となっていた。これはイマイの66年8月の雑誌広告だ。

●オイラは7月中に宿題を終わらせる実直少年だった。だから8月末になると必死の形相の友人たちが「宿題写させて!」と我が家に殺到した。

●昔の手土産は季節の物が多かった。真夏には、お客さんが花火とスイカ(または冷えたサイダー)を持ってきてくれるなんてこともよくあった。

●人工衛星と宇宙飛行士の花火。左はアポロ月着陸船の絵からすると70年ごろのものか。

●怪獣王子(右)とウルトラ怪獣?の花火。キャラクターものの花火はいつの時代も人気だ。

●夏の日は長いから花火ができるのは7時過ぎだ。暗くなるまで待ちきれないオイラたちは煙幕やヘビ花火をやって夜を待つ。

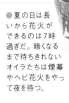

注射器がなくては始まらない

昭和40年代のある夏休みの一日――。

朝、ラジオ体操を終えて帰ってきたぼくらは『悪魔くん』や『魔法使いサリー』、『少年忍者風のフジ丸』などの再放送を見ながら宿題をやる。

家庭にクーラーがなかった時代、学校でくれる夏休みのしおりには、毎年必ず「宿題は午前中のすずしいうちにやりましょう」と書かれていた。

その後、桂小金治の『アフタヌーンショー』を見ながらそうめんで昼食。

そして、午後からがいよいよ遊びの時間だ。

ぼくらは完全武装をして神社の境内へと向かう。

完全武装とは、虫捕り網、虫かご、麦わら帽子、汗ふき用の手ぬぐい、そして昆虫採集セットである。

大木に囲まれた神社の境内はひんやりと涼しく、大人たちもほとんど来ないから、夏の午後はぼくらの天下だ。木のウロや大きな石ころの下を探ると、いるわいるわ、カナブン、タマムシ、カミキリムシ、コオロギ、オケラなどが次々と見つかる。

そして虫かごがある程度いっぱいになると、おもむろに取り出すのが、昆虫採集セットだ。

マンガ本くらいの大きさの箱の中に、昆虫採集に必要な道具が、ボール紙の台紙に納まって整然と並んでいる。

その中でもメインは、何といっても鋭い針の付いた注射器だ！

そして注射器の真下には、右大臣左大臣よろしく殺虫液と防腐液のビンが2本デンと控えている。

その周りを固めるのが、手下である虫メガネやピンセット、毒つぼなどである。

もちろん高価なセットほど手下の数は増える。

昭和30〜40年代には、毎年夏になると、カラフルな箱に入った昆虫採集セットが、文具店や駄菓子屋の店頭に何種類も並べられていた。

昆虫採集の流行は戦前の昭和10年代に一度あり、戦後、20年代の終わりごろからまた再燃した。

だが当時はまだ子供向けセットというものはなく、

専門店が、今風に言えば、入門者向けスターターキットを出していただけだった。

その中には三角紙、虫ピン、展翅《てんし》板など、これから昆虫採集を始める人向けの道具が詰められていたわけだが……そこに注射器は入っていなかった。

そう、実は〝本当の〟昆虫標本作成には、注射器は必ずしも必要な道具ではないのだ。

だけど昭和30年代以降のぼくらの時代の昆虫採集セットでは、注射器のないセットなど考えられない。

注射器こそが昆虫採集セットの最大の魅力だったのだ。いつも医者に注射をされているぼくらが（昔の医者はすぐに注射をした）、昆虫の腹に毒液を注入するときには、何とも言えない快感が走った。

ところが昭和40年代の初めに、ある事故が起こる。注射器を水鉄砲にして遊んでいた子どもが、針が飛んで目に刺さり失明したのだ。

業界もすぐに対応し、注射針をねじ込み式にしたり接着したりして針が抜けないように改良した。

だがそれでもやはり注射器は危険ということで、昆虫採集セットは次第に批判を浴び始める。

そんなある年の夏の初め、『週刊少年サンデー』で1本の衝撃的なマンガの連載が始まった。

山上たつひこの『旅立て！ひらりん』（昭和46年）である。

主人公・平林のぼる（通称ひらりん）は、ある日家で寝ていたところを、手足の生えた魚のような半魚人の怪物にたたき起こされ、異界へと連れて行かれる。

そこで彼は異界の裁判にかけられることになった。

罪状は虫殺しの罪。

のぼるの趣味は昆虫採集で、それによって、多くの虫たちが犠牲にされたというのだ。

そして、のぼるに下された判決は、死刑。

当時、これを読んで恐怖に震えた子どもは多かった。虫を殺して死刑になるのなら、いつ自分のところにも半魚人がやって来るかも知れない……!!

ぼくらはこのころから次第に昆虫採集をやらなくなっていった。

もっとも、それはこのマンガのせいばかりではなくて、宅地造成が進み、昆虫が激減してしまったことが大きな要因だとは思うのだが……。

ともかく、こうして使命を終えた昆虫採集セットは、いつしか、店頭からひっそりと姿を消したのだった。

●66年、森永チョコの景品として一躍人気者となったアマゾンのミドリガメは、今や日本の生態系を荒らす悪者扱い。人間ってつくづく勝手だね、父ちゃん。

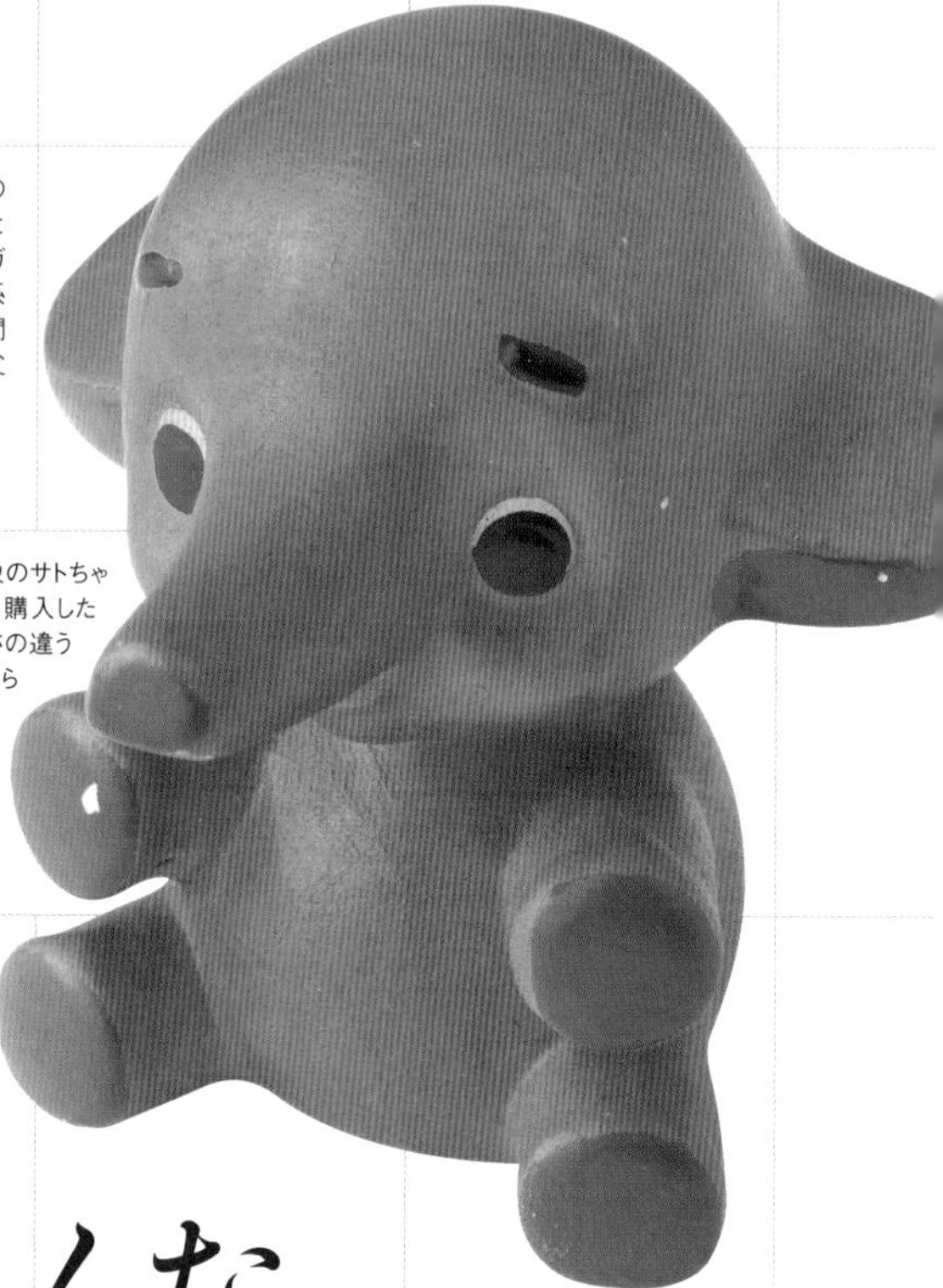

●佐藤製薬の小象のサトちゃんの陶器製人形。購入した金額に応じて大きさの違うサトちゃん人形がもらえた。65年ごろのもの。

グリコだけじゃない。おまけはみんな偉大だ

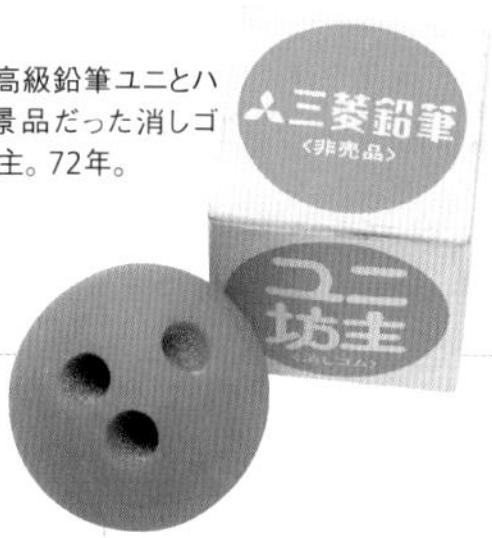

●三菱の高級鉛筆ユニとハイユニの景品だった消しゴム・ユニ坊主。72年。

●62年発売の森永パレードチョコのおまけ。フタの部分に本物の貝がらが入っていた。当時30円。

●明治のチョコのおまけだったアップリケシール。動物に混じってアトムの姿も見える。

●富山の置き薬屋が半年に一度の薬の入れ替えの際にくれた紙風船。毎回楽しみだったんだけど、いつしかくれなくなってしまった。

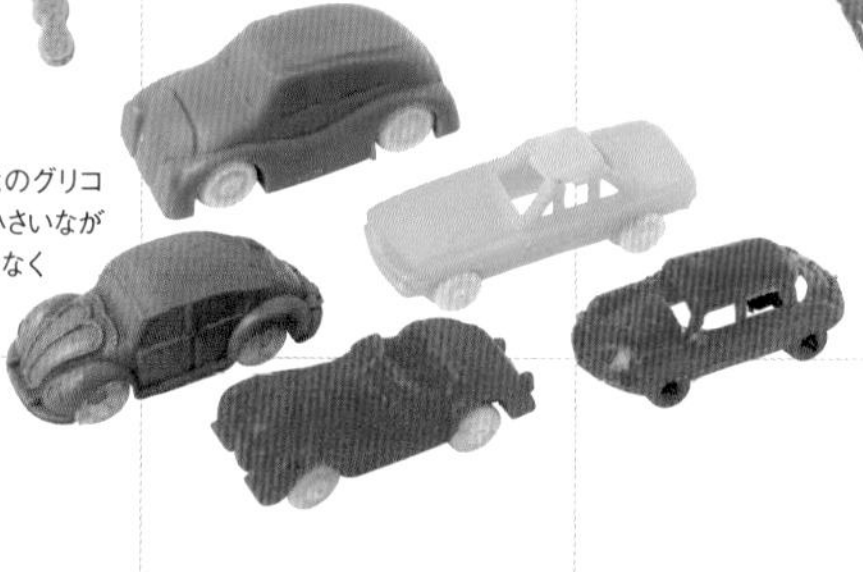

●昭和30〜40年代のグリコのおまけの自動車。小さいながらも造形に手抜きがなく車種も見分けられる。

●この5枚のカードが揃うとカバヤ文庫を1冊もらえるんだけど「文」の字がレアでなかなか揃わなかったらしい。

●カバヤキャラメルの景品・カバヤ文庫は51年から53年までに159点が刊行された。オイラも近所のお兄さんからお下がりをもらった。

●コルゲン指人形。左から2番目と右端がもっとも古い60年ごろ。穂積ぺぺのCM「おめぇヘソねえじゃねえか」は64〜65年放送。

●松下電器のナショナル坊やのミニ人形。電気屋の店先にはコレの大きなやつが飾ってあった。

●プロレスラー力道山の指人形は小野薬品の強壮剤リキホルモの景品。力道山は63年12月、赤坂で暴漢に刺され38歳で他界。

●ケロッグコーンフレークの中に埋もれて入っていたおまけの人形。悪漢と警官が、おもりの力でトコトコと歩く。

●富士銀行(左)と日本勧業銀行でもらった貯金箱。将来この2つの銀行がひとつになるなんてノストラダムスでさえ予言できなかった。

「もれなく」もらえるキャンペーン

1987～88年ごろ、アニメやアイドルのテレホンカード（テレカ）が、コレクションアイテムとしてにわかに脚光を浴びた時期がある。

当時『週刊少年サンデー』でライターをしていたぼくは、ブームに便乗したテレカの特集記事を書くことになった。

その記事の中で、NHKの番組でプレゼント品として作られた非売品のテレカを、紹介させてもらおうとNHKに電話で連絡を取った。

すると、応対に出たNHKの広報担当氏は、

「うーん、残念ながらテレカの提供はできませんねぇ。うちは射幸心をあおるような企画には協力できませんから」と答えたのだ。

〝射幸心〟というのは、偶然の利益を期待する欲張り心というような意味だけど、日常会話ではまず使わない単語だから、「さすがNHK！」と思って今でもこの言葉をはっきりと覚えている。

かつてぼくらが子どもだった時代には、雑誌やお菓子メーカーはもとより、薬局や銀行までもがおまけやノベルティグッズを付けて、子どもの射幸心をあおりまくっていた。

製薬メーカーのおまけは小さなソフトビニール製のマスコット指人形が定番で、子どもが薬屋へ薬を買いに行くと、それを1個か2個付けてくれる。

薬屋さんのおまけと言えば、富山の置き薬屋さんがもってきてくれる紙風船や紙飛行機を思い出すが、資料によれば、富山の薬売りがくれるおまけの歴史は江戸時代までさかのぼるらしいから、製薬メーカーのおまけも、その伝統を受け継いだものなのだろうか。

一方、お菓子のおまけや少年雑誌の付録は、自分のこづかいで買うから、その魅力はぼくらのサイフを直撃した。

アトムシールや少年雑誌の組み立て付録については別項でも述べたが、ほかにもさまざまな賞品や景品が、キラ星のごとき輝きでぼくらのこづかいを狙っていたのである。

江崎グリコでは、4つに分割された絵合わせカードをお菓子1箱に1枚ずつ封入し、その絵が何セットかそろうと景品が「もれなく」(!)もらえるというキャンペーンをたびたび行っていた。

中でも、手紙を入れた円筒をくわえてラジコンで動くブルドック形のロボット〝おつかいブル公〟(66年)や、テープレコーダーを内蔵し、自分で吹き込んだ声が早送りやスローで再生されてしゃべる〝せっかちくん、オトボケくん〟(68年)などは、当時のハイテクを駆使した最先端玩具で、しかもどこにも売ってない!

ぼくらは、友だちと競うようにして夢中でグリコ製品を買いまくったわけだが、この「もれなく」というのがクセモノで、例えば、せっかちくんをもらうためには、4分割のせっかちくんカードを30組もそろえなければならないのだ。

つまり、仮にダブリなしのストレートでそろえたとしても、なんと120個ものグリコ製品を買わなければ手に入らないのである。

ちょうどそのころ、雑誌『少年』に連載中だった藤子不二雄のマンガ『忍者ハットリくん』(63〜68年)の中にこんなシーンがあった。

主人公のハットリくんが商店街の福引きで〝当たれ〟と念じながら気を集中させてガラガラのハンドルを回すと、本当に1等賞・ハワイ旅行の大当たりが出るのだ。

そこでぼくもハットリくんをまねて、毎回、気を集中させながらアーモンドグリコの箱を開けるのだが、残念ながらぼくの気は通じなかった……。

そして、こいつはとても無理だ……と気づくのは、キャンペーンも終わりに近づいて、無数のダブリカードの山の中で、ようやく4〜5組がそろったころなのだった。

いま、フリーマーケットやネットオークションなどを冷やかしていると、昔のガラクタおもちゃに混じって、たまにこうした不ぞろいのカードが売りに出されているのを見かけることがある。

よく見かけるのがカバヤ文庫のカードだ。

きっとぼくと同じように、志なかばにして挫折したものの、せっかく集めたカードだから捨てるに捨てられず持ち続けていたんだろう。

そう思うと、かつてそのカードを必死で集めていた見ず知らずの元・少年に、「同志よ!」という共感の念を抱かずにはいられない。

●何でも知ってるケペル先生はNHKの子ども番組『ものしり博士』(61〜69年)のキャラクター。声を演じたのは熊倉一雄だ。

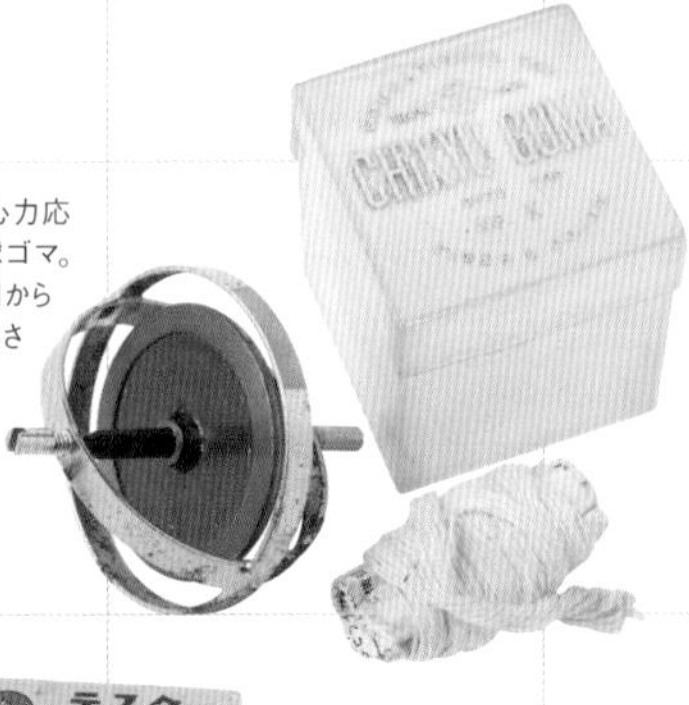

●タイガー商会の“遠心力応用科学教育玩具”地球ゴマ。64年の広告では130円から240円まで6種類が発売されていた。

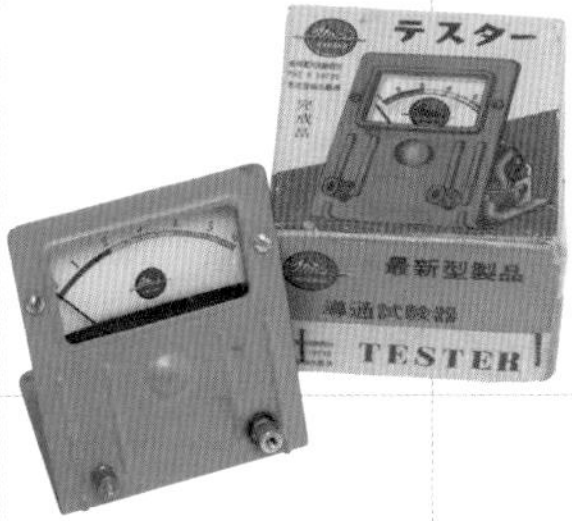

●今井科学のブリキ製テスター。買って数日で家中にある金属製品はすべて導通試験した。

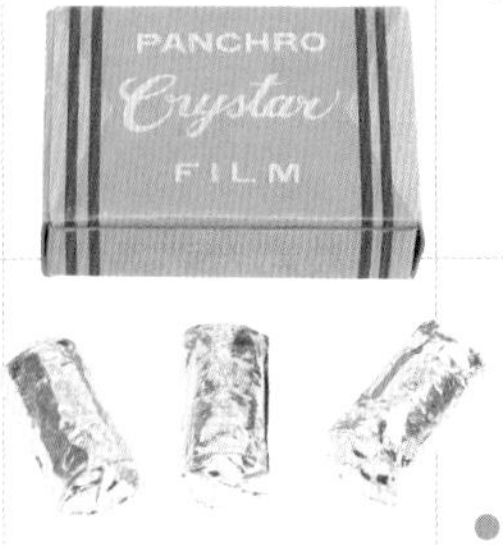

●玩具カメラに使用するミゼットフィルムは画角14mm×14mmで10枚撮りだ。

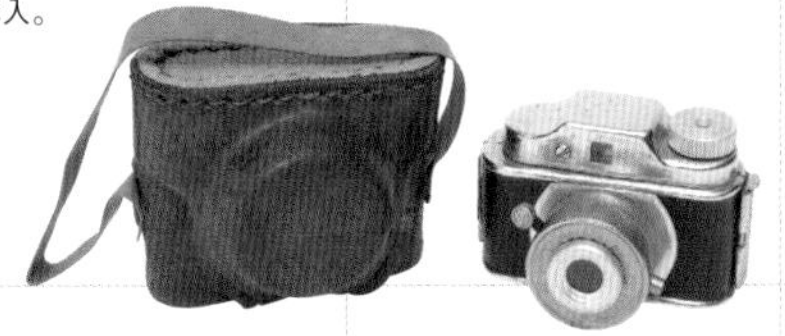

●戦前からある玩具カメラは戦後輸出用として再び人気に。このコリーカメラは63年ごろ購入。

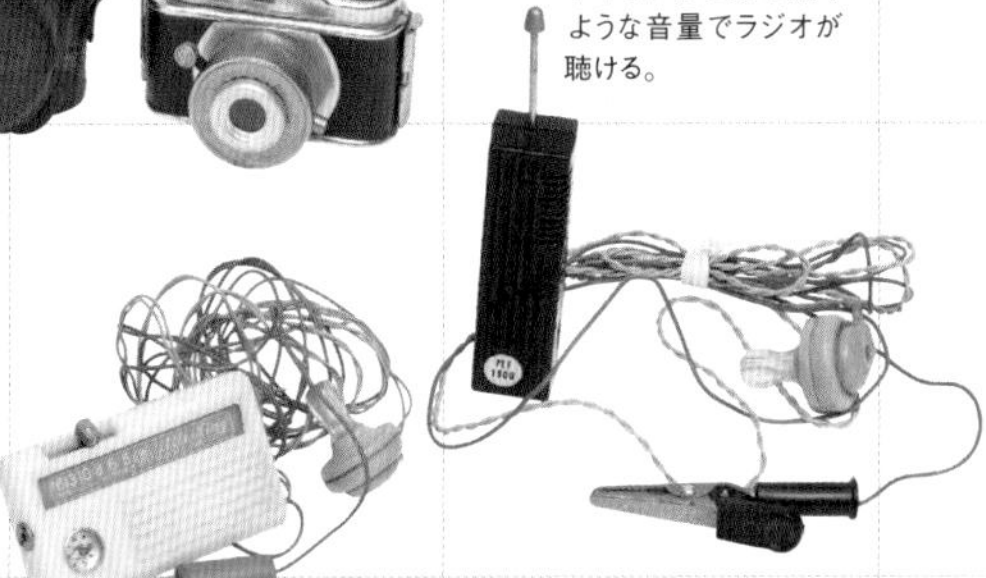

●ゲルマラジオ2種。アース端子を水道管や地面につけるとイヤホンから蚊の鳴くような音量でラジオが聴ける。

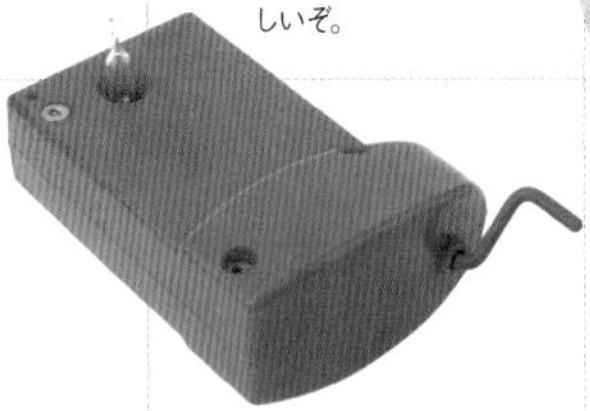

●70年ごろの『科学』の付録だった手回し式発電機。先端が尖った真空引きの電球が珍しいぞ。

●坂や階段を下りる不思議なバネ、トムボーイ。三光発条というメーカーが63年に発売、67〜68年ごろ大ブレイクした。

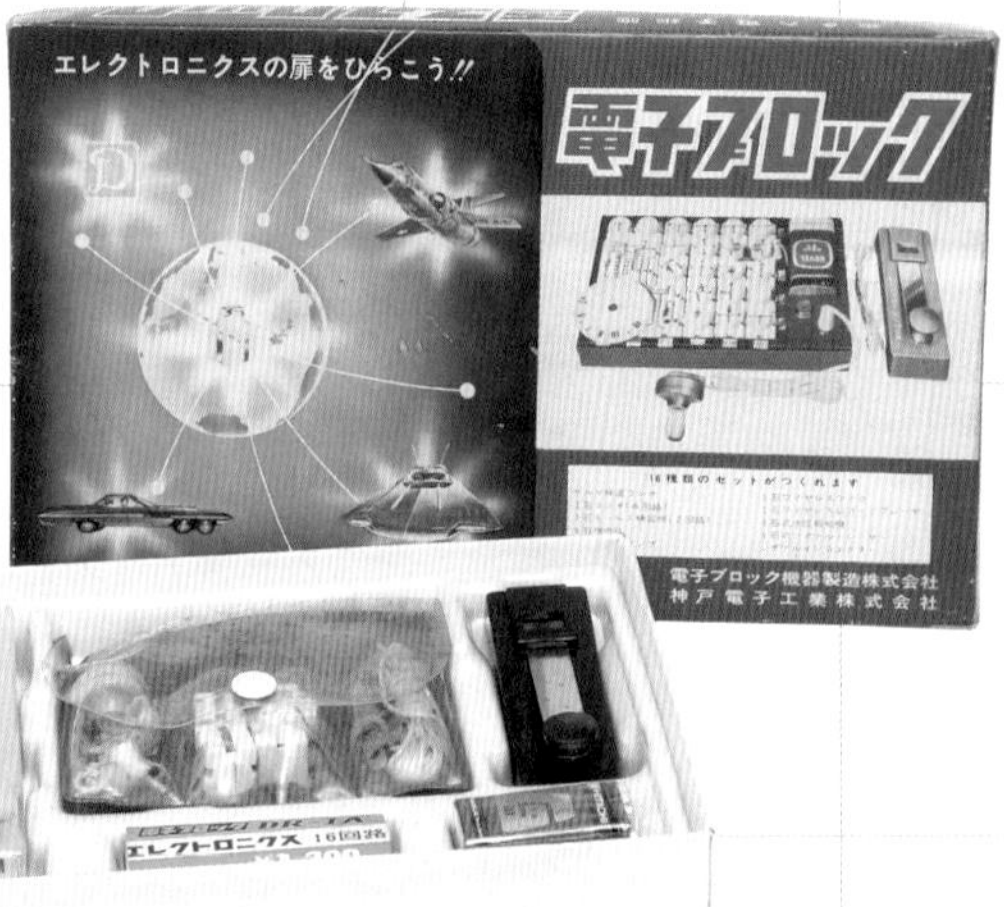

●科学少年が最高に憧れた高級玩具・電子ブロック。ブロックを回路図通りに並べるとエレクトーンやモールス信号機などが作れる。

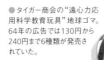

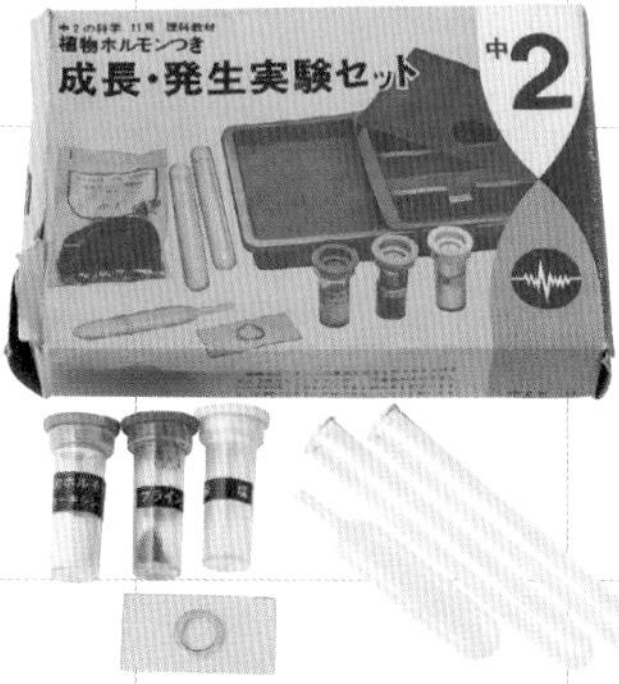

●少年雑誌の広告で話題の謎の生物シーモンキーが、学研の『中2の科学』70年11月号の付録に付いた。ただの小エビだったけど。

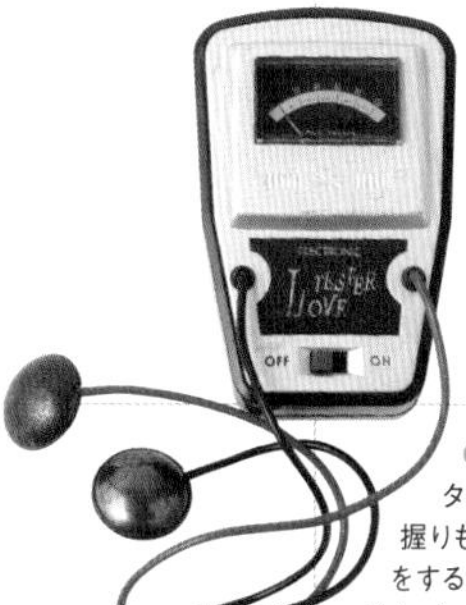

●任天堂のラブテスター。片手で鉄球を握りもう一方の手で握手をすると、ふたりの愛情度がメーターに出る！ 69年当時1980円。

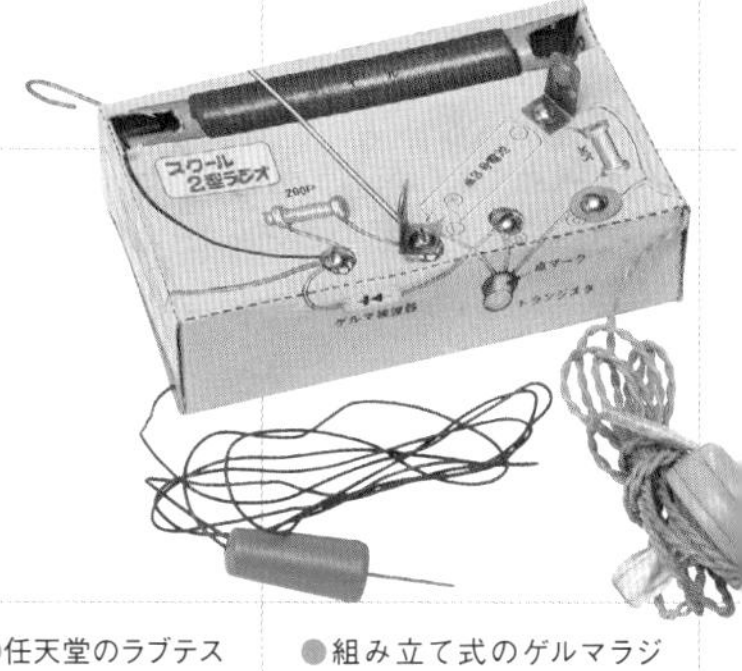

●組み立て式のゲルマラジオ・スクール2型。65年当時の定価が200円。

科学する心は、おもちゃに始まる!?

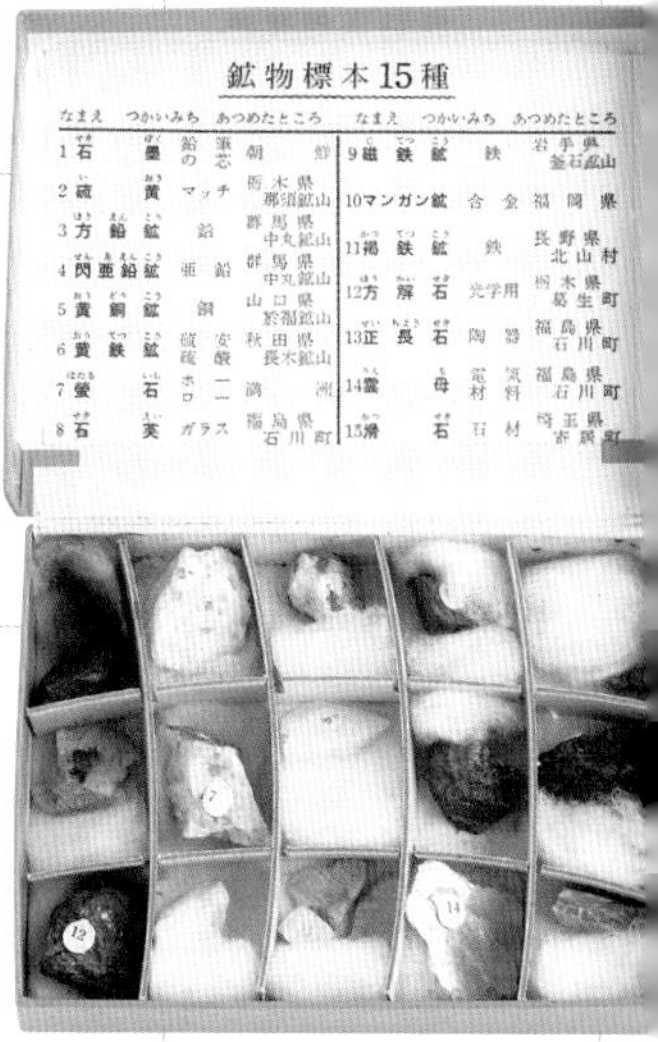

●なぜか理科の時間に先生から見せられる鉱物標本は、学研の雑誌『科学』でも定番の付録だった。

●望遠鏡や潜望鏡などはいつもおもちゃ箱に数本入っていた。何しろガキは穴があったら覗かずにはいられないからな（大人もか？）。

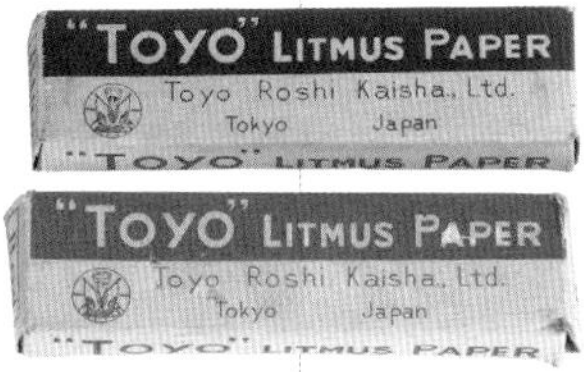

●科学する少年にとって目で見える化学反応は死ぬほど魅力的だった。これは担当編集氏が幼少の頃に買ったリトマス試験紙。

●トミーのビックリレコード。直径5cmほどのレコードに夜鳴きそば屋の音やチンドン屋の音などが入っている。71年ごろ。

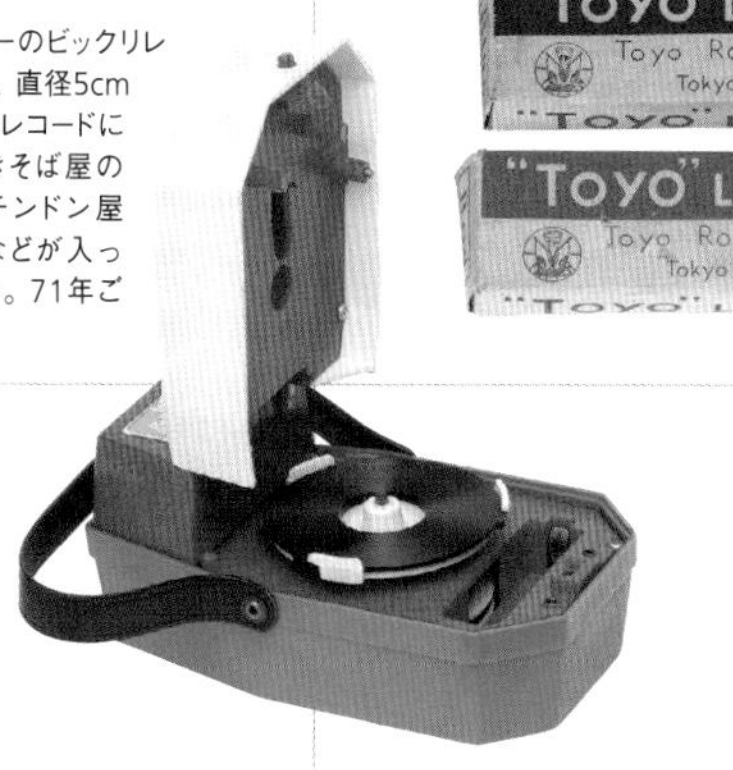

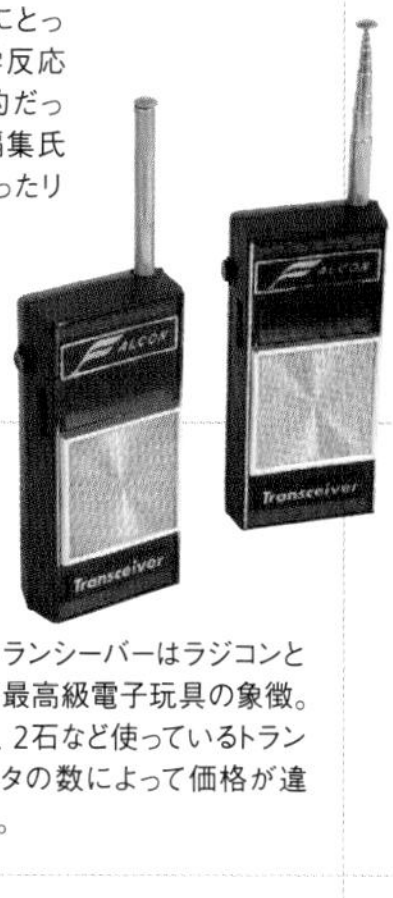

●トランシーバーはラジコンと並ぶ最高級電子玩具の象徴。1石、2石など使っているトランジスタの数によって価格が違った。

『ものしり博士』が教えてくれたこと

アポロ11号が人類初の月着陸を果たした1969年、日本でひとつのおもちゃが発売された。シルバーとブラックのシンプルなボディの真ん中にアナログ式のメーターがひとつ。そこから赤と黒のコードがのびていて、その先端には、碁石のような円盤状の金属球が付いている。

そう、前のページで紹介している愛情測定器〝ラブテスター〟である。

当時放送されたテレビCMは、「テスターテスター、ラーブテスター、誰と誰とが愛しているか〜♪」という軽快な歌に乗って、60年代チックなイエイエギャルが、これを使って、ふたりの男性と愛情度を計るというものだった。

ギャルは、メーターがグーンとアップしたナイスガイとカップル成立！　一方、メーターの上がらなかったイマイチ君は、ふたりが熱く抱擁するのを横目で見ながら、うらめしそうに去っていく……という、小学生にとってはかなり刺激的な内容だった。

このラブテスター、CMを覚えている人は多いけど、値段が高かったため、当時、実際に買った人はほとんどいなかった。ぼくも現物を手に入れたのは、発売から3年ほど後のことで、遊び飽きた友人から300円で譲り受けたのだった。

思春期前のぼくらには、好きな女子と愛情を測ってラブラブになりたい、なんていうCMのような下心はなかったが、目に見えないものが数値化されて見えるというのは好奇心を激しくそそった。

目に見えないものを見えるようにする。記録できないものを記録する。それはまさに科学の基本だ。

カメラもまたそういう意味で、子どもが憧れる最大の科学メカだった。

63年ごろ、日光写真機を卒業したぼくがついに買ってもらったのが、ミゼットフィルムという小指の先ほどの小さなフィルムを使う豆カメラだった。

これはおもちゃながら本物の写真が撮れる！　ぼくは喜んで付属のフィルムで撮影しまくったが、写真屋さんに現像を頼むと、普通のフィルムと同じ金額を取られる(しかも当時はかなり高かった)から、1本だけ現像してもらってオシマイだった(しかも露出むちゃくちゃで失敗だらけ)。

そんな少年カメラマンのために、当時の少年雑誌の通販広告には、自分でフィルムの現像ができる白昼現像器というものが紹介されていた。

だけど広告には詳しい内容はまったく書かれてないし、怪しさいっぱいで、いったいどんな仕組みなんだろうと、気にはなったものの、こちらはついに買ってもらうことはなかった。

それがつい最近、コレクター仲間のZさんが現物を入手し、その取り扱い説明書を読ませてもらうことができて、長年の疑問がようやく氷解した。

果たしてそのモノの正体は、細長い封筒のようなビニール袋で、その袋の中にフィルムを伸ばして入れ、そこに現像液を入れて、シャバシャバと振るだけという、なんともシンプルな道具だった。

説明書には〝現像液の温度は、冬はやゝあたゝかく感ずる位、夏はやゝつめたく感ずる位〟と、なんともアバウトなことが書いてある。

この方法で当時の少年たちは、果たしてうまく現像できたのだろうか。

ところで、こうした写真が写る仕組みを最初に知ったのは、確か、NHKで放送されていた『ものしり博士』(61〜69年)だったと思う。「ケペル先生〜!!」という子どもたちの呼びかけに答えて、ものしり博士のケペル先生がさっそうと画面に登場。子役の上原ゆかりちゃんとのかけ合いで、毎回、さまざまなテーマについて、そのものの由来や、仕組みなどをひもといていくという教育番組だ。

国籍不明の顔立ちをしたケペル先生は、顔は人形で口だけしか動かないが、手は生身の人間が手袋をして演じている。

その外見は、子どもにとってはかなり怖かったが、語り口は軽妙で、コントや歌や図解をまじえて、あらゆるものを分かりやすく紹介してくれるから、楽しくて勉強になる。

例えば、写真のほかにテーマとして取り上げられていたものは……えーと……残念ながらそのほかの内容はひとつも覚えていませんでした(全然勉強になってないじゃん!)。

プラモデルは完成するまでが楽しかった

●青島文化教材社の大型SFプラモ・タイガーキャプテンのミニ版。前半分がキャプテンスカーレットの追跡戦闘車にそっくりなのがご愛嬌だ。

●イッコーモケイの戦艦陸奥(上)はゴム動力で走行。ASKの吹雪は、当時"洋上模型"と呼ばれた、船底下部が平らなディスプレイ専用モデルだ。

●アメリカのM-4シャーマン戦車。メーカー名もスケールも書かれていない駄菓子屋売りのミニプラモデルだ。

●青島文化教材社のアベンヂャーは、リモコン操作でモーターによってプロペラが回転。翼も折りたためる。箱絵は梶田達治だ。

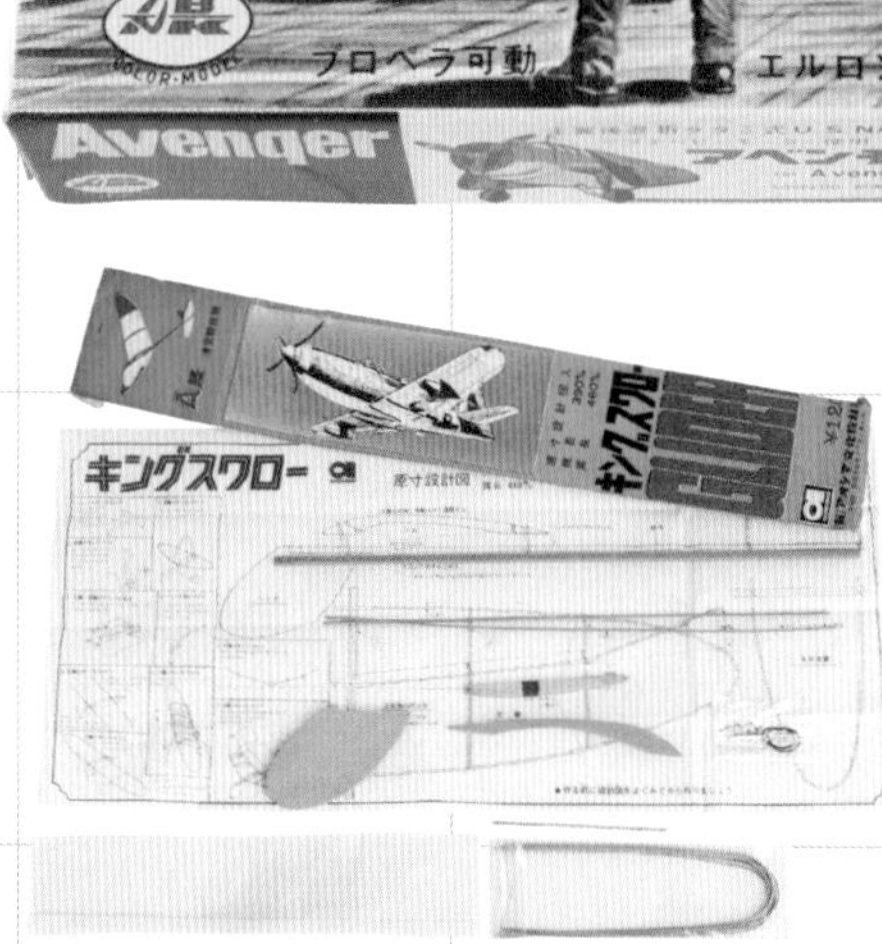

●竹ヒゴと和紙で作るグライダーはすでに絶滅寸前。だって完成まで2日もかかるなんてスピード時代のぼくらには耐えられないぜ!!

●レーシングカーとゼロ戦。実はこれ、1つの箱の表と裏なのだ。しかし中身はちゃんと2種類ある。駄菓子屋のくじの当たりかな？

●昭和30年代にミニプラモデルを多く発売した三共のネズミちゃんレースカー・タルボラーゴ。ゴム動力で走る。

●駄菓子屋売りのゼロ戦のプラモデル。タグに描かれたパイロットの絵は0戦はやとか？

●三共の150分の1ミニ飛行機のシリーズ、ピーナツシリーズの1機ホーカーハンター。箱の裏が組み立て説明図になっている。

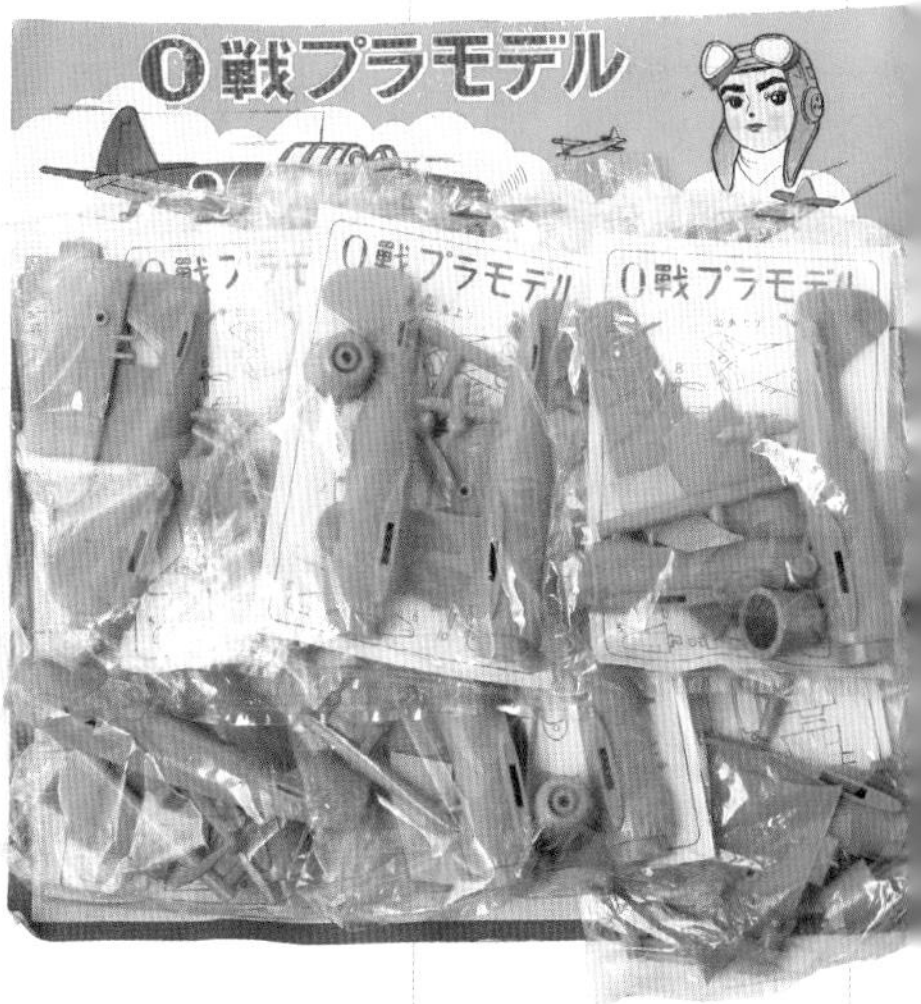

●TKK（東京科学）のマブチモーターは、電動プラモに欠かせない動力だ。この25型モーターは、60年代ごろの価格で100円。

●童友社の、ミニカーより小さい豆粒のような自動車のプラモ。60年代当時で30円くらいだっただろうか。

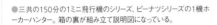

哀しき路傍のミニプラモデル

日本で最初に発売されたプラモデルは、1958年にマルサン商店から出た『原子力潜水艦ノーチラス号』だった。すでにその少し前から、アメリカ製のプラモデルがわずかながら輸入されていたから、プラモデルが子どもたちに認知されるには、それほど時間はかからなかった。

60年代に入ると、プラモ業界にはさまざまな業者が次々と参入してくる。マルサンのようなおもちゃメーカーのほか、ソリッドモデルと呼ばれる木製模型を作っていたメーカー、果てはおもちゃにも模型にも全く縁がなかった会社までが加わって、またたくまに一大プラモ市場を築きあげていった。

だが、プラスチックはまだまだ高価だった。

ぼくらはプラモ屋のショーウィンドウにへばり付き、中に飾られた全長105cmという日本ホビーの巨大戦艦大和などを羨望の目で見つめながらも、実際に買うのはいつも、駄菓子屋で30円や50円で売られているミニプラモデルばかりだった。

戦車では三和模型やマルサンのミニ戦車シリーズ、飛行機では手の平サイズの三共ピーナツシリーズがぼくらの定番だった。

かつては木製模型のメーカーだったASK（渥美産業）は、1000分の1というこれまた超ミニサイズの戦艦模型を多く発売していた。

ぼくらはこうしたミニプラモデルを、家でチマチマ作るなんてことはほとんどしなかった。

神社の境内や公園のベンチで開封し、その場で組み立てるのが男らしいとされていたからだ。

もちろんニッパーやピンセットなんていう小生意気な工具も一切使わない。

ランナー（パーツをつなげている枠）からパーツをもぎ取り、カップ麺のスパイスみたいなアルミの袋に入った接着剤をぎゅーっと絞り出して組み立てる。

そうやって店開きしていると、周りはいつの間にか、幼稚園児や小学校低学年のガキたちで、けっこうな人だかりになっている。

ここで、箱の裏に書かれた組み立て説明図を見ないでサクッと完成させれば、彼らの尊敬と羨望の視線は一気に高まり、オイラはアニキになれる。

だが逆に作り方を間違えたり、接着剤を付けすぎてうまく動かなかったりしたら最後、その公園でのぼくの権威は地に落ちる。

小器用なぼくは、たいていは、そうしたプレッシャーの中でも何とかプラモを完成させて面目を保っていたが、その人気も、プラモが壊れるまでの一瞬に過ぎなかった。

チャチなプラモは数回動かしただけであっけなく壊れてしまい、そうなると、ガキどもにとっては、ぼくもプラモももはや興味の対象ではなくなる。

すると彼らはぼくの周りから、潮が引くようにサーッと散っていくのだった。

いつの時代も人気商売（?）はツライのである。

だから昔は道端に、そうやって打ち捨てられた、壊れたミニプラモデルがよく落ちていた。

赤塚不二夫のマンガ『おそ松くん』の「六つ子になんか、まけないぞ!!」の巻（63年）には、プラモデルにまつわるこんなエピソードがある。

町内マラソン大会に出場したおそ松たちが、途中でゼロ戦のプラモを拾う。ところが翼が1枚ないのに気づき、ガッカリして捨てる。

すると、少し先へ進んだところで、今度は翼だけが落ちていた。それを拾ってあわててさっきのところへ戻ると、ゼロ戦はなくなっていて「ばか」と書かれた紙片だけが残されていた。

実はこれは、おそ松たちを遅らせようとするチビ太の策略だったというオチだ。

今じゃ、壊れたプラモが落ちてても拾うやつなんていないだろうけど、当時は誰もがうなづく、リアリティあるギャグだったんですよ。

ちなみにこの〝プラモデル〟という名称は、かつてはマルサン商店の登録商標だったため、他メーカーは長ったらしくプラスチックモデルと言わなければならなかった。

その商標が、75年に日本プラスチックモデル工業協同組合の所有となって公開されたため、晴れて通称としてプラモデルと呼べるようになったのだ。

もっとも、そんな大人の事情にカンケーなく、俺たちガキは昔からプラモデルって呼んでたけどね。

東京オリンピックと高層ビルに胸を高鳴らせた!!

●アーモンドグリコには、世界のオリンピック記念切手が入ったペンダントがおまけに付いた。当時50円はけっこう高価だ。

●駄菓子屋版の万国旗ワッペン。東京オリンピック開催中は、なぜか全国の商店街に万国旗がはためいていた。

●聖火と各種競技をデザインした切手シール。聖火が地元を通るときは大人も子どもも大騒ぎだった。

●明治のお菓子のおまけだったアトムシール。聖火を持つアトムの勇姿がかっこいいぞ!

●これもグリコのおまけのフエルト製ワッペン。東京オリンピックの年は海外旅行自由化元年でもあり、航空会社のワッペンも人気。

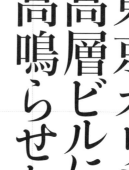

●当時発売された記念タバコの外箱。親父が捨てたこんなものもゴミ箱から回収して宝物になった。

●そして雑誌『ぼくら』にはこんな別冊付録が。でも地元柴又でコレを活用するシーンは一度もなかったな(笑)。

●東京タワーのプラモデル。“プラスチックス”という表記がレトロだ。

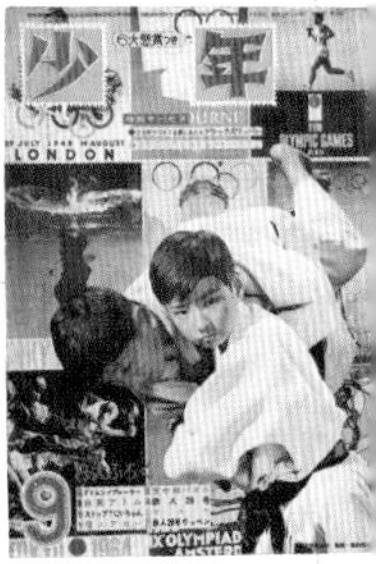

●少年雑誌もオリンピック一色！ 雑誌『少年』64年9月号の表紙は日本期待の柔道だ!!

●東京タワーがデザインされたガラスの石けり。今はレトロスポットとなった東京タワーも、当時はもちろん最先端の場所だった。

●71年完成の京王プラザホテルは、新宿西口に最初に登場した高層ビル。高さを誇らしげに強調したパンフのイラストがいい味。

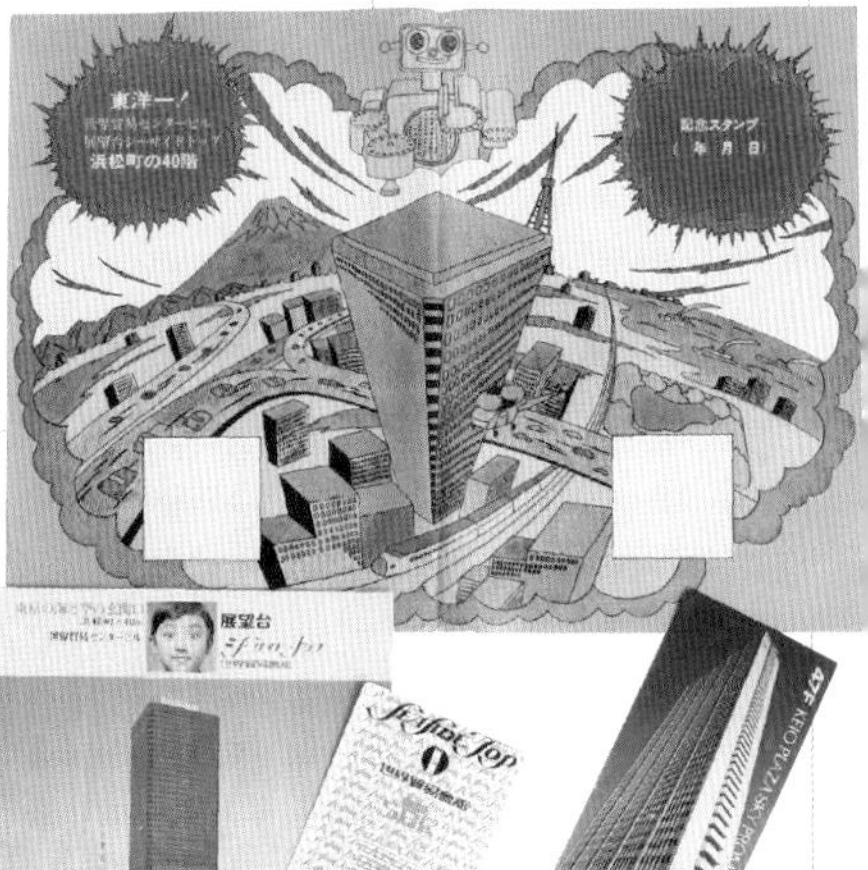

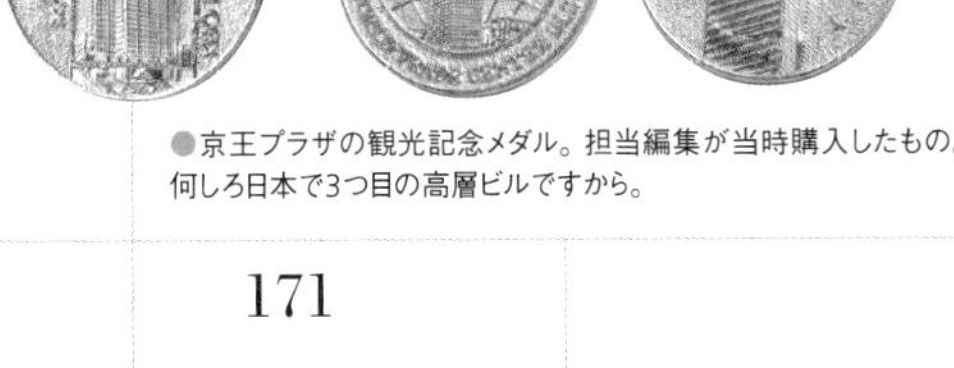

●京王プラザの観光記念メダル。担当編集が当時購入したもの。何しろ日本で3つ目の高層ビルですから。

東京がメトロポリスに変わっていった

『鉄腕アトム』の「アトム対ガロンの巻」（62～63年『少年』連載）は、異星人の作ったロボット・ガロンが地球へ落ちてくるところから始まる。

ガロンは星を改造するために作られたロボットで、土壌や大気の成分、果ては重力までをも自由に作り変えることができる。やがて暴走したガロンは、地球を自分の星と同じ環境に作り変え始める……。

この「アトム対ガロン」が連載されたころ、街は東京オリンピックに向けて大きく変わりつつあった。

62年12月、首都高速道路1号線（京橋―芝浦間4・5km）開通。

63年7月、名神高速道路（栗東―尼崎間71・1km）開通。

64年10月、東海道新幹線開業。東京―新大阪間が従来の特急の6時間半から4時間に短縮された。

作家の小林信彦は、このオリンピックのための都市改造によって、東京の古きよき文化と伝統が断ち切られ、破壊されてしまったと嘆く。

手塚治虫も、オリンピックに向けて都市の改造が無秩序に進むことに危機感を感じて「アトム対ガロン」を描いたのだろうか。

だけど、当時子どもだったぼくらは、建築ラッシュや道路の舗装工事の喧騒に、むしろワクワクしていた。そこには祭りの前のような、何かが始まりそうな期待感があったからだ。

大切な遊び場だった空き地に、ある日突然囲いができて建築資材置き場になったり、ビルの建設が始まったりしたこともあったが、まだまだ空き地はほかにもいっぱいあったし、日曜日にはそこへ忍び込んで、巨大な下水管（?）の中で遊ぶこともできた。

66年4月に放送された『ウルトラQ』の「カネゴンの繭《まゆ》」の巻には、開発で遊び場を奪われた悪ガキたちが、工事現場に潜り込んでゲリラ的に遊ぶ姿が活写されている。ぼくらもそれとまるで同じ状況だったので、この番組を見て大いに共感したが、きっと全国の都市近郊で同じようなことが起きていたんだろう。

さて、そんな狂騒の東京オリンピックが終わっても、都市開発の勢いは止まらなかった。

62年の建築基準法改正でビルの高さ制限が撤廃されると、日本は超高層ビルの時代へと動き出す。

そして、日本初の超高層ビル・霞ヶ関ビルが完成したのは68年4月のことだった。

その霞ヶ関ビル誕生と同じ68年4月に放送が始まったアクション番組『キイハンター』(~73年TBS)では、千葉真一や野際陽子らが演じるキイハンターのメンバーが集まるオフィスが、霞ヶ関ビルの21階にあるという設定になっていた。

小学校の名札に〝風間洋介(千葉真一の役名)〟と書いて入れていたほどの『キイハンター』ファンだったぼくは、ある日、親にねだって憧れの霞ヶ関ビルへ連れて行ってもらったことがある。

初めて真下に立って見上げた霞ヶ関ビルは、文字通り天にも届く威容に感じられた。

そこでふと頭をよぎったのは、キイハンターではなく、霞ヶ関ビル建設を描いた劇映画『超高層のあけぼの』(69年東映)のワンシーンだった。

高層階で建設中の作業員が、何気なく下へ投げ捨てたボルトが、下に駐車してあったトラックの屋根を貫通して運転席のシートにめり込んでしまう。

ぼくは、地上36階、高さ147mから落ちてくる1本のボルトを想像して思わず身震いした。

その後、70年代に入ると日本は超高層ビルラッシュとなる。

70年に完成した東京浜松町の世界貿易センタービル(地上40階、高さ163m)を皮切りに、だだっ広い空き地だった新宿西口の淀橋浄水場跡地に次々と超高層ビルが建っていく。

71年、京王プラザホテル(地上47階、高さ179m)。74年、新宿住友ビル(地上52階、高さ210m)。74年、新宿三井ビル(地上55階、高さ225m)。このあたりまでは覚えていたのだが、もうあとはわけが分からなくなってしまった。

しかし今、それらのビルを見上げても、あの幼い日に霞ヶ関ビルを初めて見上げたときのような、心が震えるような感激はない。

あのころぼくらが感じていた、街がメトロポリスに変わっていく期待感はやはり幻だったのだろうか。それとも……。

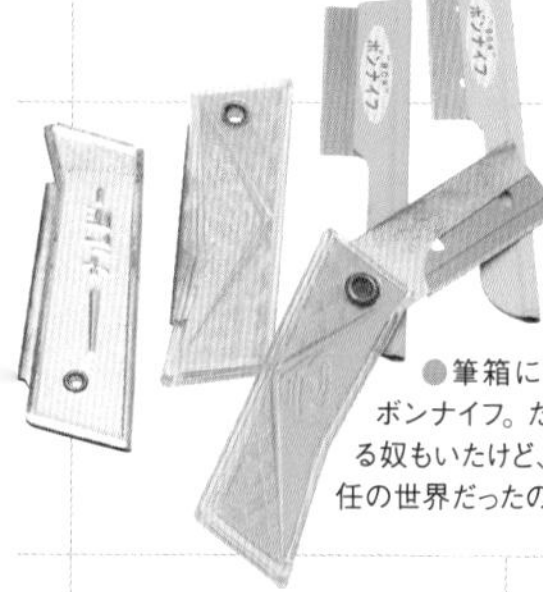

●筆箱に必ず入っていたボンナイフ。たまに指をケガする奴もいたけど、すべては自己責任の世界だったのだ。

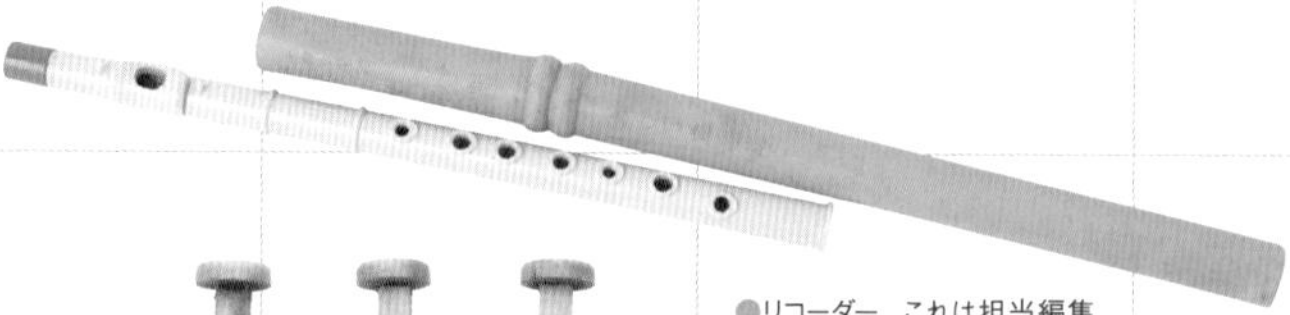

●リコーダー。これは担当編集氏が子どもの頃に使っていたものだ。ポリエチレンのケースが懐かしい。

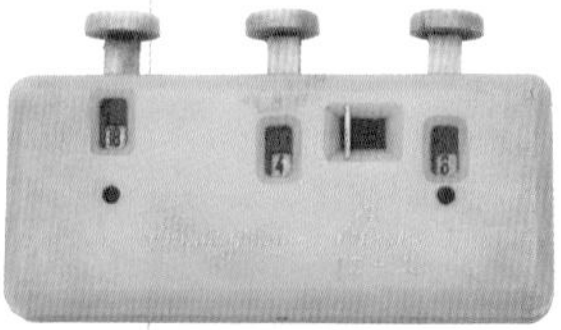

●ぼくはコレをカチカチ計算機と呼んでいた。上のボタンを押すと、カムとギヤの働きで3ケタまでの足し算と引き算ができる。

教科書から折り紙、磁石まで。文房具は大人になると妙にいとおしい

●学習辞典は、学研の『科学』や『学習』のように学校で注文して買う。毎年買ったけどほとんど使った記憶はナイ。

●今じゃ修正液に取って代わられた砂消しゴム。短気な奴は文字をこすり過ぎて紙に穴を空けちゃうのだ。

●70年代に入ってシャープペンシルの芯は急速に進化し、各社が書き味と折れにくさを競った。当時0.5mm10本入りで90円前後。

●ぼくが小学生の頃に使ってた教科書。今でも新品同様なんだけど本当に勉強してたのか？

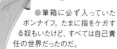

●彫刻刀はもちろん今でもあるけど、竹の皮のバレンと¥100という値段が時代を感じさせる。

●ロケット鉛筆。シャーペン禁止でもこれならOK？と、60年代の末に瞬間的に流行したけど、コレもすぐに禁止に。

●文具店にあるのはこれら小さな磁石ばかり。学校で先生が使う巨大な磁石はどこに売ってるんだ!?

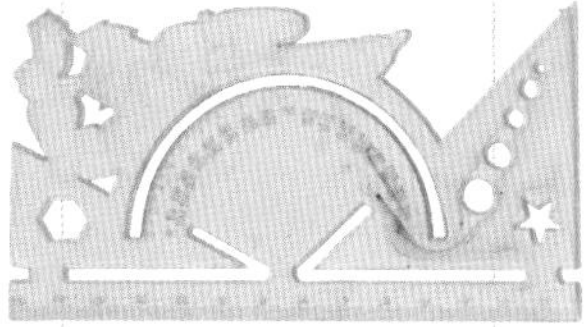

●見にくいかも知れないけど、鉄人28号の定規。文具だから堂々と学校へも持っていける。けど使いにくいぞ。

●縄跳びは、今は各自で持参する学校が多いらしいが昔は学校で貸してくれた。この味もそっけもないところがモロに学校用具って感じ。

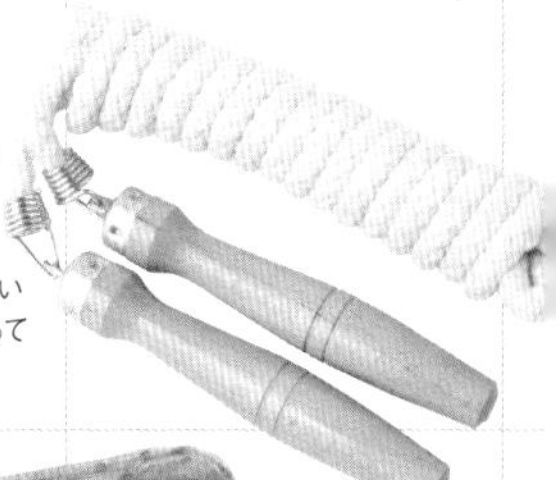

●セルロイドの筆箱。割れた部分はテープで補修しながら小学校入学から卒業まで大切に使い続けた。

●友だちと分けようとすると、必ず金と銀の折り紙の取り合いになった。子どもは光り物に弱いのだ。

●こちらも当時使用したノート。けど70年にジャポニカ学習帳が登場すると、みんなほとんどそれ一色になってしまった。

午後の教室に現われたキドカラー号

教室でジッと座っていなくちゃならない50分間。この退屈な授業時間をいかに楽しく過ごすかは、ぼくらの大命題だった。

中でもいちばん手軽でよくやったのは落書きだ。教科書の余白や机に、思いつくまま絵や文字を描く。小学校低学年までは、ふたりがけの古い木製机だったので、机の表面は、歴代の使用者たちが描いた落書きと傷でデコボコのガタガタだった。

また、机に小さな穴がひとつあれば、そこに消しゴムのカスを詰めて、上から鉛筆の頭や鉛筆キャップで突いてこねる〝餅つき〟ができる。

さらにその穴をクギや彫刻刀で彫り進め、天板の下まで貫通させる〝トンネル彫り〟もたまにやった。

ところが、ぼくが小学校3年生に進級した66年4月、新学期の学校に登校してみると、教室の風景は一変していた。

全ての机が、明るい色の天板にスチール製の足がついた新品の学習机に替わっていたのだ。

ネットで調べたところ、これはホウトクの学習机2型という製品で、1961年に発売され、今も現役で使われているという。

この机のメラミン合板の天板はツルツルで硬く、落書きをしても、ぞうきんでサッとひと拭きすればすぐに消える。クギで彫ろうとしても表面にうっすらと傷がつくだけでとても歯が立たない。

机の上のアートを奪われたぼくらは、別の遊びに転向を余儀なくされた。

新たな遊び、それは空想の世界で遊ぶことだった。

誰が言ったのか〝体の自由を奪うことはできても、頭の中の自由は奪えない〟という言葉があったが、子どもはまさに、いつでもどこでも夢の世界に入り込むことができる空想の天才だ。

大好きなキャラクターの絵が入った消しゴムや鉛筆がひとつあれば、そこから昨日見たアニメのストーリーを反芻《はんすう》することができる。

またたとえそんなものがなくても、教室の壁のシミを怪獣や人の顔に見立てて、そこからストーリーを考え出すことだって簡単だ。

教室でじっとしていなくちゃならないという状況は、かえってぼくらの想像力をかきたてた。

後年になって見たダニー・ケイ主演の映画『虹を摑《つか》む男』（47年アメリカ）は、そんな空想癖のある男が主人公の、奇妙でロマンチックな物語だった。

出版社に勤務する主人公ウォルター（ダニー）は、日常生活をしている中でも、ふとしたきっかけで空想の世界に入り込んでしまう。

街角で何気なくポスターを見ていて、嵐と戦う船長になった自分を妄想したり、会議中に天才外科医になって難手術に挑戦する夢を見たり。

やがて彼は、現実の悪党一味の陰謀に巻き込まれ、そんな中でも空想と現実がさらに混乱して……。

夢見がちな少年だったという藤子・F・不二雄が、かつて〝思い出に残る映画ベスト3〟の中の1本に挙げていた映画史上の名作である。

さて、小学校5年生になったぼくは、ある秋の晴れた午後の教室で、窓の外を流れる雲を見ながら、いつものようにぼんやりと空想にふけっていた。

すると、雲の中にポツンと銀色の物体が現われた。

小さかったそれはみるみる大きくなり、校庭のすぐ近くまでやってきた。それは……!!

「ねえ、キドカラー号だよ！」

ぼくは隣の席の友人だけに聞こえるように言ったつもりだったが、思わず声が大きくなっていたらしい。クラスの全員が一斉に窓の外を見た。

そこには、銀色の飛行船がゆったりと浮かんでいた。船体の横には赤い字で〝キドカラー〟と描いてある。

キドカラー号（飛龍号）というのは、68年から69年にかけて約半年間、日立が新型テレビ・キドカラーの宣伝のために飛ばした広告飛行船だ。

テレビのCMに登場し日本全国を巡回して、行く先々で大評判となった。雑誌『少年画報』69年2月号には、このキドカラー号の組み立て付録も付いた。

先生までが、生徒たちを注意するのを忘れて、この青空の旅人を黙って見上げていた。

今にして思えば、それはまるでディズニーのアニメ映画『ピーター・パン』（53年）のラストで、ウェンディと父親が、ピーターの去った夜空を見上げていた、あの名場面のような光景だった。

野球盤、マンガトランプ、ツイスター……ゲーム好きの血が騒ぐ

●駄菓子屋の素朴なひとり遊びゲーム。娯楽の少ない時代には、こんなものでもけっこう楽しめた。

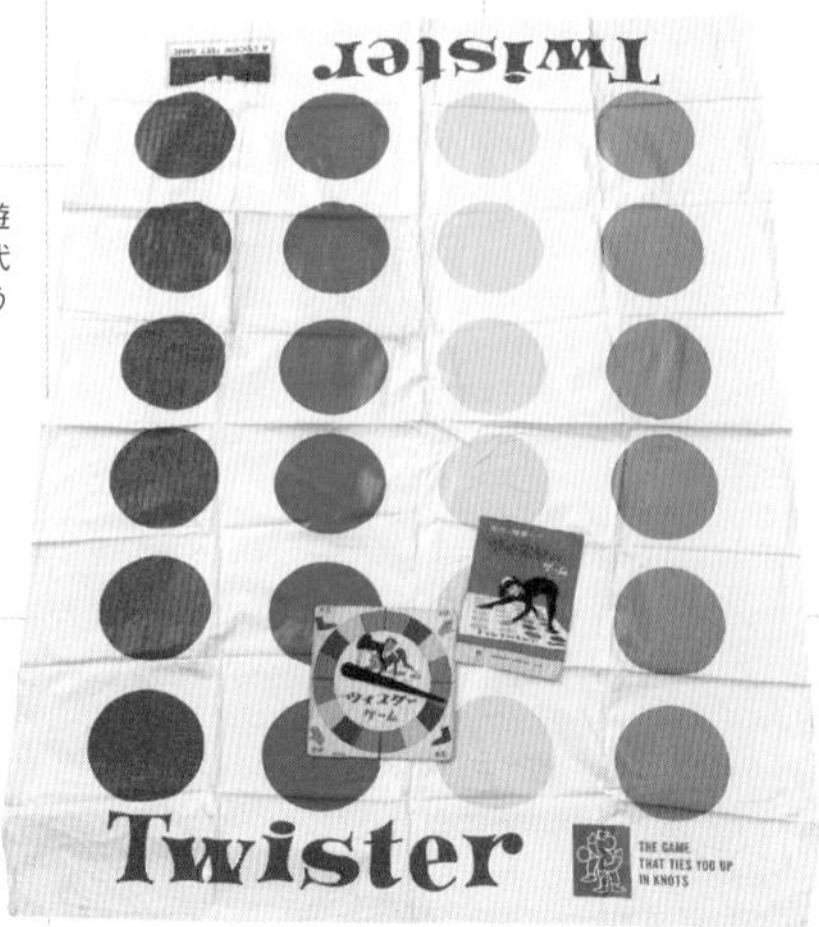

●今も売られている元祖パーティゲーム・ツイスターは、68年に任天堂から発売され、お誕生パーティの必需品となった。

●昭和40年代のマンガトランプ各種。当時トランプに課せられたトランプ税を避けるため、トランプルなんていう怪しげなネーミングも。

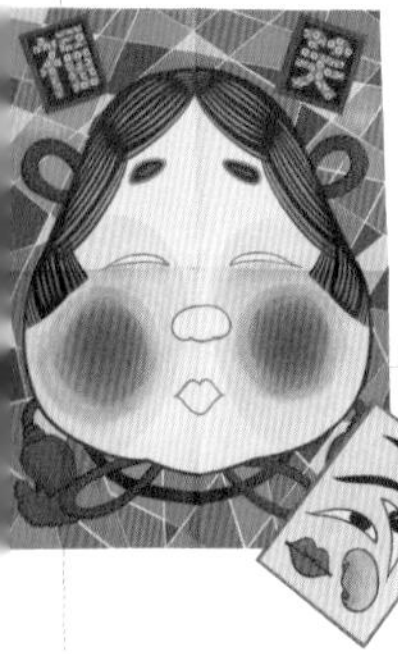

●駄菓子屋版福笑い。おかめの福笑いは定番過ぎてかえって珍しいんじゃないか？

●エポック社のオバQ野球盤。67年ごろ購入。72年には消える魔球機能が付いて再びブレイクした。

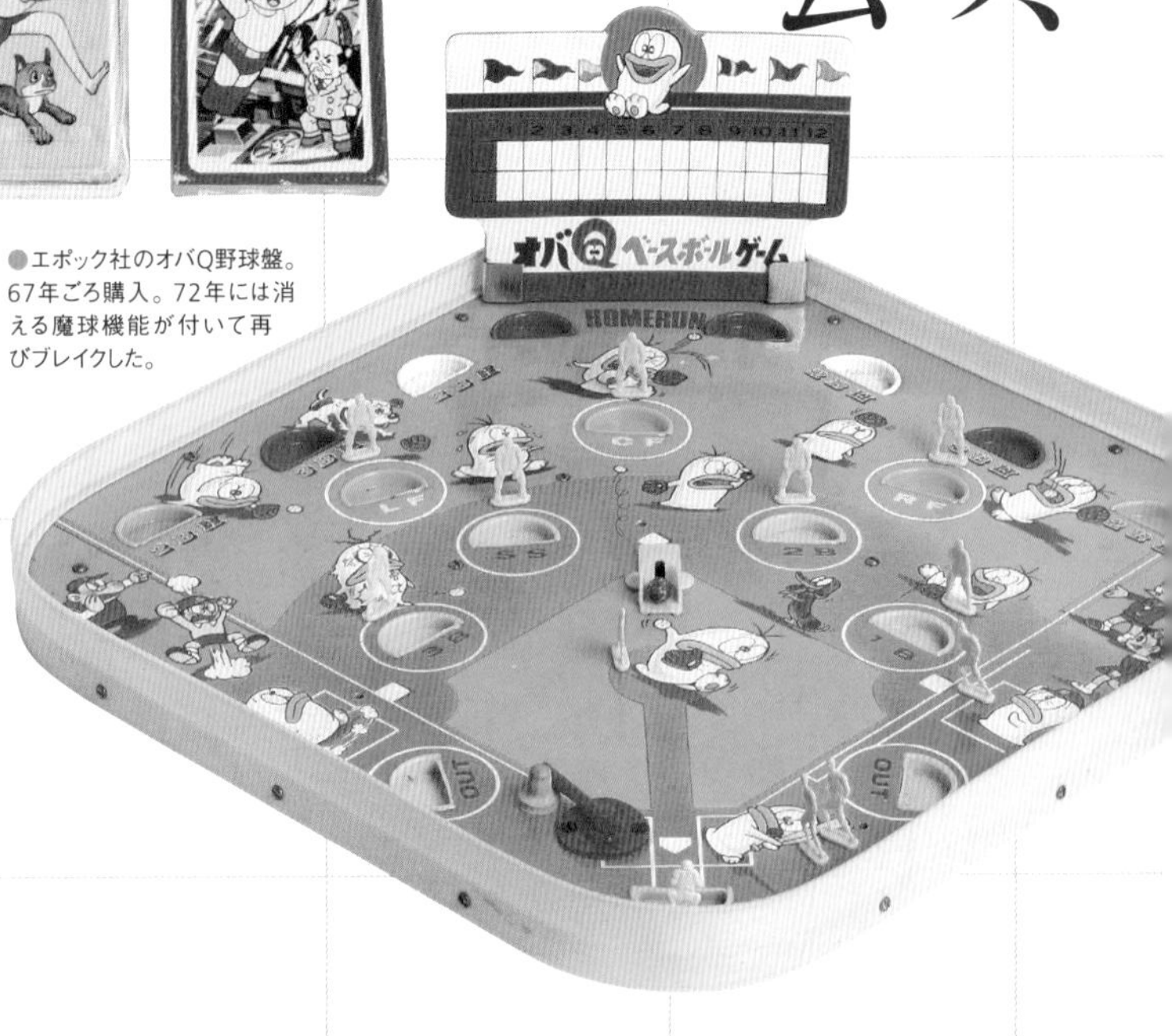

●小出信宏社の鉄腕アトムゲーム。相手のコマを挟んで取る。将棋の王将に相当するアトムのコマの動かし方が勝負のポイントだ。

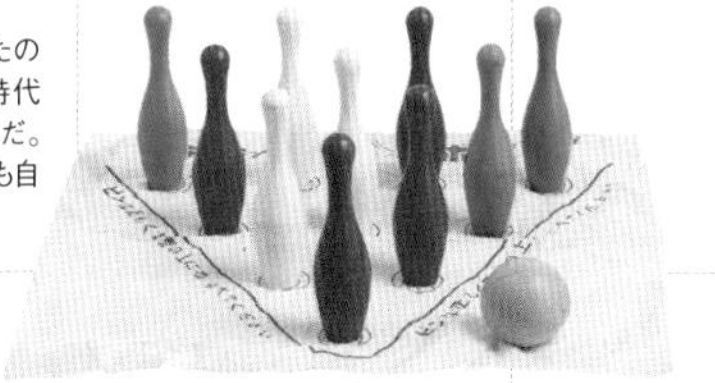

●中山律子サンが活躍したのは70年ごろ。これはその時代の家庭用ボーリングゲームだ。ピンを自分で並べ、スコアも自分でつける。えーっ!?

●駄菓子屋版の昭和40年代アニメ人気者すごろく。無版権モノにしては絵柄も構図もGOOD!!

●15パズルはNHKのドラマ『ポンポン大将』(60～64年)で、桂小金治演じるポンポン船の船長がいつもやっていて流行した。

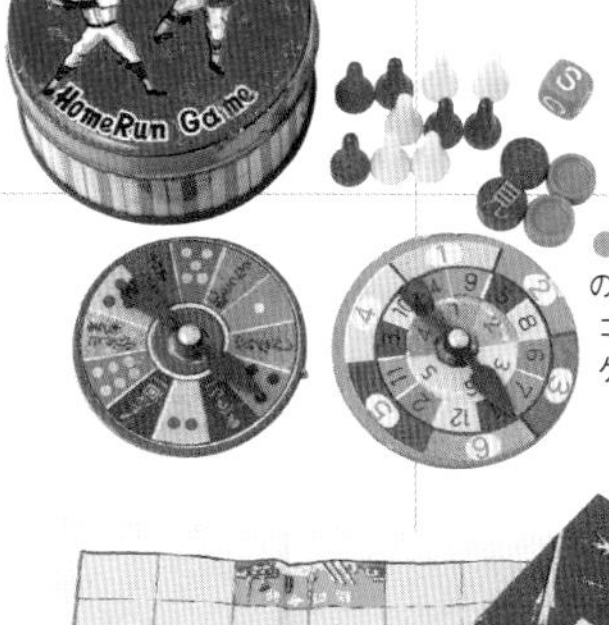

●手のひらサイズの缶の中に納まるコンパクトな野球ゲーム。

●旅行といえばこちらも定番のマグネット付きチェス。電車の旅には必ず誰かが持ってきた。

●戦前からある軍人将棋、行軍将棋の戦後版。駒や盤面は、時代やメーカーによって無数のバリエーションがある。

ゲーム盤の向うに人生が見える

ぼくの本業であるマンガ原作の仕事で、主人公に気の利いたセリフを吐かせたいときがある。

そんな場合に、簡単にそれっぽいセリフをひねり出せる、とっておきの裏技がある。

それはまずいきなり「人生は」と大上段にふりかぶっておいて、その直後に、「まるで〜みたいなものさ」と投げやりに言い捨てるというものだ。

例えば一世一代の大勝負に敗れた主人公が、去り際にフッとこんな言葉をもらすなんてのはどう?

「人生なんて、ルーレットが決めるようなものさ」

ルーレットが人生を決める、タカラの『人生ゲーム』が発売されたのは1968年秋のことだ。

オリジナルはアメリカのミルトン・ブラッドレー社が60年に発売した『THE GAME OF LIFE』というゲームで、それをほぼそのまま直訳したものだという。

従ってゲームの中で使うお金はドルだし、マス目の指示も「牧場のあとつぎになる」「石油が出た」「特許がとれた」など、当時の日本人の人生じゃほとんど縁のなさそうな内容が書かれていた。

この人生ゲーム、不思議なものでツイてるときは最初から苦労しないでどんどんお金が増えていく。

ところがダメなときは何をやってもダメ。株で損するわ、仕返しはされるわで、たちまち約束手形の山となる。

10歳の誕生日に買ってもらったこのゲームで、ぼくは、人生は〝運〟なのだということを学んだ。

この前の年、9歳の誕生日に買ってもらったのは、オバQの絵がついたエポック社の野球盤だった。

50㎝四方の球場を模したゲーム盤中央のマウンドに、パチンコ玉よりも若干小さな鉄球をセットする。

レバーを引いてパッと手を離すと鉄球発射! 攻撃側は、その球をスプリングをねじって力をためておいたバットで打つ!! 盤の裏側の磁石を動かして、カーブやシュートも投げられる。

このゲームは人生ゲームほど運に左右されることはない。ただそれだけに、相手の心を読むことがより重要となる。相手はいつカーブやシュートを繰り出してくるのか、相手の投球パワーは!?

ぼくはこのゲームで、人生は〝駆け引き〟だということを学んだ。

それから5年後の72年、野球盤界(?)に衝撃的なニュースが走った。それは新しい野球盤に〝消える魔球〟装置が搭載されたことだった。

消える魔球というのは、『巨人の星』の主人公・星飛遊馬が投げる大リーグボール2号のことだ。

ほぼ垂直に近い高さまで足をはね上げる独特のフォームから投げられたボールが、バッターの直前で忽然《こつぜん》と消える!

いったいどうやって鉄球が消えるのか!?

しばらくして弟の友人が購入し、ついにその秘密が明らかとなった!

それは、ホームベースの直前に大きな落とし穴が設けられていて、投手がレバーを引くと、穴のフタがパカッと開き、投げた球がそこに落ちるのだ。

「もしかして……これはズルイのでは……?」

ぼくは目眩《めまい》がした。この仕掛けによって、ぼくが今まで培ってきた野球盤のテクニックのほとんどが使えなくなったか、変更を余儀なくされたからだ。

この装置によって、ぼくは人生は〝無常〟だということを学んだ。

人生ゲームも野球盤も、その後、時代に応じた様々なバリエーションを出しながら、現在も発売され続けている。

昔と今の人生ゲームで大きく変わったのは、昔は全員が必ず就職し、一度決まった職業は一生変えられなかったのが、今は転職や昇進のチャンスがあるということだ。ただし職業が決まらなければフリーターとなる。また、03年に発売された『ブラック&ビター』では、結婚せずに生涯独身で通すこともできる。

「億万長者になるか、貧乏農場へ行くか!? ドーン!!」という発売当時のCMで有名だった勝者と敗者の行き着く先も、04年発売の『レインボードリーム』では、〝虹の楽園〟と〝無人島〟となっている。

しかし時代によって盤の中味は変わっても、ぼくらがこのゲームから学んだことは変わらない。

それは何かというと、誰かが言った「人生はルーレットが決める」というあの名言に尽きる。

あ、これはさっきぼくが言ったんだっけ。

●チエリング。女子は首飾りや腕輪を作って遊ぶが、男子はこれをビー玉のように投げて当てるゲームに熱中した。

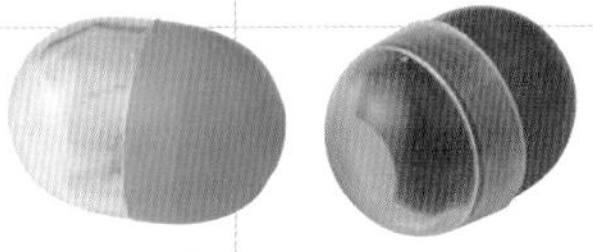

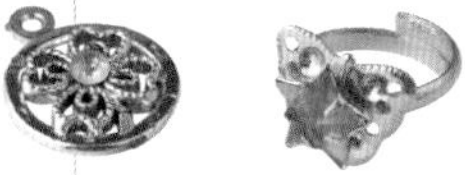

●ガチャガチャにも女の子おもちゃはあった。ペンダントに指輪。チープだけど捨てられない。

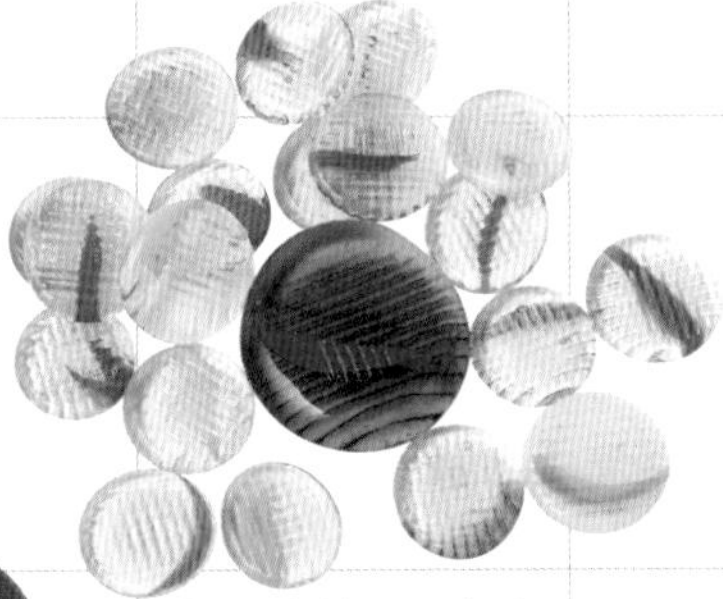

●おはじきがカラフルになったのは昭和40年代以降で、それ以前は廃棄ビンを溶かして流用したジミな色のものがほとんどだった。

●紙のようにペラペラに薄い紙せっけんは、友だちと交換したり匂いを嗅ぐだけで決して使わない。

●ぬりえで有名な蔦谷喜一の描く着せかえ。中央右下のゴミ箱など、当時の生活が垣間見えて興味深いぞ。

●ティッシュ登場以前にぼくらが学校へ持って行ってたのはこの花紙(化粧紙)だ。コレクションしてる女子もいたな。

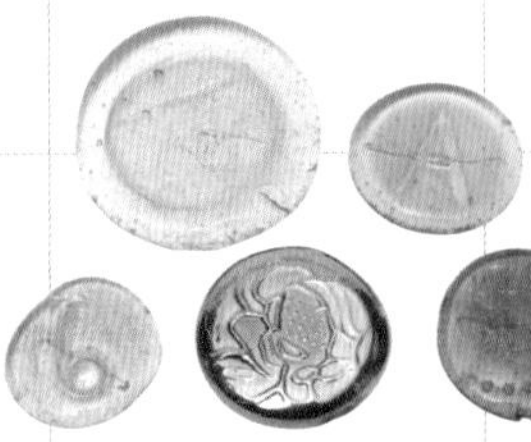

●ガラス製の石けり各種。えっ? 石けりって石でやるものじゃなかったのか!?

●見本のように極彩色に塗るには24色のクレヨンや色鉛筆が必要。けどそんなの持ってる奴はほとんどいなかった。

ぬりえ、紙せっけん、リリアン。女の子おもちゃの世界

●着せかえ遊びは、時には男子もつきあわされた。よく見るとパーマンと赤影のコスプレがあるぞ。

●よそ行きの服を揃えたお母さんはモデル立ちで決めポーズ。でもあんたの赤ちゃん巨大過ぎませんか？

●きいちと並んで有名だったまつおのぬりえ。きいちより庶民的で下町的なテイストが特徴だった。

●70年代初期のぬりえ。左のぬりえの下の女の子とカエルは『ふしぎなメルモ』（71年）のメルモと、弟のトトオだな。

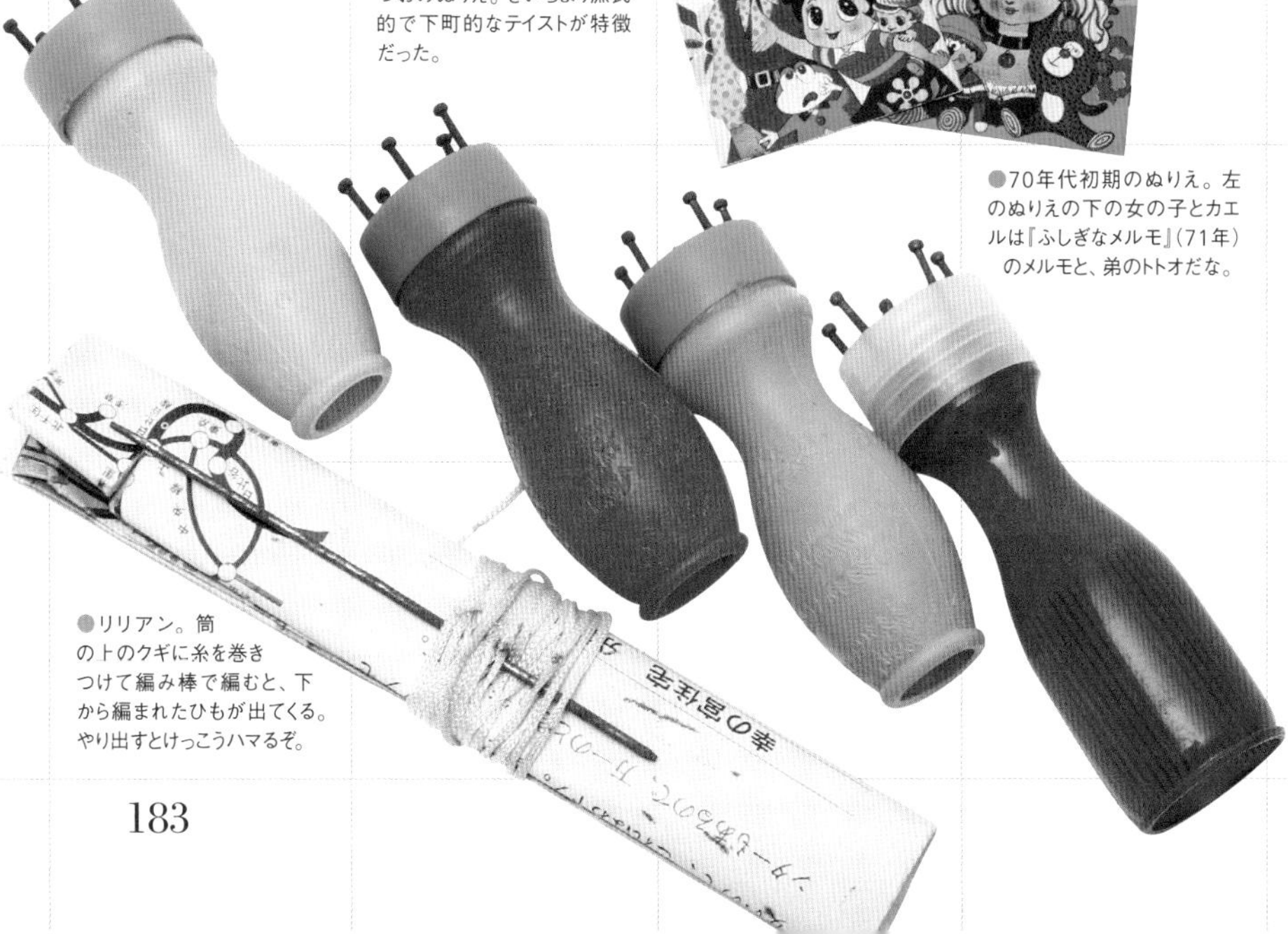

●リリアン。筒の上のクギに糸を巻きつけて編み棒で編むと、下から編まれたひもが出てくる。やり出すとけっこうハマるぞ。

こっそり『少女フレンド』を読んだ日

小学校高学年になると、男子と女子はしだいに距離を置くようになる。と同時に、遊びも違ってくる。

当時の女子の遊びといえば、屋外なら石けりやゴム跳び、ハンカチ落とし。屋内なら着せ替え人形やおまごと、お手玉、リリアンなど。

一方男子は、ドッジボールや天下取りなどのボール遊び。缶けり、駆逐水雷(水雷艦長)、エス拳などの鬼ごっこや陣地取りなど、いずれも動きの激しい野蛮な(?)遊びが増えてくる。

近所に住む仲良しのトモちゃんともあまり遊ばなくなり、たまに会っても話す話題が見つからない。

そんなある日、ぼくは隣町に住む2歳年上の従姉の家で、一冊の少女マンガと出会った。

それが、ちばてつやの『ユキの太陽』だった。

この従姉の家には、幼いころは家族でしょっちゅう遊びに来ていたが、最近はごぶさただった。

久々に会った従姉はぐっと大人びて見え、以前のように無邪気に遊ぶことはもうできなかった。それどころか、部屋にいるだけで息苦しい感じがした。

壁に掛けられた水色のカーディガンや、机の前に貼られた友だちのとのスナップ写真など、なぜか見てはいけない気がしてどぎまぎしてしまう。

しかし親たちは階下で盛り上がっているし、夕食の時間まではここにいるしかない。

そんなとき、たまたま目に付いたのが、本棚の片隅にあったこの本だった。

「見ていい?」

従姉に聞いてぼくは本棚からその本を取り出した。

『ユキの太陽』は、63年、講談社の少女雑誌『少女フレンド』に、創刊号から約1年間にわたって連載された作品だ。

両親の顔も名前も知らず、孤児院で育った少女ユキは、小学4年生のときに、大手建設会社社長・岩淵の家に養女として引き取られる。その家にはユキと同い年の病弱な少女・早苗がいた。

岩淵はやさしく、早苗ともすぐに打ち解けて、ユキの豊かで幸せな新生活が始まるかと思われた。

ところが、早苗の病状はにわかに悪化し、それと前後して、岩淵の会社は同業者の妨害にあってあえなく倒産してしまう。岩淵の妻は夫と娘を残して失踪し、債権者によって屋敷を追われたユキたちは、逃げるように北海道へ移り住む。

さらに物語の端々には、岩淵の妻が知っているらしいユキの出生の秘密が見え隠れする……。

主人公・ユキの性格が明るいから、作品全体のトーンは決して暗くはないが、彼女を包みこむ逃れようのない運命の過酷さはすさまじいものだった。

ぼくら男子が『ウルトラセブン』や『赤影』や『ガメラ』に夢中になっているときに、女子たちはこんなにも厳しい人生と向き合っていたのか！

ぼくは激しい衝撃を受けた。

従姉の家には単行本が2巻までしかなかったから、ぼくはどうしても続きが読みたくて、翌日から自転車で近所の古本屋を走り回った。ただし友だちには絶対に見つからないように。

というのは、104ページの楳図マンガの項でも書いたように、まかりまちがって少女マンガを読んでいることがクラスの男子に知れたりしたら、死ぬほどからかわれるからだった。

結局、ぼくは自分で極秘のうちに古書店で数冊を入手し、それ以外は従姉に頼んで友だちから借りてもらって、全6巻を最後まで読むことができた。

また、これ以外のちばてつやの少女マンガも、従姉の協力でかなりの数を読み、そのたびに涙した。

『ママのバイオリン』（58～59年）、『ユカをよぶ海』（59～60年）、『島っ子』（64～65年）、『みそっかす』（66～67年）、『テレビ天使』（68年）などなど……。

『みそっかす』はその後『あかねちゃん』というタイトルでテレビアニメ化され（68年フジ）、これは男子にも人気となった。

そのときは、「俺、この話、マンガで読んでるから知ってるんだぜ」と自慢したいのをグッとこらえ、最後まで秘密を守るのに苦労した。

こうして、従姉の家でコッソリと『少女フレンド』を読んだ翌日は、女の子の気持ちが少し分かったような気がして、教室で斜め前の席に座っているトモちゃんの後ろ姿が、何となく身近に感じられたりしたのだった。

●新聞販売店でもらったガイドブック。こうしたパンフも入場券の半券も記念品として捨てずに持っている人が多かった。

●野球帽のフチに並べたバッジの数を競っていたあの頃、万博バッジは最高の自慢だったのだ。

●こうした壁掛けや飾り物は、お父さんが万博へ行った証として応接間のステータスとなっていた。

アポロと大阪万博には科学万能の夢があった

●万博の記念切手シート。60年代の切手ブームはすでに遠い過去だったけど、これはみんな持ってたな。

●万博スタンプ帳。いちいち集めてる時間なんかあるかよ！ というお客さんには、最初からスタンプを押してあるのもありまっせ。

●三洋電機のノベルティだったリスの貯金箱は、万博サンヨー館のホステスの衣装を着て気取ったポーズ。

●『ガメラ対大魔獣ジャイガー』のカード。万博開幕直後の70年3月21日に公開。万博会場で激闘を展開する!

●万博閉幕後に古本屋の特価棚で1枚20円で買った万博ハンカチ。夢の跡はやはりちょっと物悲しい……。

●当時小学館から発売された子ども向けの万博ガイド。掲載されている図解や未来予想図は本物の万博よりすごいかも!

●アポロ11号メンコ。月を上に描いたデザインがオシャレ。オシャレといえばクルーがかぶるアポロキャップも流行したな。

●月着陸船と司令船のパズル。この2機のコンビによる月着陸→離脱→帰還のメカニズムには大いに感動した。

●「20世紀最大の冒険」と「人類月に立つ」は当時の2大定番コピー。“カラー写真版”って書いてあって写真じゃないのも当時は普通(笑)。

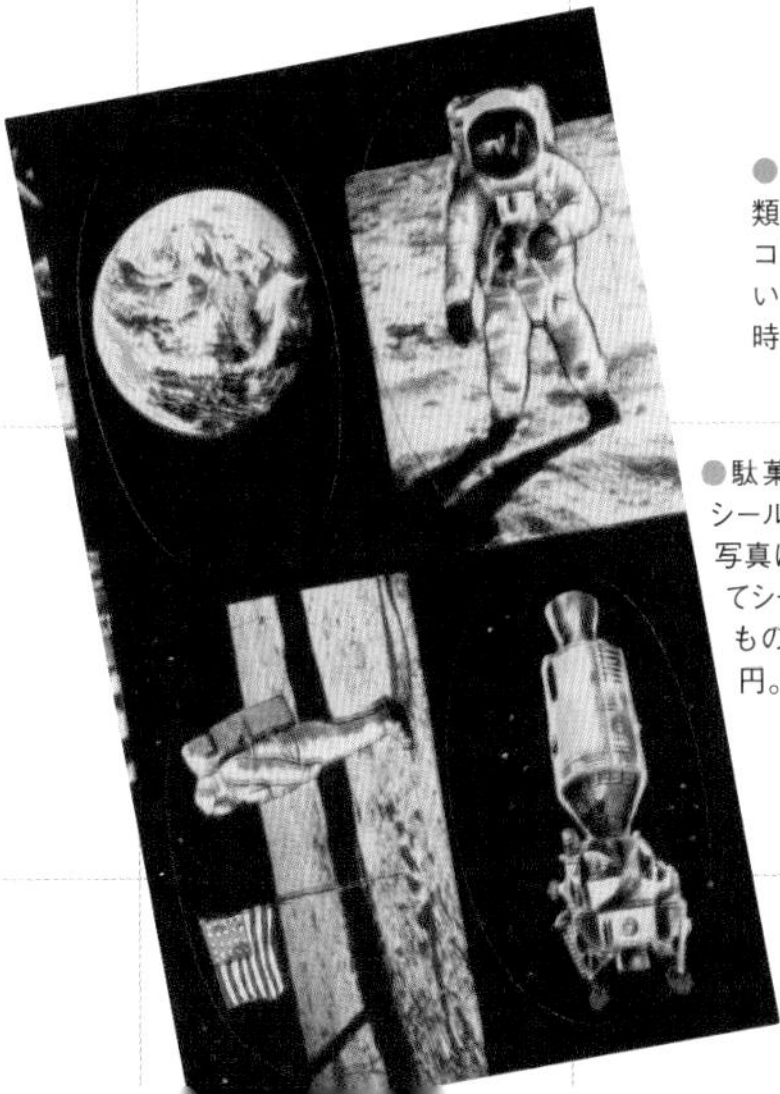

●駄菓子屋のアポロシール。当時の広報写真に勝手に彩色してシールにしちゃったもの。当時2枚10円。

あの夏、未来はバラ色に満ちていた

1969年7月21日。夏休みに入ったばかりのぼくは、友だちと、家の裏を走る私鉄電車の線路にクギを置いて、電車に踏みつぶさせて遊んでいた。

すると父親が家の中から、うわずった声でぼくを呼んだ。

「哲哉、いま月の上を人が歩いてるぞ！」

テレビのブラウン管には、ひどくぼやけた映像で、白い宇宙服の飛行士が、フワフワと頼りなげに歩く姿が映し出されていた。

この日、日本時間の午前11時56分20秒、アポロ11号のアームストロング船長は、人類最初の月への第一歩を、その左足で踏み出した。

その1年後の70年3月〜9月、大阪で日本万国博覧会＝ＥＸＰＯ'70（通称・大阪万博）が開催された。

会場は、タケノコの名産地だったという吹田市の千里丘陵を、100万坪にわたってバッサリと切り開いて造られた。

05年に開かれた愛知万博では、環境保護が理由で開催予定地が変更になったりしたが、大阪万博のときには、そんな話題すら出なかった。

何しろ、当時もっとも重要だったのは自然でも動物でもなく科学だったからだ。科学こそが人類をバラ色の未来へ導く原動力なのだと誰もが信じていた。

大阪万博のアメリカ館には、アポロ11号が持ち帰った月の石が誇らしげに展示され、ソ連館には、それに対抗して実物の宇宙船が展示された。

このころ、時代遅れな言動をからかうのによく使われた言葉が、「人間が月へ行く時代に（なにをばかなことを言っているんだ）」というものだった。

少年マンガ誌は、万博開催の何ヶ月も前から毎号特集記事を大々的に掲載していた。

巻頭グラビアでは、森の木が切り倒されて更地になり、そこに次第に建てられていく人工的なパビリオンの姿が、まさに文明の象徴として紹介されていた（ちなみに〝パビリオン〟という言葉も大阪万博で初めて知った）。その記事を見て、小学6年生だったぼくは、何だかとんでもない事が始まりそうだという期待感にワクワクと胸をときめかせていた。ぼくだけじゃない。ほとんどの日本人が、東京オリンピック以来のこの大イベントに酔っていたんだと思う。

小林信彦が初めて書いた子ども向け小説である怪人オヨヨ大統領シリーズ第1作『オヨヨ島の冒険』（70年朝日ソノラマ）では、建設途中の大阪万博会場を舞台に、主人公の少女が悪人と追いかけっこをするシーンが生き生きと描かれている。

また、その建設途中の会場の貴重な映像が見られる映画が、初期ガメラシリーズの第6作目『ガメラ対大魔獣ジャイガー』（70年大映）だ。

映画のクライマックスは、ガメラと南海の魔獣ジャイガーの万博会場での死闘だ。ただしこの映画は万博協会とタイアップして作られたため、怪獣たちがいくら暴れてもパビリオンは壊さない（笑）。

大阪万博は、当初の予想を1000万人以上も上回る6420万人という、万博史上最高の入場者数を記録して閉幕した。

実際、ぼくが住んでいる東京の片隅・葛飾柴又でも、夏休み明けに登校してみると、クラスの半分近くが夏休み中に万博に行っていた。

そんな中、ぼくはひとり話題に乗れずにいた。

実は我が家では、父だけが万博に行き、ぼくは行かなかったのだ。父に誘われたのは確かなのに、なぜ行かなかったのか、その理由は覚えていない。反抗期が始まりかけていたためかも知れない。

とにかく、やがて訪れるはずの人類の明るい未来の姿を見逃したことを、当時ぼくは深く後悔した。

その後、科学万能の神話は急速に破綻しはじめる。

例えば、石油文明のもたらした公害が、世界中で深刻さを増しつつあった。

日本ではこの年の夏、初めて光化学スモッグが発生、9月には、アメリカの上院で大気汚染防止法（マスキー法）案が可決している。

そこへ追い討ちをかけるように世界を襲ったドルショック（71年）、石油ショック（73年）……。

もはや科学によるバラ色の未来を信じる者は誰もいなくなっていた。

ぼくは今でもときどき思うことがある。

「あの夏、もしも万博に行っていたら、ぼくにはどんな未来が見えていたんだろうか」と。

●映画チラシブームの発火点となった『少年マガジン』75年第7号の巻頭記事。『燃えよドラゴン』や『エクソシスト』など、この年はヒット作が多かったこともブームに拍車をかけた。

●『少年マガジン』ではその後も、さまざまな切り口で映画チラシ特集を掲載、ブームはさらにヒートアップしていったのだ。

お一人様一枚限り。熱狂的ブーム呼んだ映画チラシ

●『少年マガジン』本誌のチラシ特集が大好評だったため、マガジン編集部からは、ついにこんなムック本まで刊行された。

●洋画専門雑誌『ロードショー』の編集部も後追いでチラシ特集本を何冊も刊行。76年発行の『オール洋画チラシ全集』では、表も裏もそのまま印刷された原寸大のチラシが綴じ込まれていた。このページを切り抜いてスクラップブックにコレクションする人も。

●銀座にあった邦画専門名画座「並木座」のチラシはモノクロながら写真入りだ。上映作品の簡単な解説もあり、映画への愛が感じられる。

●名画座でもらえるポケットサイズのミニチラシもコレクションアイテムとなった。これらはぼくが映画館へ通い詰めていた70年代のミニチラシ各種。

●池袋の洋画専門館「文芸坐」と邦画専門館「文芸地下」のミニチラシと当時のチケット半券。チラシには監督や配役の情報が載っていて資料的な価値も高い。

『少年マガジン』が火つけ役だった

ぼくが映画にのめりこんでいたころ、映画の貴重な資料となっていたのが映画館でもらえるチラシだった。チラシには主要なスタッフと出演者の一覧に加えて簡単なあらすじや、時には評論家のコメントなどが載っている。何より片面カラーで無料なのがうれしい。

ということでぼくも映画のチラシは昔からよく集めていたのだが、１９７０年代の半ばごろから急に集めるのが難しくなった。というのはそのころにわかにチラシ集めのライバルが急増したからだ。

そのきっかけとなったのは『週刊少年マガジン』75年第7号だった。この号の巻頭に「'74公開作映画チラシ大コンテスト」というグラビア企画が掲載された。74年に公開された映画チラシ73点を7ページにわたって掲載し、人気投票するというものだ。この記事はかなり好評だったようで映画専門誌もすぐにこれに追従し、同様の特集を掲載するようになったところ、映画チラシのブームが始まったのだ。

映画館ではチラシを大量に持ち帰ってしまう人が増えたため、チラシをロビーの奥〰〰の方に隠すように置いたり、「お一人様一枚限り」という看板を掲げて売店の目の前に置いたりした。友人のチラシコレクターによれば、当時新宿東口の映画館周辺には、週末になるとチラシをクリアファイルに入れて持ち歩くコレクターが出没し、路上で交換会が行われたり、半ば業者化した人物が高値で販売を持ちかけるなどの姿が見られたという。

そんなこんなでぼくは映画チラシのコレクションからは早々に撤退してしまったが、代わって集めだしたのが名画座のミニチラシだ。大学へ入って山手線の定期券を持つようになると、山手線周辺の名画座へ足繁く通うようになった。するとチケットを買う際に上映スケジュールが記載されたミニチラシをくれる。監督名などをど忘れした際の備忘録としてはこれで充分なので、捨てずに持っておくようにしたのだ。

これら名画座のミニチラシは多くが名刺サイズから文庫本サイズ以下の小さな紙片で一色刷りの簡素なも

のがほとんどだ。だが中には映画のスティル写真が載ってるものや、支配人のひとことが添えられているものもあって劇場ごとに個性があってなかなかに楽しいのだ。

たとえば、東京文京区の大塚駅前にあった「大塚名画座」の79年7月のチラシには、支配人のこんなひとことが載っている。

「ようやく『ハーダー・ゼイ・カム』のお目見えです。やはりレゲエは夏のリズムの様です。良い時期に上映出来たと思うのですが、如何ですか。一部の情報誌には、併映『勝手にしやがれ』と記載されておりますが、余りに突然の映画会社からのストップ指令で訂正が間に合わなかったのです。ご迷惑をおかけしまして誠に申し訳有りません。(この組み合せの断念は断腸の思い。)」

この大塚名画座には、チラシにまつわる思い出がもうひとつある。それはここで78年7月にルイス・ブニュエル監督の映画『自由の幻想』(74年公開)を見た時のことだ。この映画には一貫した物語がなく、〝自由〟という言葉の概念を覆《くつがえ》してしまうような自由奔放すぎる人々の気ままなふるまいが脈絡なく描かれる。

じつに面白い映画なのだがお話はちんぷんかんぷんで、見終わった後には狐《きつね》につままれたような未消化感が残った。何かこの作品の情報がもう少し欲しい。この未消化感を補ってくれる情報が……。プログラムを売っていれば迷わず買ったところだが、名画座なのであいにくプログラムは売っていなかった。そのときふと思い出したのが、ロビーの掲示板に貼ってあった初公開当時のチラシだ。ロビーへ出たぼくは、まっすぐにそのチラシの方へ向かった。

するとぼく以外の観客もまったく同じ気持ちだったようで、B5判の小さなチラシの前には二十人ほどの人だかりができていた。ぼくもそれらの人に混じり、他人の頭越しにチラシの解説文を読んだ。その短い解説文を読んで何かが理解できたかというとそんなことはなかったが、「ああ、じつは配給会社の人もお話の内容はよく分かっていなかったんだ」ということが分かって何となく気持ちが落ち着いた。

映画鑑賞には解説も評論も不要である、という人がたまにいるが、時にはあと一歩映画に近づくためにチラシの情報にすがりたいときもある。そんなことに気付かされた、あのころの映画チラシの思い出である。

『TVガイド』の表紙で見る70年代人気スター

●『週刊TVガイド』創刊号（昭和37年8月4日号）。表紙はこの年にNHKから独立して日本初のフリーアナウンサーとなった高橋圭三。特集は医療ドラマ『ベン・ケーシー』。

●高倉健がビールを持つ71年の表紙から78年『西遊記』の表紙まで右上から順に計28枚を並べてみた。『TVガイド』を見渡すと、その時代ごとの人気番組や人気スターがよく分かる。後半はビデオの普及とともにページ数がどんどんと増えていった。

週刊
TVガイド
5/20
百恵が熱演!
150 YEN

週刊
TVガイド
8/29
特集号
NHKテレビ
「コロンボ」再放の舞台裏
ピーター・フォーク
140 YEN

週刊
TVガイド
5/17
130 YEN

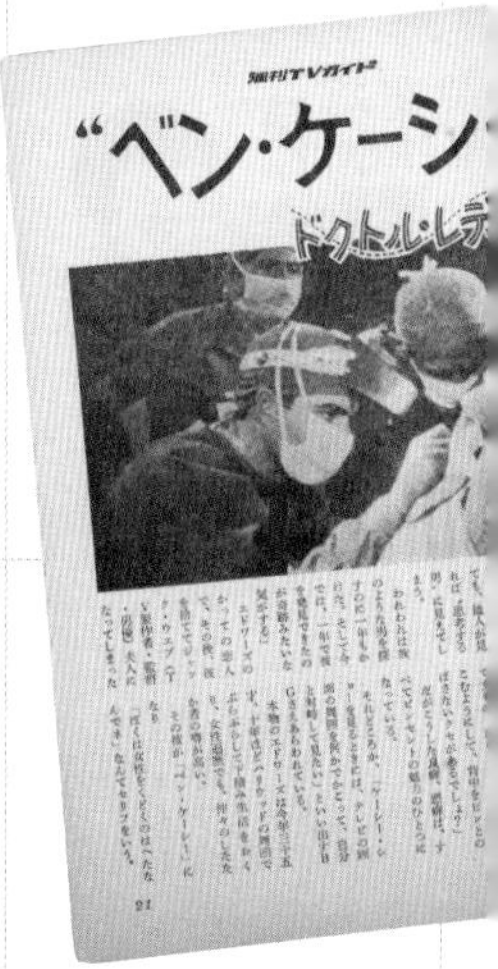
週刊TVガイド
"ベン・ケーシ
21

週刊
TVガイド
6/17
新ヒロイン
エリザベス女王戴冠25年
夏目雅子にきく
150 YEN

週刊
TVガイド
9/19
10月新番組情報 特集号
話題なんでも百科!!
水谷豊
「水色の時」
「日曜劇場」
★お見合い

週刊
TVガイド
9/20
三菱重工爆破事件
★特報
中村雅俊と高橋洋子の仲
刑事コロンボ

週刊
TVガイド
10/21
ヒットはコマソンから
秋の新作CM特集
150 YEN

週刊
TVガイド
7/9
大相撲名古屋場所
アグネス・ラム
アメリカ建国200年関連番組カタログ
150 YEN

週刊
TVガイド
9/27
インフレ時代のテレビの見方
コロンボ「白鳥の歌」
理由なき反抗
SPARTAN

週刊
TVガイド
10/12
石橋正次
「おもろい夫婦」から「ただいま恋愛中」までの内輪話
紅白歌合戦投票開始!!
また出たフォーリーブスの解散説を徹底追跡
100 YEN

週刊
TVガイド
11/25
江川卓は巨人へ?!
★紅白はこんな人が出てほしい!!
「ルパン三世」徹底解剖
150 YEN

週刊
TVガイド
1/21
「花神」完全解説!!
キャンディーズ
150 YEN

週刊
TVガイド
5/23
大人気!!大相撲特集号
エリザベス女王
貴ノ花
「水色の時」
★お見合い

週刊
TVガイド
1/25
カラー特ページ
郷ひろみ・フォーリーブス・桜木健
石橋正次と結婚したい
水前寺清子
「勝海舟」出版ブーム 何を読んだらよいか
120 YEN

週刊
TVガイド
12/1
150分ドラマ完全劇場
「南十字星」
人気爆発の「西遊記」26日夜
12月の映画・スポーツ・音楽

週刊
TVガイド
2/25
いよいよ本番!ビデオ時代!!
春の新番組、これが全貌だ!!
ピンク・レディー
150 YEN

週刊
TVガイド
6/13
映画/旅/くらし…新設増頁!
西城秀樹vs西川峰子!
沢田研二
「水色の時」
「日曜劇場」
140 YEN

週刊
TVガイド
5/10
ヌー坊とマックスはこうして動く!!
グレゴリー・ペック「仔鹿物語」
130 YEN

チャンネル争いを勝ち抜く作戦計画書

我が家の書庫には『週刊ＴＶガイド』が昭和46年から昭和63年まで、およそ17年間分が眠っている。最も古いものが昭和46年6月11日号、最後の号が昭和63年2月19日号である。これらはコレクションとして買い集めたのではなく、当時毎週買っていたものが捨てられずに貯まり続けてしまったものだ。

あのころのテレビというのは一《いち》期《ご》一《いち》会《え》の媒体だった。放送時に見逃せばその番組を次に見る機会は二度とないかもしれない。見たい番組を漏らさず見るために、『ＴＶガイド』は欠かせない情報源だったのだ。

また黒沢家特有の事情もあった。明治生まれの祖父の存在だ。ぼくの父親は音楽関係の仕事をしていてテレビのゴールデンタイムに自宅にいることはほとんどなかった。その父の代わりに我が家で家長的役割を担っていたのが母方の祖父だったのだ。江戸っ子で刃物職人の祖父は気さくで気っ風のいい人だったが、しきたりや上下関係に厳しく、テレビが一家に一台の時代、テレビのチャンネル権も当然ながら祖父にあった。

祖父とぼくの間には、見たい番組を巡って毎日午後6時ごろになるとピリピリとした空気が漂いはじめる。たとえば『ＴＶガイド』昭和46年6月11日号で6月5日土曜日放送の番組表を見てみよう。午後6時台には『わんぱくフリッパー』と『男どアホウ！甲子園』の再放送がある。だが祖父はＮＨＫのニュースが見たい。しかし6時台はそれでもまだ平和で、お互いに「どうしても見たい」特別な事情がない限り相手に譲ってもいいという平和交渉の余地がある。

緊張感が高まるのは7時台からだ。この日、祖父は7時半からの『お笑い頭の体操』（ＴＢＳ）を見たかったはずだ。だがぼくは『宇宙猿人ゴリ対スペクトルマン』と『仮面ライダー』が見たい。それでもこの日はおそらく祖父がぼくにチャンネルを譲ってくれたと思われる。というのは、このあとに祖父がどうしても見たい番組が続いているからだ。

それは午後8時から始まる『人形佐七捕物帳』

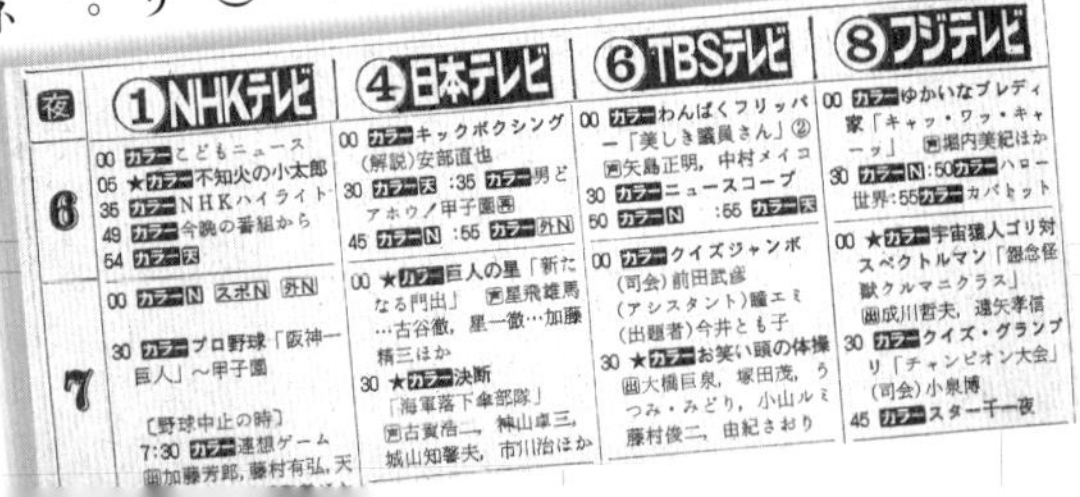

夜	①NHKテレビ	④日本テレビ	⑥TBSテレビ	⑧フジテレビ
6	00 カラー こどもニュース 05 ★カラー 不知火の小太郎 35 カラー ＮＨＫハイライト 49 カラー 今晩の番組から 54 カラー 天	00 カラー キックボクシング（解説）安部直也 30 カラー 天 :35 カラー 男どアホウ！甲子園 再 45 カラー N :55 カラー 外N	00 カラー わんぱくフリッパー「美しき議員さん」② 声 矢島正明，中村メイコ 30 カラー ニュースコープ 50 カラー N :55 カラー 天	00 カラー ゆかいなブレディ家「キャッ・ワッ・キャーッ」 声 堀内美紀ほか 30 カラー N :50 カラー ハロー世界 :55 カラー カバトット
7	00 カラー N スポN 外N 30 カラー プロ野球「阪神―巨人」～甲子園 〔野球中止の時〕 7:30 カラー 連想ゲーム 出 加藤芳郎，藤村有弘，天	00 ★カラー 巨人の星「新たなる門出」 声 星飛雄馬…古谷徹，星一徹…加藤精三ほか 30 ★カラー 決断「海軍落下傘部隊」 声 古賀治二，神山卓三，城山知馨夫，市川治ほか	00 カラー クイズジャンボ（司会）前田武彦（アシスタント）瞳エミ（出題者）今井とも子 30 ★カラー お笑い頭の体操 出 大橋巨泉，塚田茂，うつみ・みどり，小山ルミ，藤村俊二，由紀さおり	00 ★カラー 宇宙猿人ゴリ対スペクトルマン「怨念怪獣クルマニクラス」 出 成川哲夫，遠矢孝信 30 カラー クイズ・グランプリ「チャンピオン大会」（司会）小泉博 45 カラー スター千一夜

（NET）だ。時代劇ファンの祖父にとって午後8時台の時代劇はぜったいに譲れないものだった。土曜日の『人形佐七捕物帳』に続いて日曜日の『遠山の金さん捕物帳』（NET）、月曜日『大岡越前』（TBS）、火曜日がなくて水曜日は『銭形平次』（フジ）。このころ午後8時台は週のうち半分近くが時代劇で占められていたのだ。このぼく対祖父の厳しい冷戦下をしたたかに生き抜くために、『TVガイド』はぼくにとって欠かせない作戦計画書だったのである。

その『週刊TVガイド』が創刊されたのは昭和37年のことだ。後年入手した創刊号を開いてみると、ページの端々からはいよいよ本格的なテレビ時代が到来したことを感じさせる熱気があふれ出る。

表紙を飾っているのは、この年にNHKを退社し日本初のフリーアナウンサーとなったばかりの高橋圭三。中ページの記事で目を惹くのは当時大ヒットしていたアメリカ製ドラマ『ベン・ケーシー』（TBS）の特集記事である。『ベン・ケーシー』は病院を舞台とした社会派の人間ドラマで、単なる娯楽以上の深い内容が視聴者に毎回感動を与えた。〝電気紙芝居〟と揶揄《やゆ》されたテレビが、娯楽一辺倒から脱却しようとしていたちょうど節目の作品でもあったのだ。

後年、ぼくがフリーライターになって間もなくのころ、『TVガイド』を発行する東京ニュース通信社で数年間仕事をしたことがある。同社で新たに『月刊TVガイド ビデオコレクション』という雑誌を創刊したからフリーの編集者を探している。そう言ってぼくを誘ってくれたのは当時まだ東京ニュース通信社の社員だった泉麻人さんである。

昭和レトロなコラムニストの先輩である泉さんと同じ職場で仕事ができるのは光栄だし勉強になると思い、ぼくはそのお誘いを受けることにした。

ところが、である。そんな『ビデオコレクション』編集部で泉さんと仕事を始めてまだひと月もたたないころ、彼がぼくにこう耳打ちをした。

「じつはね、ぼく、今月いっぱいでここを退社してフリーになるんですよ」

ええっ？　と驚く間もなく泉さんはサッサと会社を去っていった。ぼくはそれから同社で5年間もコツコツと編集の仕事を続けることになるが、一方の泉さんはといえば、コラムニストとして、またテレビタレントとしてたちまち名を上げていったのである。

70年代アイドルといえば大場久美子で決まりでしょ!!

●大場久美子の1stシングル『あこがれ』(77年)から『ハートのポプリ』(79年)まで、アイドル時代の全シングル。ジャケ写を見ているだけで頭の中にメロディが渦巻く!

●『別冊近代映画 大場久美子スペシャル 早春号』(79年)。『別冊近代映画』で単独の特集号が出版されるというのは、トップアイドルの証だった。

●テレビドラマ『コメットさん』(78～79年TBS)グッズ2種。この番組で大場久美子は2代目コメットさんを演じて大ヒット、こうしたグッズが山のように発売された。

●『別冊近代映画』の大場久美子特集第3弾(79年)は彼女の歌手引退特集。彼女はこの年に武道館でさよならコンサートを開催、「私は女優の世界にお嫁に行きます」と言ってステージを降りた。

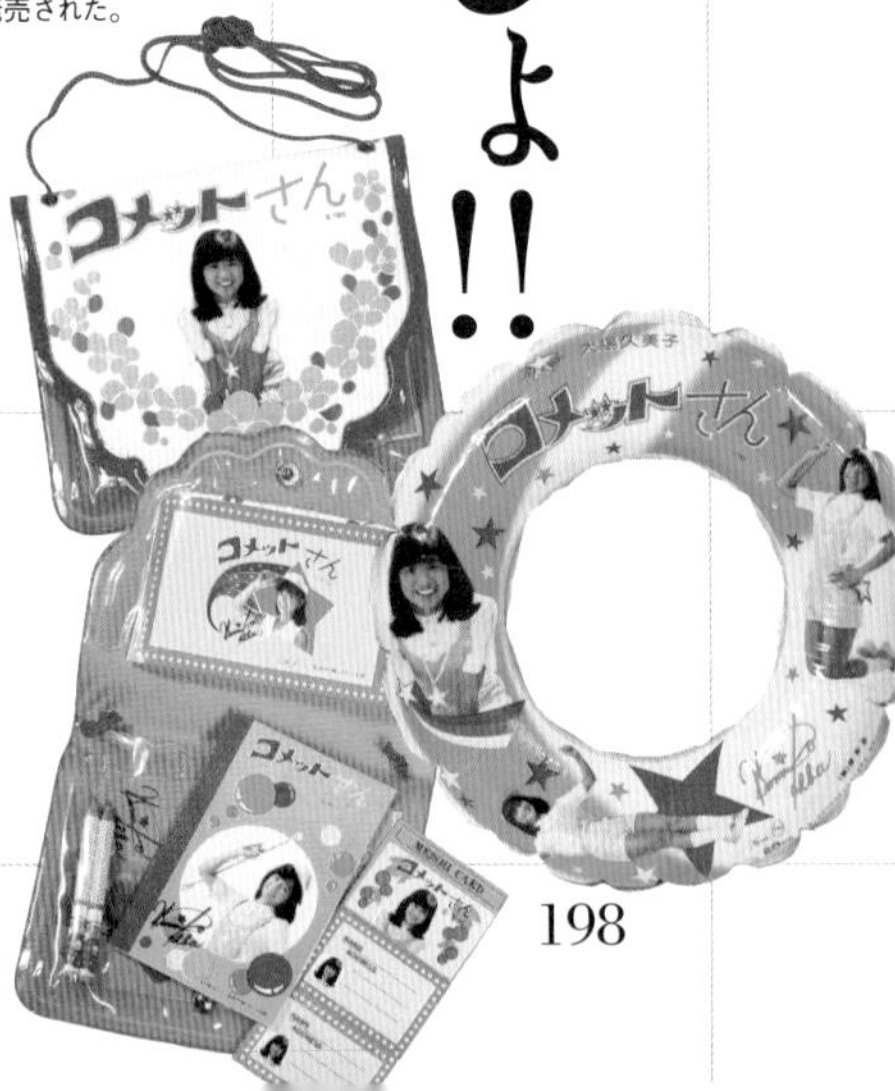

●73年に『時間ですよ』の隣のミヨちゃん役でブレイクした浅田美代子。デビュー曲『赤い風船』は、頼りなさげな弱々しい声が"むしろいい"と言われて奇跡の大ヒット。

●麻丘めぐみのデビュー曲は『芽ばえ』。そして大ヒットしたのは5枚目シングル『わたしの彼は左きき』だ。無理やり左利きにしようとしたファンの人、いっぱいいるでしょ。

●元祖癒やし系アイドルの石野真子。デビュー曲『狼なんかこわくない』の冒頭「♪あなたも狼に～変わりますか～」というところで、チャームポイントの八重歯がチラリ！

●太田裕美のデビュー曲は『雨だれ』。しかしなかなかヒットに恵まれず苦戦、4枚目のシングル『木綿のハンカチーフ』でついに大ホームランヒットをかっ飛ばした。

●榊原郁恵は『私の先生』でデビュー。代表曲『夏のお嬢さん』は7枚目のシングル。健康的な笑顔と揺れるバストで純情少年をノックアウトした。

●70年代にはほかにも多数のアイドルがデビューした。左から石川ひとみ（78年）、山口いづみ（72年）、あべ静江（73年）それぞれのデビューシングル。※カッコ内はデビュー年。

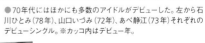

泣かせ名人・大林監督に見出される

昨日までごく普通の中高校生だった少女が、翌日にはテレビに出てスポットライトを浴び、レコードデビューを果たしている。1970年代前後には、そんなアイドルたちのシンデレラストーリーが日本中で巻き起こっていた。

浅田美代子は72年、高校2年のときに家族で神宮外苑を歩いていたところをスカウトされた。当初、家族は芸能界入りに猛反対したというが、1回だけの約束で受けたテレビ番組『時間ですよ』（TBS）のオーディションに一発合格してデビューが決まった。

麻丘めぐみは72年、歌手だった姉の付き添いで行っていたレコード会社で、その会社のスタッフからスカウトされたのがデビューのきっかけだった。

またこのころは『スター誕生！』（71～83年、日本テレビ）や『君こそスターだ！』（73～80年、フジ）などのオーディション番組が花盛りだった。

そんな中で、NETで放送された『決定版　あなたをスターに！』は、74年から75年にかけてわずか1年しか放送されなかった短命のオーディション番組だが、あるひとりのアイドルを誕生させたことで永遠に語り継がれるべき番組だろう。

そのアイドルとは大場久美子である。彼女はこの番組に出演して審査員特別賞を受賞し、2年後の77年6月に『あこがれ』で歌手デビューした。

黒髪ストレートのロングヘアーに小動物のような丸い瞳と愛嬌のある笑顔。歌や演技が特別にうまいわけでもなく大スターのオーラを発散しているわけでもない。しかし彼女は間もなくアイドル伝説を全身で体現するトップスターへと駆け上がっていくことになる。

大場はレコードデビューに続いて同年7月に公開された映画『HOUSE／ハウス』では、準主役のファンタ役を演じ役者デビューも果たした。この映画は魔物と化した古い家に7人の少女たちが次々と食べられるというホラーファンタジーで、監督はこれが商業映画初演出の大林宣彦だ。

ぼくはこの映画の、当時の日本映画の常識をくつがえす破天荒な演出に一撃でノックアウトされ、大学の卒論テーマに『ＨＯＵＳＥ／ハウス』を選ぶほど入れ込んだことは既刊の『ぼくらの60～70年代熱中記』にも書いた。しかし正直に言うと、このとき大林演出以上に魅せられていたのが大場久美子のあどけない演技だったのだ。この映画の中で彼女は友人の生首にお尻を噛《か》まれ、金魚鉢の水をかぶって昏倒《こんとう》し、血の池地獄の中を畳に乗って漂流する大熱演を見せた。

「大林さんって、映画の中で可愛い子はぜったい泣かすよね」と言っていたのはたしか友人の映画評論家・野村正昭さんだったと思うけど、この大林監督の商業映画デビュー作で泣かされ役に選ばれたのが大場久美子ちゃんだったのだ。

デビュー曲と『ＨＯＵＳＥ／ハウス』で大場久美子にノックアウトされたぼくは彼女のレコードを買い集め、雑誌の付録ポスターを天井に貼りまくった。彼女が歌手だった2年半の間に出したシングルは9枚、アルバムは7枚。その中のぼく的最高名盤はロッテチョコのＣＭソングにもなった3枚目のシングル『大人になれば』である。「大人にな～れば　チョコレート食べて～」という歌い出しから始まるこの歌は浜口庫之助《くらのすけ》の作詞によるもので、思春期の少女の揺れる心を描きながらも健康で明朗、無垢《むく》で清純、水着を着ても決していやらしくない、そんな大場久美子の魅力を全部入りにしたアイドルソングの大傑作だったのだ。

後年、仕事として60年代、70年代についてのコラムやエッセイを書くようになってから、ぼくは機会あるごとに編集者に「大場久美子で1項目設けませんか?」と提案してきた。だがけしからんことにどの編集者も「70年代アイドルを総括する記事ならいいですが、大場久美子単独はちょっと……」と言ってことごとく却下され続けてきた。しかし今回、ついにこうしてその機会を得たのである。

ここ3～4年ほど、ぼくは車で日本中を走り回って取材する仕事を続けていたが、その長距離ドライブの友となるＢＧＭのメインももちろん大場久美子だった。沈みゆく夕日を眺めながら海沿いの高速道路をドライブしているとき、カーステレオから彼女の歌が不意に流れてくると、あの無邪気な笑顔とともに懐かしい思い出が頭の中にとめどなくあふれ出してくる。そんなとき、ぼくもうっすらと涙を浮かべながら大声で彼女とデュエットをしていることはここだけの秘密だ。

●『禁断の惑星』パンフ2種。潜在意識の怪物という、当時としてはかなり高度なSFテーマを題材としていたが、女優アン・フランシスの太ももしか覚えてない人も多いかも。

●映画『禁断の惑星』のロビーを模した吉屋製の「ACTION PLANET ROBOT」。これはゼンマイ式だけど、野村トーイからは電動で歩くロビーも発売されていた。

ロビー、フライディ、ハック。無骨なロボットが好きだった

●ロビー出演第2作目『続・禁断の惑星 宇宙への冒険』(57年公開)VHSソフト。23世紀から現代へやってきたロビーが最新の人工知能と対決! トンデモ映画なのでDVD未発売。

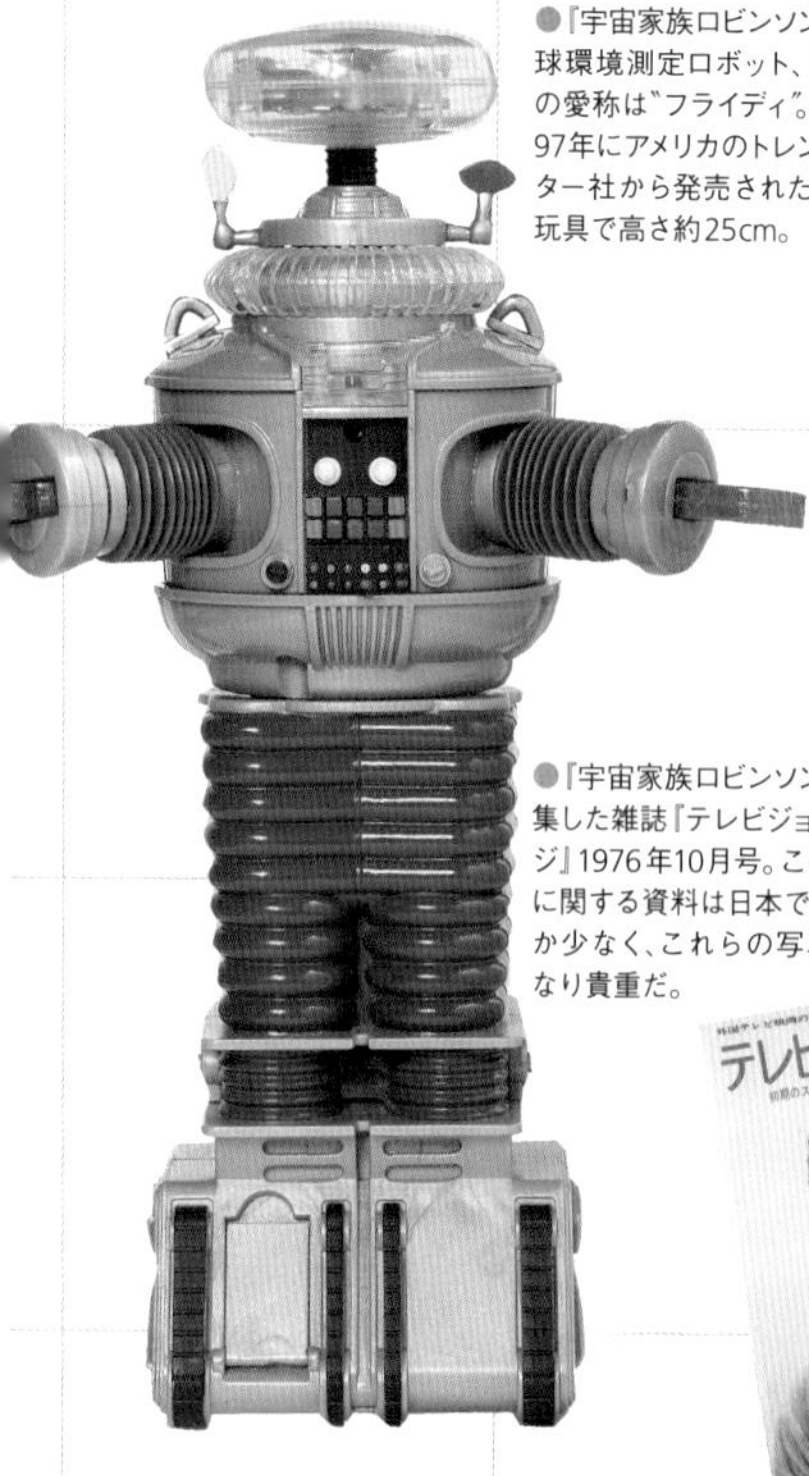

●『宇宙家族ロビンソン』の地球環境測定ロボット、日本での愛称は〝フライディ〟。これは97年にアメリカのトレンドマスター社から発売されたプラ製玩具で高さ約25cm。

●『宇宙家族ロビンソン』傑作選VHSソフト(98年発売)。放送当時の吹き替え音声を使用、厄介者のドクター・スミス役を演じた熊倉一雄の憎々しげな声が最高だ。

●『宇宙家族ロビンソン』を特集した雑誌『テレビジョンエイジ』1976年10月号。この番組に関する資料は日本ではなぜか少なく、これらの写真はかなり貴重だ。

●『キャプテンウルトラ』ピクチャーレコード（ビクター）。ボーカル・ショップの歌うアップテンポな主題歌が、当時はかなり未来的でスマートに聞こえた！

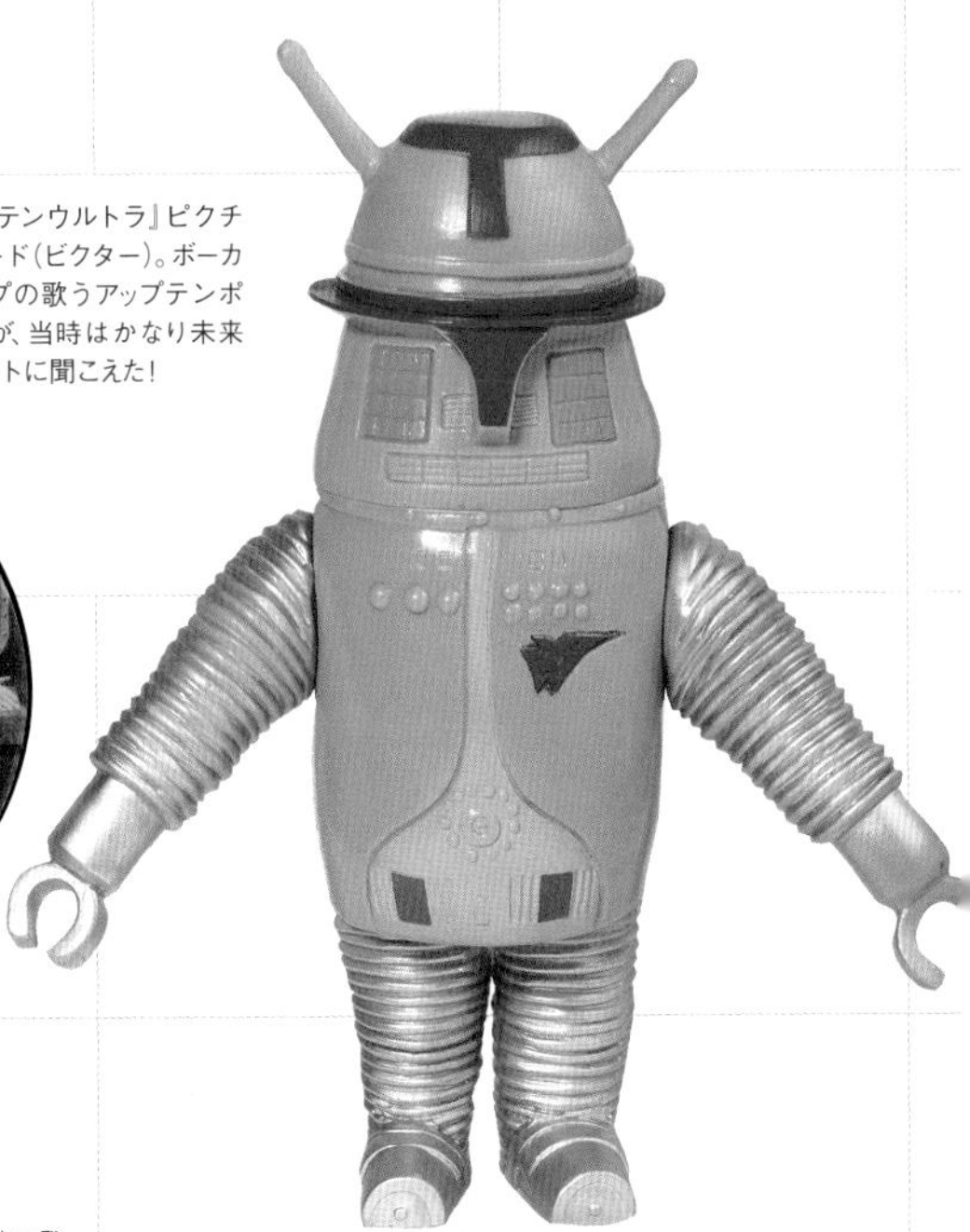

●テレビアニメ放送当時に発売されたサンスターのロボタンシャンプー容器。このころはアニメキャラクターのシャンプーが大流行していた。

●『キャプテンウルトラ』放送当時、ブルマァクから発売されたロボット「ハック」のソフトビニール人形（復刻版）。ずんぐりむっくりした体型をうまく再現している。

●『丸出だめ夫』のボロット電気スタンドが当たる懸賞広告（66年）。古谷製菓のボロット関連グッズは42ページもご参照いただきたい。

●テレビアニメ『ロボタン』（66〜68年フジ）のソノシート。ロボタンは明治生まれの旧式ロボットで胸の勲章が自慢。森田拳次のマンガが『少年画報』に同時連載された。

愛すべきブリキ缶タイプのロボット

子どものころ、ブリキ缶のような無骨なロボットが好きだった。鉄腕アトムのように人間に近い姿をした賢くて精密なロボットではなく、不完全で融通のきかない機械のかたまりのようなロボットである。

その代表は鉄人28号だろう。冷たく光る鋼鉄の巨体は、それがまさに金属の塊《かたまり》であることを意識させてくれた。アニメではその巨体が、ガランゴロンという鈍い音を響かせながらぎこちなく動き回る。この〝モノ〟としての圧倒的な存在感こそが鉄人の魅力だった。

そんな鋼鉄のロボットにぼくが思いを寄せるようになった最初のきっかけは、幼稚園のころにお土産としてもらったブリキのロボット「ロビー」からだと思う。

ロビーはアメリカのSF映画『禁断の惑星』(1956年)に登場するロボットで、宇宙の果ての星で世捨て人的な生活をするモービアス博士が、自分の身の回りの世話をさせるために作ったものだった。

この映画は当時日本でもヒットして、複数の玩具メーカーからロビーのブリキおもちゃが発売された。ぼくが持っていたのは吉屋というメーカーの「ACTION PLANET ROBOT」という製品だ。商品名にはどこにも「ロビー」とは書かれていない無版権ものなんだけど、再現性はけっこう高くて海外にも大量に輸出された。

吉屋のロビーは黒光りするブリキの胴体の脇にゼンマイのハンドルが付いていて、それを巻くと左右の足を交互に前後させながらすり足で歩行する。同時に顔と胸の透明プラ部品の奥でライターの石がこすれて中で火花を散らす。初めてこれを動かしたとき、当時我が家で飼っていた雑種犬のポチが激しくほえながらシッポを巻いて逃げ出した。犬にも負けないこの強さを見てぼくはロボットの魅力に目覚めてしまったのである。それからというもの、ぼくは同じような無骨なロボットの出てくる映画やテレビ番組を積極的に追いかけるようになった。

アメリカのテレビドラマ『宇宙家族ロビンソン』にも「フライディ」というロビーとよく似たブリキ缶タ

イプのロボットが登場していた。

物語は宇宙移民計画のテストのために宇宙船で地球を旅立ったロビンソン一家が遭難、宇宙をさまよいながら冒険をするというお話で、日本では66年から68年にかけてTBS系列で放送された。

この宇宙船に環境測定ロボットとして搭載されていたのがフライディである。原語版では彼に名前はなくただ〝ロボット〟と呼ばれている。しかし日本のテレビ放送では放送途中で視聴者から名前を一般公募し、フライディという名前をもらった。

ちなみにロビーとフライディの造形に何となく共通する印象があるのは、どちらもアメリカの映像美術作家ロバート・キノシタのデザインによるものだからだ。

一方日本の作品では東映が製作した特撮テレビドラマ『キャプテンウルトラ』(67年、TBS)に出てきたロボット「ハック」が忘れがたい。

物語は21世紀後半の宇宙を舞台に、宇宙パトロールの隊員であるキャプテンウルトラが宇宙人や宇宙怪獣と戦うお話で、日本初のスペースオペラ(宇宙冒険活劇)作品とも言われている。

この物語の中でハックはキャプテンウルトラの直属の部下という設定だった。デザインはまさにぼく好みのドラム缶タイプの寸胴で、つば付きのハットをかぶったような頭部のデザインがおしゃれで秀逸だ。短い足で完全な二足歩行を実現し、ヤットコ状の腕で宇宙船の操縦も難なくこなす。頭部にはオープンリール式のテープレコーダーが装備されていて、録音した宇宙人語を自動翻訳する機能が付いている。

ハックには小林稔侍演じるキケロ星人のジョーという宇宙人の相棒がいて、この2人の喜劇調の掛け合いが劇中での見どころのひとつだった。

この2人のやり取りを見ていると、後年の映画『スター・ウォーズ』シリーズに出てくる二体のロボット、R2-D2とC-3POのコンビを思い出す。

それもそのはずで、じつは『キャプテンウルトラ』と『スター・ウォーズ』、この両作品にともに大きな影響を与えた小説があった。アメリカのSF作家エドモンド・ハミルトンの『キャプテン・フューチャー』シリーズだ。この小説には「グラッグ」と「オットー」という二体の人造生命(アンドロイド)が登場しており、彼らこそがハックとR2-D2、キケロ星人のジョーとC-3POのルーツだったのである。

●『ピンポンパン』2代目石毛恭子お姉さん時代のレコード各種。恭子お姉さんは子どもたちと一緒にコスプレして飛んだり跳ねたり、お友達感覚のお姉さんだった。

●『ピンポンパン』えかきうた集レコード。歌っているのは初代の渡辺直子お姉さん。お母さんのようなやさしさが人気だった。

●アイドルのようにキュートな『ピンポンパン』3代目酒井ゆきえお姉さんは、緑のキュロットスカートがトレードマーク。大きいお友だちにも大人気だったぞ!

ブーフーウー、ピンポンパン……懐かしき朝の幼児番組

●『グラフNHK』67年10月号の表紙は『ひょっこりひょうたん島』だ。博士、トラヒゲ、ドン・ガバチョがサンデー先生の家にテレビアンテナを設置中。

●NHKの『ひょうたん島』絵はがき。裏面の文面を読むと、受信料の口座振替を申し込んだ人へのお礼状として発送されたようだ。昭和44年の消印がある。

●冊子『NHK』64年1月号は「こどもと放送」を特集。アニメ＋人形劇『銀河少年隊』や、幼児向け音楽番組『ドレミファ船長』などとともに紹介された『ブーフーウー』は60年9月に月・火の10時5分からの16分番組としてスタート。

●『宇宙人ピピ』ソノシート（朝日ソノラマ）。番組はアニメと実写の合成だが、このソノシートの冊子は写真とイラストの合成となっている。

●日本テレビの幼児番組『ロンパールーム』レコード。写真のお姉さんは初代先生の並木翠。番組中で子どもたちが遊ぶ玩具はスポンサーの野村トーイから発売。

●『おはよう！こどもショー』のレコードジャケット。ロバくんとからんでいるのは石川進。ロバくんの中には愛川欽也が入って熱演。

●「ケロヨンのぼうけん」カルタ。ケロヨンは着ぐるみ人形劇『木馬座アワー』（66〜70年NTV）の人気キャラ。「バハハ〜イ！」が口癖だ。

●神戸銀行のぴっきいちゃん貯金箱。ぴっきいちゃんは58年から60年代まで放送されたTBSの幼児番組『テレビ幼稚園』の人形劇キャラだ。

石毛お姉さんが引退を発表した日

テレビがまだ若かったあのころ、幼児向け番組はテレビの最新技術の可能性を探るひとつの実験場だった。

『ブーフーウー』は1960年から67年までNHKで放送された番組で、ブー、フー、ウーという名前の3匹の子ブタが登場する着ぐるみ人形劇である。

といってもただの着ぐるみ劇ではなく番組冒頭にテレビならではの凝《こ》った演出がほどこされていた。その仕掛けは司会進行役のお姉さん（初代は荻《おぎ》昱《いく》子《こ》）がおもむろに革カバンを取り出すところから始まる。そのカバンを開くと中には3匹の子ブタ人形が入っていて、お姉さんはその人形をミニチュアセットの中にそっと置く。そして壁に取り付けられた大きなゼンマイをギリギリと巻くと、人形たちがむくっと起き上がって人間のように演技を始めるのだ。

人形が動き出す部分は操り人形で、カメラが切り替わるとそのミニチュアとまったく同じ実物大セットの中で着ぐるみが演技を始めるのだが、子どもの目には人形がいきなり命を吹き込まれて動き出したように見え、ずっと不思議に思っていた子どもも多かった。そしてお話が終わると、お姉さんが人形をまたカバンにしまっておしまいとなる。なんとも粋なファンタジーだった。

『宇宙人ピピ』（65〜66年、NHK）は、地球へやってきたいたずら好きの宇宙人ピピが、子どもたちの間で騒動を巻き起こすというSFテレビドラマだ。この番組では、実写で撮影された子どもたちの映像とセルアニメのピピの映像が合成され、同じ画面内で掛け合いをするのが見どころだった。これは先に撮影した実写映像を投影し、その手前にピピが描かれたセルを置いてカメラで撮影する〝エリアル合成〟という技法が使われていた。原作は小松左京と平井和正。

『こどもの時間』という番組の一コーナーだった『魔法のじゅうたん』（61〜63年、NHK）は、案内役の黒柳徹子が子どもたちをじゅうたんに乗せて「アブラカダブラ〜!!」という呪文を唱えると、じゅうたんがフワリと浮き上がり、日本各地を空から眺めるという番組だった。こちらはスタジオのブルーバックの前で撮影したじゅうたんの映像から青い背景部分だけをビデオ処理で消去し、そこに空撮映像を重ね合わせる〝クロマキー〟という技術が使われていた。クロマキーは今では特殊技術とも言えない当たり前の映像処理であるが、当時は一緒に見ていたぼくの祖父もかなり驚いた最新の技術だったのである。

こうした幼児番組の凝った趣向が大好きだったぼくは中学へ入ってからもずっと幼児番組を見続けていた。中でも朝の番組はほぼ毎日見ていたのだが、これにはもうひとつの理由があった。学校がある日になるとなぜかなかなか起きられない。そんなぼくにとって幼児番組は平日朝の目覚まし時計代わりだったのだ。

当時の幼児番組で忘れがたいのは『おはよう！こどもショー』(日本テレビ)だ。65年から80年にかけて毎朝放送されていた幼児番組で、一般の幼児たちをスタジオに集めて一緒に歌や踊りをして遊ぶ。後に続く幼児向けスタジオ番組の先駆けだった。

また『おはよう！こどもショー』と同様に思い入れが強かったのが『ママとあそぼう！ピンポンパン』(フジ)だ。66年から82年まで放送された長寿番組で、司会役の〝お姉さん〟は代々同局のアナウンサーが務めた。ぼくが夢中で見ていたのは二代目の石毛恭子お姉さんの時代だ。石毛さんは歌も楽器も踊りもこなせるマルチな才能を持ったお姉さんで、オープニングではピッコロを吹きながら登場していた。

そんな石毛さんが突如番組引退を発表したのは75年4月4日の放送中だった。番組の途中で石毛さんが画面に向かい「恭子お姉さんはしばらくの間お別れすることになりました」とあいさつを始めたのだ。突然のことにぼくはそのまま固まってしまった。石毛さんのいない来週以降、ぼくは毎朝時間通りに起きて学校へ行けるのだろうか……。

そう思っていたところへ石毛さんから次のお姉さんの紹介があった。笑顔で上手から現れたのは三代目の酒井ゆきえお姉さんだった。ぼくは先ほどまでの憂鬱《ゆううつ》な気持ちが一気に吹き飛んだ。酒井ゆきえはクリッとした丸い瞳が愛らしくてスリムで活発そうな、石毛恭子とはまた違う魅力を持ったお姉さんだったからだ。ぼくは翌週からも毎日朝8時きっちりに目覚め、ピンポンパンを見て元気に高校へと通ったのである。

●藤原宰太郎の最初のヒット作となった『カラー版 探偵ゲーム』(68年KKベストセラーズ刊)。イラストが大きく扱われ、上のようにマンガで出題されるページも。だがこの本のモンダイはそこではなくて…。

●藤原宰太郎が『探偵ゲーム』のヒットを受けて72年に同社から出版。探偵紹介に加えてクイズも満載でミステリー入門者に最適!……とうたいつつネタばらしも満載だ。

●藤原宰太郎が藤原宰名義で出した最初の推理クイズ本。全69問の問題はすべてオリジナル。サラリーマン向け読み物なのでお色気ネタもチラホラと……。65年日本文芸社刊。

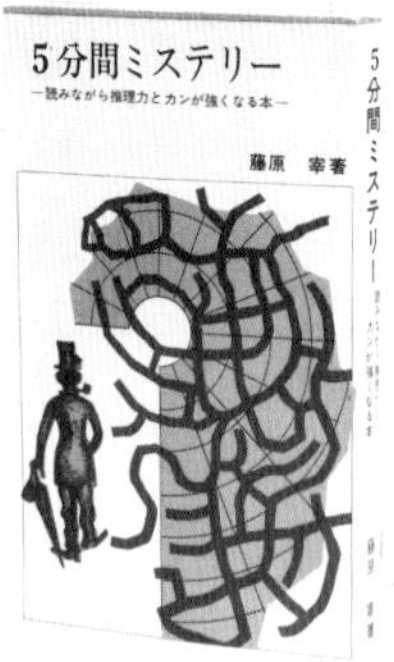

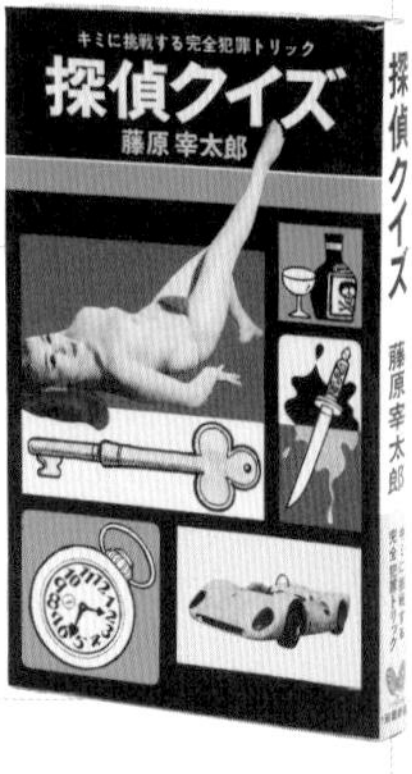

●藤原宰太郎3冊めの推理クイズ本(69年双葉社刊)。いよいよ勢いづいた著者の推理クイズ本快進撃がここから始まった! 個人的にはこの昭和エロ的な表紙が好き。

●『藤原宰太郎 探偵小説選』(2018年論創社刊)。この本の最大の価値は、本文でも紹介したように、おそらく最初で最後の藤原のロングインタビューだろう。

あの頃だから許された(?)推理小説ネタばらしの巨匠たち

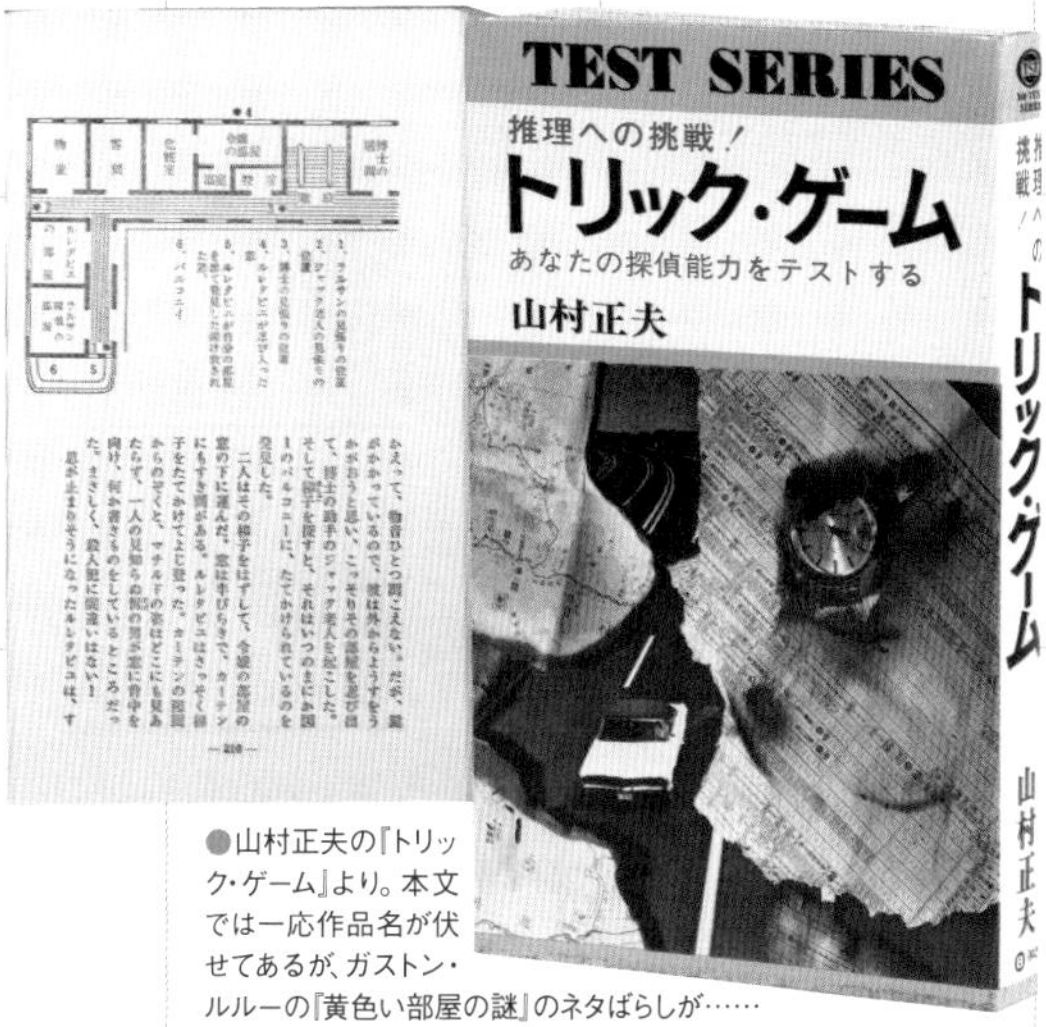

●山村正夫の『トリック・ゲーム』より。本文では一応作品名が伏せてあるが、ガストン・ルルーの『黄色い部屋の謎』のネタばらしが……元ネタとなった作品名はまとめて巻末に!!

●藤原宰太郎と並んで70年代の推理クイズ本ブームを盛り上げたもうひとりの雄、山村正夫の代表作『トリック・ゲーム』(71年日本文芸社刊)。

●ミステリの研究書やガイド本を多数出した仁賀克雄の著書(76年朝日ソノラマ刊)。「ミステリのトリック」の章では50ページにわたりタネ明かしをしているが作品名は記載せず。

●山村正夫の子ども向け探偵推理クイズ本(72年刊)。これは続編で、同じシリーズが数冊刊行された。探偵大学のカングリ博士が学生たちを推理クイズで特訓する!

●前著の好評を受けて5年後に刊行された『新トリック・ゲーム』。山村正夫が編者となり、西村京太郎、森村誠一など28人の推理作家がクイズを出題。難易度はけっこうバラバラ。

●江戸川乱歩著『探偵小説の謎』(56年現代教養文庫)。クイズ本ではないが、数多くの推理小説のタネ明かしがされていて、初心者が何気なく読むと爆死する危険な本。

●中島河太郎著『推理小説ノート』(60年現代教養文庫)。中島先生もこうしたビギナー向けの読み物を数多く出しているが、タネ明かしはほぼ寸止めされているので、う〜ん……ギリギリOK!!

●これらは3冊とも59年刊。最初の推理クイズ本ブームのときに出版された本だ。『推理試験』と『推理教室』は解決篇が袋とじになっている(右の写真は『推理試験』より)。

最後まであっけらかんの藤原宰太郎

かつて、推理小説のトリックを元ネタとしたクイズゲーム本が流行した時期があった。

調べてみると同じようなブームは１９５９年頃、70年代、80年代と3回ほどあったようで、ぼくがハマったのは2度めの70年代のころである。

この2度目のブームを生み出すきっかけとなった人物が推理小説研究家の藤原宰太郎だった。藤原は70年代から90年代にかけて膨大な数の推理トリック・ゲーム本を出版し、この世界での第一人者となった。

藤原が推理トリック・ゲーム本の著者として名を上げるきっかけとなったのが１９６８年3月にＫＫ河出ベストセラーズから刊行された『カラー版 探偵ゲーム怪盗Ｘより七つの挑戦状』だ。だが河出ベストセラーズはこの本を出した直後に倒産、当時の編集長が新たに興したＫＫベストセラーズで再刊したところ、一気にベストセラーとなったのだ。

この本によって推理小説ファンの間口が広がったことは事実だが、一方で一部の読者からは〝問題の書〟として強い批判の声にさらされた。というのはこの本には古今東西の有名な推理小説のトリックのネタばらしが随所に散りばめられていたからだ。この本は「アリバイ崩し」「密室トリック」など7章に分かれていて各章ごとに問題編と解答編が用意されている。出題されている問題は全64問。どこかで見たようなネタもあるが、基本的にはすべて藤原の創作である。

問題なのは解答編だ。クイズの答えを紹介する際に、同じようなトリックが使われた既存の小説を文字通りネタばらしを含めて惜しみなく紹介しているのだ。

例えば犯行に動物を使った事件のクイズの解答編では、同様のネタが使われた例としてこんな文章が添えられている（一部伏せ字にしたが、本ではもちろん作品名も犯人の動物も明記されている）。

「有名な例では、エドガー・アラン・ポーの『○○○（作品名）』の犯人は△△△（動物名）であり、シャーロック・ホームズ探偵の『□□□（作品名）』は、×××（動物名）が密室殺人の犯人だった」

どちらも推理小説史の一ページを飾る名作であり、これから読もうと思っていたのに、うっかりこの一文を読んで絶望した人も数多くいたに違いない。

藤原の推理クイズ本でのネタばらしはその後も加速し、クリスティの『アクロイド殺し』だろうがクイーンの『Yの悲劇』だろうが犯人もトリックもサクサクと明かしてしまうため、推理ファンの間では藤原の本は異端の書、禁書とまで言われるようになった。

そんなこととはつゆ知らない当時のぼくは、藤原の本を次々と買って大いに楽しんだ。その後遺症に苦しんだのは大学でワセダ・ミステリクラブというサークルに入ってからである。本格的に推理小説を読みはじめたぼくはいくつかの物語に既視感を覚えた。時には犯人すら分かってしまう。ぼくにそんな既視感を与えた犯人、それは言うまでもなく藤×××郎（一部伏せ字）だったのである。

では当の藤原宰太郎本人は誰かから抗議を受けたりしたことはなかったのか。2018年に刊行された藤原の著書に収録されたインタビューの中にその答えがあった。インタビュアーが藤原に「トリックの暴露で推理作家から叱られたり、文句を言われたりしたことはあったか」という突っ込んだ質問を投げかけている。それに対して藤原はこう答えた。

藤原「あまりなかったけど、山村美紗《みさ》さんからの苦情の手紙はよく覚えています（中略）あの人の長編に、○○を××して鍵だけが室内に残って密室になるという作品があるんです。ところがこのトリックには先例があり、僕はそのつもりで引用したんだけど、山村さんから「私の作品から勝手にトリックを引用されては困ります」というお叱りの手紙が届いたんです。僕としては、そんなつもりはなかったのに（笑）」（『論創ミステリ叢書《そうしょ》113 藤原宰太郎探偵小説選』より）

この引用で伏せ字にした部分は元記事でははっきりと書かれている。何とネタばらしについての質問に対する答えの中で、山村美紗のトリックのネタばらしをしているのだ。このあっけらかんとした態度が藤原の自著に対するスタンスのすべてを物語っている。彼はネタを引用することにもそのネタばらしをすることにもまったく罪悪感を抱いていなかったのである。

やはりこうでなくては60冊以上もの推理クイズ・ゲーム本を世に送り出した巨人・藤原宰太郎は誕生し得なかったのだろう。

● 61年発売、アラビカ種の豆を使った「グリコインスタントコーヒー アラビカ」（写真提供／江崎グリコ）

● 一瞬で溶けるインスタントの魅力を前面に打ち出した森永インスタントコーヒーの新聞広告。

● 60年に発売された国産インスタントコーヒー第1号「森永インスタントコーヒー」36グラム入り。万人受けするマイルドな味を赤いラベルで表現していた。

● 62年発売、コロンビア産の豆を使った「不二家コルカフェ」（写真提供／不二家）。

● 62年、森永は従来のマイルドタイプでは物足りないと感じる客のために、苦味の効いたハードタイプの「ストロングコーヒー」を発売。キャッチコピーは「〈通〉の黒」!（写真提供／森永製菓）

● 67年発売当時の「ネスカフェ ゴールドブレンド」。コーヒー抽出液を真空中で凍結乾燥するフリーズドライ製法を日本で初めて導入。大粒の結晶がお湯でサッと溶けるのが新鮮だった。

● ゴールドブレンドのCMは「違いがわかる男」のキャッチコピーで大物俳優や人気作家を次々と起用し高級感を演出した。左が二代目中村吉右衛門で、右が遠藤周作（ともに72年）。

● 75年に発売された「ゴールドブレンド 赤ラベル」の雑誌広告。モデルはピアニストの中村紘子。ゴールドブレンド赤ラベルはインスタントのカフェインレスコーヒーの先がけだった。

● 78年にリニューアルされたゴールドブレンドの広告。モデルは俳優の二谷英明。発売当初のフタは一般的なねじ式だったが、リニューアルにともなってパチンと押して閉めるワンタッチ式に変わった。

●日清食品「チキンラーメン」パッケージの変遷。左から58年、67年、71年。当初はかなり大きかった麺の見える窓が小さくなり、83年には完全に窓なしとなった。

●63年のチキンラーメンテレビCM。軽快なテンポに乗り「手軽で便利でおいしくて、いつでもどこでもお供する」と、即席ラーメンの魅力をアピール。(写真提供/日清食品)

●チキンラーメンのマスコットキャラクター「ちびっこ」は67年から登場。日清ではこれに先がけてヨーロッパ旅行の当たる名前募集キャンペーンを行い、この名前に決定した。

コーヒーにラーメン。インスタント食品にハマった日々

●即席ラーメンで初めて粉末スープを別添えにした「特製支那筍入 明星ラーメン」。62年4月発売で当時の価格は35円。

●66年発売の「明星チャルメラ」。ホタテ味の粉末スープのほか、胡椒ベースの木の実のスパイスも付いた。夜鳴きそばのイラストパッケージが夜中のテスト勉強中の空腹感を誘う。

●ぼくがハマった「スープ付 明星ラーメン」(62年6月発売)。明星食品はこれを期に、60年から販売していた「明星味付ラーメン」の生産を終えてスープ別添えタイプに全面的に切り替えた。

●「明星チャルメラ」その後のパッケージの変遷。左から84年、2010年、16年、20年発売となる。16年版以降もチャルメラおじさんは健在だけど屋台はどこへ?(写真提供/明星食品)

●51年に発売された味の素の食卓ビン。我が家で愛用していた味の素はまさにコレだった。

●味の素提供のテレビドラマ『うちのママは世界一』(59〜60年フジ)フォノシート。三木鶏郎作詞・作曲の主題歌には、しっかり「お椀のマークの味の素」という歌詞が。

●味の素のCMソングピクチャーレコード(69年)。アメリカのポピュラー歌手アンディ・ウィリアムスが朗々と「マイファミリー、アジノゥモト──」と歌い上げる。

味の素を大量にふりかけた子ども時代

ぼくが幼いころ、テレビCMの音楽などを作曲していた父はいつも忙しそうだった。締め切りが近づくと徹夜が続き、父の仕事部屋には夜遅くまで灯りがついたままになった。そんな父の徹夜の友がインスタントコーヒーとインスタントラーメンだった。真夜中に特別に濃くしたインスタントコーヒーをがぶ飲みし、明け方に自分で作ったインスタントラーメンをすすりながらひたすら五線紙に音符を綴《つづ》る。

当時はインスタント食品のいわば草創期であり、高度経済成長の時代をモーレツに突っ走るお父さんたちの時代だった。父はそんなあの時代の日本人のお父さん像をそのまま体現していたのである。

インスタントコーヒーが日本で普及したのは、コーヒー豆の輸入が自由化された1960年4月以降のことだ。この年、森永製菓から国産第1号となる「森永インスタントコーヒー」が発売された。これが売れ行き好調と見るや他社からも続々とインスタントコーヒーが発売され、さらに61年7月にインスタントコーヒーの輸入が自由化されるとマクスウェルやネスカフェなど海外ブランドのコーヒーが日本市場への本格参入を開始。ここに日本のインスタントコーヒーブームが訪れた。

ブームのピークは62〜63年ごろで何と50銘柄以上のインスタントコーヒーが発売されていた。今は消えてしまったブランド名をいくつか紹介してみると……不二家のコルカフェ、グリコのアラビカ、ベニー、ボン、ナカヒラ、極東、ヒノマルなど。アッという間に消えてしまったブランドがほとんどのため、まるで聞き覚えのない名前ばかりである。

我が家でも父がいろいろなコーヒーを買って飲みくらべていたが、最終的に落ち着いたのが67年に発売された「ネスカフェ　ゴールドブレンド」だった。そしてゴールドブレンドといえば思い出すのがあのテレビCMだ。「ダバダ〜♪」というスキャットをバックに遠藤周作などの作家や文化人が優雅にコーヒーを飲む映像が流れ、「違いがわかる男の、ネスカフェ　ゴールドブレンド」というナレーションがかぶさる。

ぼくも将来は「違いがわかる男」になってこのCMに出るのが夢だったのだが……。

それはともかく、父のもうひとつの相棒だったインスタントラーメンの話をしよう。父のお気に入りのインスタントラーメンは、お湯を注ぐだけでできあがる日清食品の「チキンラーメン」一択で、我が家にはこれの24袋入り箱が常備されていた。

だがぼくが好きだったのは明星食品の「明星ラーメン」だった。明星ラーメンの発売は62年6月。粉末スープが別添えでチキンラーメンよりもひと手間かかる分、味ははるかにうまかった。またぼくが明星ラーメンを好きだった理由のひとつがこれもテレビCMである。このCMソングがたまらなく叙情的で素敵なシャンソン調の歌だったのだ。ミッキー・カーチスの作詞作曲によるその歌は次のような物語になっていた。

雨が降ってる日曜日に坊やが街角で転んで泣いている。どうしてそんなに急いだの？　と尋ねられると…その子は「明星即席ラーメン　パパと一緒に食べたいの♪」と答えるのである。

最後にインスタント食品好きの父がもっとも愛用していた最終兵器を紹介しよう。「味の素」だ。60年代のあのころ、我が家では味の素をかけると頭が良くなると言われてお刺し身にはもちろん、焼き魚にハンバーグ、お新香などあらゆるおかずに味の素を大量にふりかけて食べていた。

一方、父方の伯母《おば》は、味の素のような化学調味料は体に悪いといって毛嫌いをしていた。実際、この時代の味の素は、従来の大豆を原料とした発酵法による製造をやめて石油由来の原料による合成法に切り替えていたのだ。しかし伯母のようにそれを問題視する人は少数派であり、我が家も含めて世の中の多くの人が〝化学調味料〟は人類の叡智《えいち》が生み出した最先端の調味料だと考えていたのだ。

その後時が流れ、無農薬野菜とか天然モノの海産物などがありがたがられる時代になると、ようやく時代が伯母に追いついたのか、化学調味料の〝化学〟はむしろ悪の象徴のような批判の対象となっていくことになる。あのころ味の素で頭が良くなると言い出したのは誰だったのか、そしてそれは本当だったのか。あのころ「味の素」を大量に食べていたぼくに誰か教えてくれないだろうか。

『COM』と『ガロ』。競い合った二大漫画専門誌

●『COM』創刊号の巻頭で新雑誌にかける熱い思いを語った手塚は、次のページから『火の鳥黎明編』の新連載をスタート。意気込みがひしひしと伝わってくる。

●『COM』創刊号（1967年1月号）。手塚治虫は以前からの念願だったマンガ専門誌創刊の夢をついに果たした。

●石森章太郎は『COM』創刊号から実験的作品『ジュン』の連載をスタート。石森ワールドの新たな境地を切り開いた。

● さまざまな時代の『COM』の表紙。1970年3月号の表紙イラストは和田誠。和田が『COM』の表紙を描いた時期がしばらく続いたが、じつは原稿料を一度ももらっていなかったとか!? 下段中央のライオンの表紙については本文参照。

●手塚が53年に発表した作品『罪と罰』を再録した『COM』68年新年号別冊付録。現在は単行本で読めるが、かつては貴重で数千円のプレミア価格がついていた時期も。

●『COM』は過去の名作の掘り起こしにも力を入れていた。一時期付けられた別冊付録『ぐらこん』では、手塚治虫のほか、永島慎二や石森章太郎などの希少な初期作品を再録。

●『鉄腕アトム』の後番組として67年1月から放送が始まった虫プロのテレビアニメ『悟空の大冒険』。この作品で監督を担当した出崎統が自ら『COM』にマンガを執筆！

●永島慎二が掲載誌を転々としながら連載を続けた『シリーズ黄色い涙 青春残酷物語』も『COM』に流れ着き連載開始。だがここでも未完に……。

●『COM』復刊号（73年8月号）。待望の復刊だったが復刊2号が刊行されることはなく虫プロ商事は倒産した。

●『COM』復刊号にはライバル誌の看板作家である白土三平もゲストとして参加、再録作品ながら26ページの力作短編『鬼』を掲載。

●『COM』創刊の際に手塚がライバル誌として強く意識したという雑誌『月刊漫画ガロ』。だが『ガロ』は『COM』が創刊しても、少しもブレることなく我が道を歩き続けた。

●『ガロ』の看板作品は何といっても白土三平の『カムイ伝』だ。毎号90ページから100ページの連載を創刊号から休みなく続け、大長編物語を完成させた。

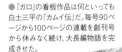

読者に媚びず、商業主義に走らず

雑誌『COM』創刊号が近所の本屋さんに並んだのは1966年12月20日のことだ。表紙にアトムの絵があったのでぼくはすぐ手に取ってみたが『鉄腕アトム』が載っているわけではなかったので、買わなかった。表紙に書かれた「まんがエリートのためのまんが専門誌」という惹句《じゃっく》が小学3年生のぼくにとって難しそうな気がしたのも購入をためらった一因だ。

意を決して初めて『COM』を買ったのは恐らく創刊3号目あたりだったと思う。その内容は、ぼくがいつも買っている『少年』や『少年画報』とはまるで違っていた。どう違っていたのか。当時のぼくにはそれを的確に表現できる語彙《ごい》はなかったが、あのころの思いをいま代弁すると、「どのマンガも読者に媚《こ》びていない」ということになるだろうか。「ほら面白そうでしょ、ちょっと読んでみて」と読者をやさしく手招きする営業スマイルが、この雑誌とそこに掲載されているマンガからはまったく感じられなかったのだ。

『COM』は、手塚治虫がかつての『漫画少年』のような雑誌を作りたいと考えて創刊した雑誌だった。学童社の『漫画少年』は昭和22年から30年までわずか8年しか刊行されなかった雑誌だが、手塚はそこで大長編『ジャングル大帝』を描き上げ、この雑誌の投稿コーナーからは石森（石ノ森）章太郎や藤子不二雄の2人、赤塚不二夫など数多くのマンガ家が巣立っていった。そこで手塚はこの『COM』を、マンガの可能性を広げる新たな媒体にするとともに、新人作家の登竜門としても育てていくつもりだったのだ。

手塚は実力のある新人マンガ家が出てくると、その才能に嫉妬して激しい対抗心を燃やしたとよく言われる。それは事実なのだが、一方で手塚ほど新人マンガ家の育成に力をそそいだ人物はいないのもまた真実なのである。

ということで『COM』には毎号、商業主義に媚びない若手作家の実験的な作品や、新人作家の挑戦的な作品が掲載されていた。それによって『COM』はいい意味でも悪い意味でも商業主義とは真逆の方向へと突き進んでいた。

この『COM』より2年半ほど早い64年7月に創刊された『月刊漫画ガロ』も『COM』と同様に、一般の商業誌には載らないような作家性の強い作品を数多く掲載し、あまたの商業誌とは異なる独自路線を歩んでいた。『COM』創刊に際して手塚はこの『ガロ』を強く意識していたとも言われるが、一方で「まったく意識はしていなかった」という関係者の証言もあり真相は不明だ。それでも一時期この2つの雑誌がお互いに競うようにしてマンガ界に新たな風を送り続けていたことだけは確かな事実である。

だが、残念ながら『COM』は『ガロ』よりも早く失速していった。創刊号の発行部数はおよそ4〜5万部で、一時は最大で7万部まで部数を伸ばしたというが、永島慎二の『フーテン』や石森章太郎の『ジュン』などの人気連載が相次いで終了したころから部数を急速に落としていった。

二代目編集長石井文男が後年語ったところによると、ある日手塚が編集部へやってきて「このままでは雑誌の存続が危ない」と檄《げき》を飛ばし、紙面刷新することになったという。そこでひと月休んで刊行されたのが71年5・6月合併号だった。毎号著名作家をゲストに招き、特集企画を前面に打ち出すことにした。またそれまで毎号和田誠に描いてもらっていた表紙を著名作家に月替りで描いてもらうことにした。その最初の表紙は手塚が描くことも決まり、締め切りを大幅に遅れて描き上げたのが、ライオンが絵筆を持って自分の体にボディペインティングをしているという絵だった。

だがこの絵は手塚自身も満足いく出来ではなく、改めて描き直すとは言ったものの時間がない。そこで手塚は石井に自分の名前を使わないで偽名にしてくれと提案した。そのためこの号の表紙イラストの作者は「今西晴彦」となっており、作者紹介欄には〝昭和23年生まれで日大芸術学部卒の新人〟と紹介されている。

結局、紙面刷新による部数増は果たせず『COM』は71年12月号で休刊となった。それから2年後の73年7月15日、復刊号が刊行された。このころにはぼくも立派なマンガマニアに成長しており、発売日に買って隅から隅まで読んで次号の発売を心待ちにした。

だがその翌月の8月22日、版元である虫プロ商事が倒産。ぼくが千秋の思いで待ち焦がれた復刊第2号が刊行されることは、ついになかったのである。

●アンチモニー製のトロフィー（クジの賞品）

●ロケット型コインケース

●光速エスパーの乾電池

●宇宙人ピピのパズル

●グロテスクな昆虫おもちゃ

●ミニミニパチンコゲーム

●飛行機のヒューヒュー笛（クジのハズレ）

●ガチャガチャで出た骨つぼとガイコツ

引き出しの中はぼくらの宝箱だった

高校に進学したとき、ピカピカのスチール机を買ってもらった。

それまでぼくの部屋にあったのは、小一から使っている木の机だったが、小さくなったため、中学へ入ってからは、荷物置き場と化していたのだ。

その古い机の引き出しを何年かぶりで開けてみたら、中からガラクタの数々が出てきた。

小学校時代の名札、古い自転車のカギ、壊れた腕時計、お菓子のおまけ、プラモデルの部品など……。そのひとつひとつに忘れられない思い出があった。

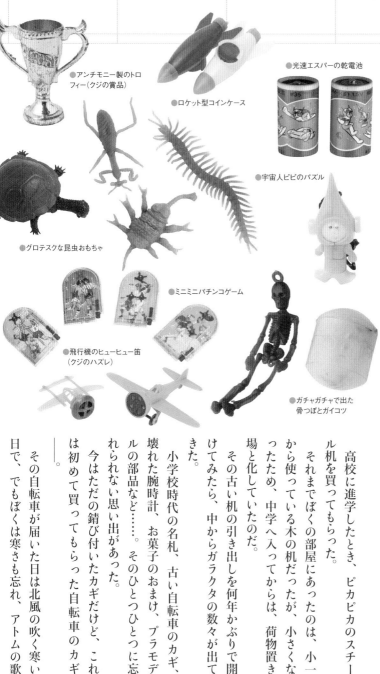

今はただの錆び付いたカギだけど、これは初めて買ってもらった自転車のカギ——。

その自転車が届いた日は北風の吹く寒い日で、でもぼくは寒さも忘れ、アトムの歌

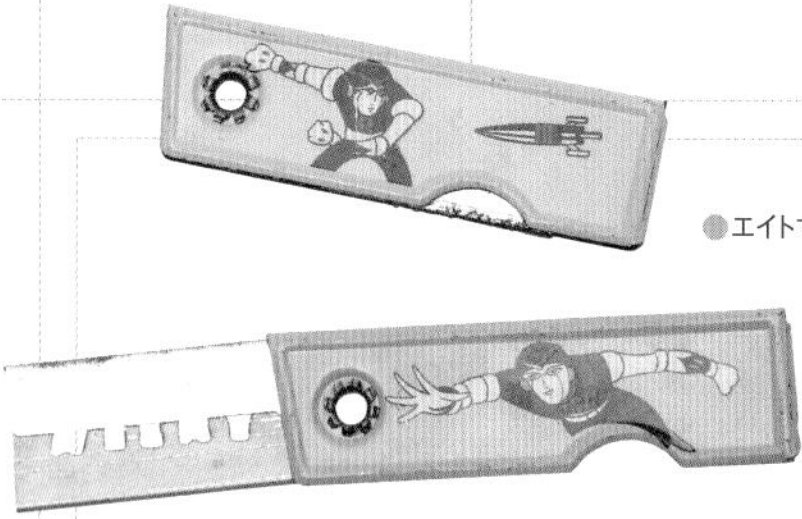

エイトマンのボンナイフ

香港の(?)外輪船(クジの賞品)

犬のトコトコ人形

お菓子のおまけや
駄菓子屋のパズルいろいろ

肝油ドロップの缶

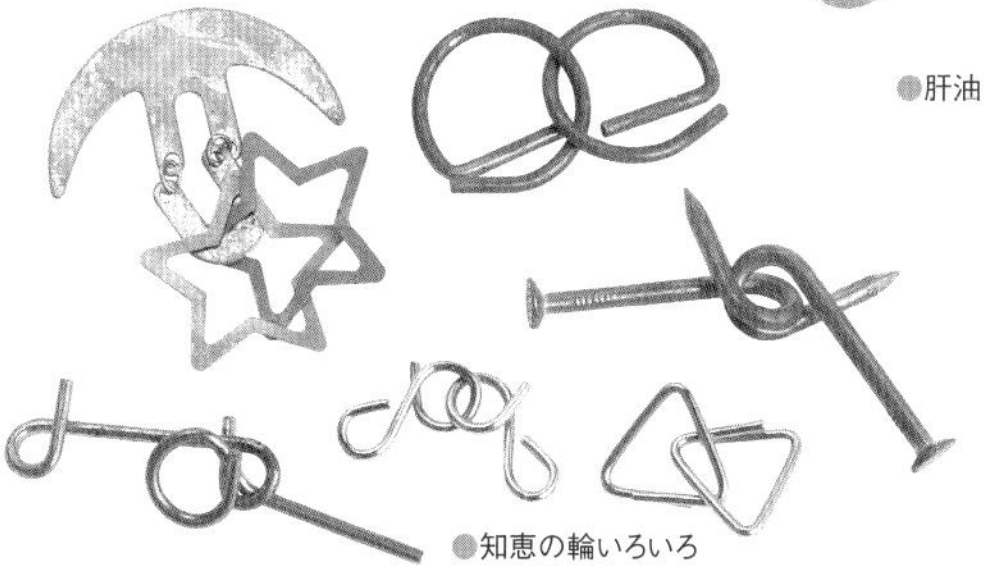

知恵の輪いろいろ

を歌いながら駄菓子屋へと初ドライブをしたのだった。

　そう、あのころはマンガもおもちゃもテレビも映画も、それぞれが別々に存在していたわけではなく、すべてが互いに影響しあいながら、ぼくらの日常を包み込んでいたのだ。

　それをあえて整理せず、ごちゃまぜのままで書きつづってみたら、エッセイでも、マニア本でも、コレクションガイドでもない、こんな一風変わった本ができあがった。

　本書ではモノを紹介していながら、モノ自体の情報やデータについては必要最小限しか記載していない。それよりも、ぼくらにとってそのモノのなにが重要で、なにが大切だったのか、それを書くことが最大の目的だと思ったからだ。

　この本の中のどこかに、あなたが遠い昔に置き忘れてきた宝物のカケラが見つかったとしたら——筆者としてこれ以上の喜びはありません。

〈著者〉
黒沢哲哉 くろさわ・てつや
1957年、東京の葛飾柴又生まれ。早稲田大学第二文学部卒業後、勁文社に入社、『全怪獣怪人大百科』などの編集にたずさわる。84年フリー。個人のサブカルおもちゃ収集では（たぶん）日本一。『キイハンター』『燃えよドラゴン』『がきデカ』など青春時代をいろどったテレビドラマや映画、マンガの思い出を豊富な図版入りで紹介した『ぼくらの60〜70年代熱中記』、70〜80年代に一世を風靡した豆本シリーズを振りかえる『よみがえるケイブンシャの大百科』（ともにいそっぷ社）などの著書がある。
公式ホームページ●http://www.allnightpress.com/

本書に掲載したおもちゃの多くは
「柴又のおもちゃ博物館」で展示中です。
問い合わせ：03-3673-2256

〈Special Thanks〉
串間努、ネコカメはまさん、はすぴー倶楽部、
ぜんまい太郎、韓永作（柴又ハイカラ横丁）、
澤田勉（古典や）、野村宏平、
塩川弘司（PRP）、高市英典

ぼくらの60〜70年代宝箱　増補版

二〇二一年二月十日　第一刷発行

著者――――黒沢哲哉
写真撮影――――藤森信一
ブックデザイン――鈴木成一デザイン室
発行者――――首藤知哉
発行所――――株式会社いそっぷ社
〒一四六-〇〇八五　東京都大田区久が原五-五-九
電話〇三（三七五四）八一一九
印刷・製本――――シナノ印刷株式会社

落丁・乱丁本はおとりかえいたします。

ISBN978-4-900963-92-4 C0095
定価はカバーに表示してあります。